小学校

教師用指導資料

体育

（運動領域）

中学年

令和４年３月
スポーツ庁

指導の手引

楽しく身に付く体育の授業

目次（中学年）

小学校体育（運動領域）指導の手引～楽しく身に付く体育の授業～ …… 6
本手引の見方 …… 8

A 体つくり運動　体ほぐしの運動（第３学年） …… 10
本時の目標と展開①（1/16時間） …… 12
本時の目標と展開②（2/16時間） …… 14
本時の目標と展開③（3/16時間） …… 16
体ほぐし運動の取扱い …… 17
A 体つくり運動　多様な動きをつくる運動（第３学年） …… 18
本時の目標と展開①（4/16時間） …… 20
本時の目標と展開②（5/16時間） …… 22
本時の目標と展開③（9/16時間） …… 24
本時の目標と展開④（16/16時間） …… 26
多様な動きをつくる運動の取扱い …… 27
A 体つくり運動　体ほぐしの運動（第４学年） …… 28
本時の目標と展開①（1/16時間） …… 30
本時の目標と展開②（2/16時間） …… 32
本時の目標と展開③（3/16時間） …… 34
体ほぐしの運動の取扱い …… 35
A 体つくり運動　多様な動きをつくる運動（第４学年） …… 36
本時の目標と展開①（4/16時間） …… 38
本時の目標と展開②（7/16時間） …… 40
本時の目標と展開③（13/16時間） …… 42
本時の目標と展開④（16/16時間） …… 44
多様な動きをつくる運動の取扱い …… 45

B 器械運動　マット運動 …… 46
本時の目標と展開①（1/8時間） …… 48
本時の目標と展開②（2/8時間） …… 50
本時の目標と展開③（5/8時間） …… 52
本時の目標と展開④（8/8時間） …… 54

２学年間にわたって取り扱う場合……55
B 器械運動　鉄棒運動……56
本時の目標と展開①（1/6時間）……58
本時の目標と展開②（3/6時間）……60
本時の目標と展開③（4/6時間）……62
本時の目標と展開④（6/6時間）……64
２学年間にわたって取り扱う場合……65
B 器械運動　跳び箱運動……66
本時の目標と展開①（1/8時間）……68
本時の目標と展開②（3/8時間）……70
本時の目標と展開③（5/8時間）……72
本時の目標と展開④（8/8時間）……74
２学年間にわたって取り扱う場合……75

C 走・跳の運動　かけっこ・リレー……76
本時の目標と展開①（1/7時間）……78
本時の目標と展開②（2/7時間）……80
本時の目標と展開③（5/7時間）……82
本時の目標と展開④（7/7時間）……84
２学年間にわたって取り扱う場合……85
C 走・跳の運動　小型ハードル走……86
本時の目標と展開①（1/7時間）……88
本時の目標と展開②（2/7時間）……90
本時の目標と展開③（4/7時間）……92
本時の目標と展開④（7/7時間）……94
２学年間にわたって取り扱う場合……95
C 走・跳の運動　幅跳び……96
本時の目標と展開①（1/7時間）……98
本時の目標と展開②（2/7時間）……100
本時の目標と展開③（6/7時間）……102
本時の目標と展開④（7/7時間）……104
２学年間にわたって取り扱う場合……105
C 走・跳の運動　高跳び……106
本時の目標と展開①（1/7時間）……108
本時の目標と展開②（2/7時間）……110
本時の目標と展開③（6/7時間）……112

本時の目標と展開④（7/7時間）……114
２学年間にわたって取り扱う場合……115
C 走・跳の運動　投の運動……116
本時の目標と展開①（1/3時間）……118
本時の目標と展開②（2/3時間）……120
本時の目標と展開③（3/3時間）……122
２学年間にわたって取り扱う場合……123

D 水泳運動　浮いて進む運動,もぐる・浮く運動……124
本時の目標と展開①（1/10時間）……126
本時の目標と展開②（3/10時間）……128
本時の目標と展開③（8/10時間）……130
本時の目標と展開④（10/10時間）……132
２学年間にわたって取り扱う場合……133

E ゲーム　ゴール型ゲーム「ハンドボールを基にした易しいゲーム」……134
本時の目標と展開①（1/8時間）……136
本時の目標と展開②（3/8時間）……138
本時の目標と展開③（6/8時間）……140
本時の目標と展開④（8/8時間）……142
２学年間にわたって取り扱う場合……143
E ゲーム　ゴール型ゲーム「フラッグフットボールを基にした易しいゲーム」……144
本時の目標と展開①（1/8時間）……146
本時の目標と展開②（3/8時間）……148
本時の目標と展開③（6/8時間）……150
本時の目標と展開④（8/8時間）……152
２学年間にわたって取り扱う場合……153
E ゲーム　ネット型ゲーム「テニスを基にした易しいゲーム」……154
本時の目標と展開①（1/8時間）……156
本時の目標と展開②（4/8時間）……158
本時の目標と展開③（6/8時間）……160
本時の目標と展開④（8/8時間）……162
２学年間にわたって取り扱う場合……163
E ゲーム　ベースボール型ゲーム「ティーボールを基にした易しいゲーム」……164
本時の目標と展開①（1/8時間）……166
本時の目標と展開②（3/8時間）……168

本時の目標と展開③（6/8時間）……170
本時の目標と展開④（8/8時間）……172
２学年間にわたって取り扱う場合……173

F 表現運動　表現「ジャングル探検」……174
本時の目標と展開①（1/6時間）……176
本時の目標と展開②（2/6時間）……178
本時の目標と展開③（4/6時間）……180
本時の目標と展開④（6/6時間）……182
２学年間にわたって取り扱う場合……183
F 表現運動　リズムダンス……184
本時の目標と展開①（1/6時間）……186
本時の目標と展開②（2/6時間）……188
本時の目標と展開③（4/6時間）……190
本時の目標と展開④（6/6時間）……192
２学年間にわたって取り扱う場合……193

「小学校体育（運動領域）指導の手引～楽しく身に付く体育の授業～」作成協力者名簿……194

小学校体育（運動領域）指導の手引
～楽しく身に付く体育の授業～

1．はじめに

本手引は、小学校の先生方を対象に、体育科の運動領域（以下、体育という。）の授業で役立ててもらうために作成しました。特に、初めて教壇に立たれた先生や、「体育の授業は少し苦手だな」と感じながらも、日々授業づくりに奮闘しておられる先生方に届けたいと思って作成しました。先生方が、できるだけ短時間で効率よく授業の準備を行うことができ、かつ学習指導要領を網羅した内容を目指したつもりです。

手引の見方は、次の項で詳細を示していますので、ここでは、体育の授業を進める上での基本的な考え方をまとめます。

2．体育って何を教える教科なんだろう？

「なぜ、体育の授業に跳び箱運動の学習があるのですか？」児童にこのように問われたら、先生方は何と答えますか？「大人になるとほとんど跳び箱運動をする機会がないのに…」という素朴な疑問がきっと児童の中にあるのだと思います。しかし、指導する先生方にも「なぜ、跳び箱の指導をする必要があるのだろう？」と疑問に思いつつ指導していては、児童の疑問に答えられないばかりか、指導の一つ一つも曖昧になりかねません。

体育の授業で跳び箱運動のアスリートを育てているわけではありません。

跳び箱運動の学習を通して、「知識及び技能」、「思考力、判断力、表現力等」、「学びに向かう力、人間性等」の資質・能力の三つの柱を育成していくことが求められます。そして、この資質・能力の三つの柱こそが、体育科の究極的な目標である、生涯にわたって心身の健康を保持増進し豊かなスポーツライフを実現するための資質・能力を指しているのです。つまり、技の完成度を高めることだけであったり、高さに挑戦することだけを目指すのではなく、「知識及び技能」の習得とともに、「思考力、判断力、表現力等」を育成し、「学びに向かう力、人間性等」を涵養することが重要なのです。この資質・能力の育成に適しているからこそ、跳び箱運動の学習が位置付けられているのです。

そして、この資質・能力の三つの柱を偏りなく育むためには、単元など内容や時間のまとまりを見通しながら、主体的・対話的で深い学びの実現に向けた授業改善が求められるのです。

3．指導と評価の一体化

資質・能力の三つの柱を育むことができているかを確認するためには、児童の姿をもとにした評価が求められます。

なお、今回の学習指導要領改訂を踏まえ、評価の観点は以下の３つに各教科等で統一されました。

・「知識・技能」
・「思考・判断・表現」
・「主体的に学習に取り組む態度」

観点の具体的な内容については、本手引の各単元を参照して頂きたいのですが、ここでは、「運動が苦手な児童への配慮」「運動に意欲的でない児童への配慮」と「評価」との関連について述べたいと思います。クラスの中には、「鉄棒は苦手だな…」「体育の授業は好きではないな…」と思う児童がいるのではないでしょうか？しかし、そういった児童に対して、「できない」「意欲的でない」とすぐに評価をしてしまっては、資質・能力の三つの柱を育成することは望めそうにありません。大切なのは、具体的な指導・支援を行うことです。その後、評価を行い、次の指導に生かしていく。このような指導と評価の一体化を図ることが、児童の確かな資質・能力の育成につながっていくのです。そのようなプロセスを本手引では具体的に示していますので、ぜひ、クラスの実態に合わせて実践してみてください。

4．安全

最後に安全について触れたいと思います。体育の授業で安全は何よりも大事です。指導者にとって細心の注意が求められます。

本手引でも安全に配慮した場の設定や、準備物を示しています。

しかし、それらはあくまでも一例であり、本手引を読まれた先生方の学級の人数や施設の広さ、また用具の劣化状況等により、適切な配慮をしながら授業に臨むことが求められます。

そのためにも、単元の学習が始まる前に、教師自身による場の設定や用具の確認を行うことが重要です。

とは言っても、担任一人が事前に全ての場づくりを行うことは、時間もかかり効率的ではありません。しかし、同じ学年の先生や、体育部の先生方と複数で行うことで、短時間で行うことができるばかりか、より安全で効果的な場づくりが行えたり、用具の確認を入念に行ったりすることができます。また、場合によっては、先生方がその場を活用してみることで、児童の困りや思いに寄り添った指導も期待できます。本手引でも安全への配慮等を具体的に示していますので、ぜひ参考にしてください。

5．おわりに

本手引のサブタイトルを「楽しく身に付く体育の授業」としました。このサブタイトルには、児童が楽しく夢中になって体育の授業に取り組む中で、今、求められている資質・能力がバランスよく身に付く体育の授業を目指してほしいという願いを込めました。

ぜひ、本手引を参考にしながら、児童にとって「楽しく身に付く体育の授業」を目指してください。

本手引においては、以下について、それぞれ略称を用いて表記しています。

・学習指導要領：小学校学習指導要領（平成 29 年告示）

・解説：小学校学習指導要領（平成 29 年告示）解説　体育編

本手引の見方

本手引は、以下のページで構成しています。

単元のページ　●単元の目標、単元の評価規準、指導と評価の計画
　　　　　　　●本時の目標と展開（①、②、③、④）
　　　　　　　●２学年にわたって取り扱う場合
資料のページ … 各領域で取り扱う運動などについて、詳しく示した資料を掲載しています。

単元の目標、単元の評価規準、指導と評価の計画

このページは、単元全体に関することを示しています。

ア　**単元の目標**
(1) は「知識及び技能（運動）」、(2) は「思考力、判断力、表現力等」、(3) は「学びに向かう力、人間性等」に関する目標です。

イ　**単元の評価規準**
例として示していますので、児童の実態等に適した評価規準を作成する際の参考としてください。

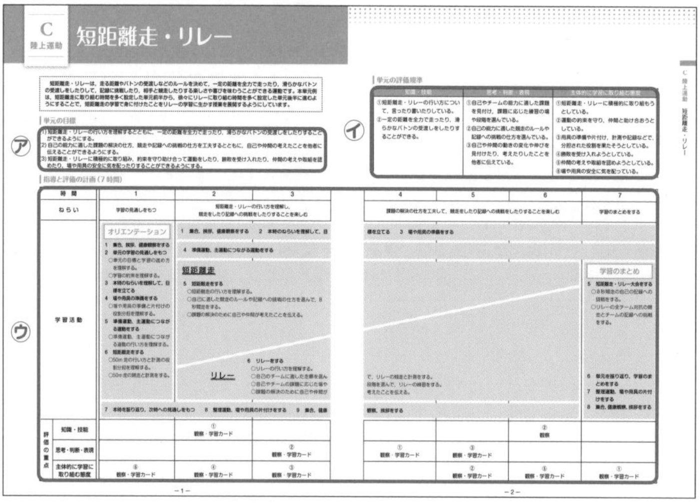

ウ　**指導と評価の計画**
・例として示していますので、時間数を学校の年間指導計画に合わせて修正するなどの工夫をしてください。
・「ねらい」は、学習の方向性を示しています。
・「学習活動」は、大まかに示していますので、詳しくは「本時の展開」のページで確認してください。
・「評価の重点」の丸数字は、「単元の評価規準」に示している番号です。評価方法は、「観察」と「学習カード」を示していますが、児童の実態等に応じて適切な方法を用いるようにしてください。

本時の目標と展開（①、②、③、④）

　このページは、１時間の授業に関することを示しています。単元の全時間のうち、①は最初の１時間目、②は単元前半のいずれかの１時間、③は単元後半のいずれかの１時間、④は単元の最後の１時間のものです。

㋐

本時の目標

本時の評価の重点にしている目標は、オレンジ色で示しています。

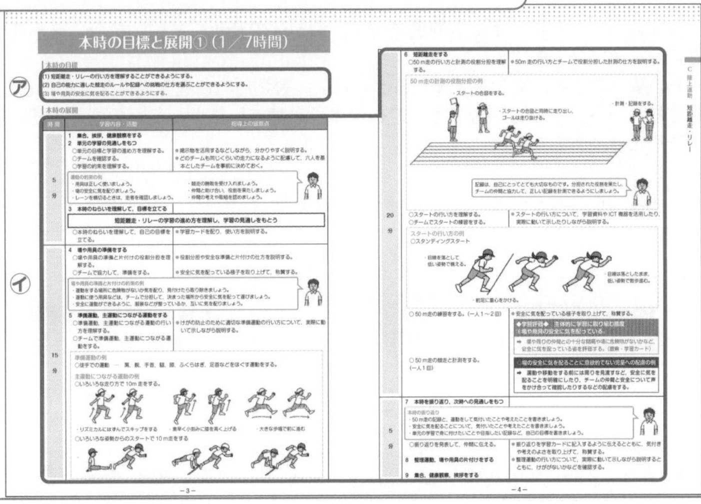

㋑

本時の展開

・児童が行う「学習内容・活動」と、教師が行う「指導上の留意点」を分けて示しています。

・本時の評価の重点にしている評価規準は、オレンジ色の枠で、指導における「運動が苦手な児童、運動に意欲的でない児童への配慮の例」は、紺色の枠で示しています。

２学年間にわたって取り扱う場合

　本手引に示した「指導と評価の計画」や「本時の展開」などは、低学年では第２学年、中学年では第４学年、高学年では第６学年で指導する例を示しています。このページは、２学年間にわたって取り扱う場合の低学年では第１学年、中学年では第３学年、高学年では第５学年の単元全体に関することを示しています。

・２学年間にわたって取り扱う場合の、低学年では第１学年、中学年では第３学年、高学年では第５学年での学習活動などを大まかに示していますので、授業を計画する際の参考としてください。

・２学年間のいずれかの学年で指導する場合は、このページと「単元の目標、単元の評価規準、指導と評価の計画」のページを合わせて、授業を計画する際の参考としてください。

・２学年間にわたって取り扱うものとしている「体つくり運動系」の単元では、ここで各内容の取扱いについて示しています。

体ほぐしの運動（第3学年）

体ほぐしの運動は，手軽な運動を行い，体を動かす楽しさや心地よさを味わうことを通して，心と体の変化に気付いたり，みんなで関わり合ったりする運動です。本単元例は，心と体の状態を確認してから運動をしたり，運動をしてから心と体の変化を確かめたりする活動をしたり，みんなで関わり合って運動をしたりすることで，運動により心と体が変化することに気付いたり自他の心と体に違いがあることを知ったりすることができる授業を展開するようにしています。

単元の目標

(1) 体ほぐしの運動の行い方を知るとともに，手軽な運動を行い，心と体の変化に気付いたり，みんなで関わり合ったりすることができるようにする。
(2) 自己の課題を見付け，その解決のための活動を工夫するとともに，考えたことを友達に伝えることができるようにする。
(3) 体ほぐしの運動に進んで取り組み，きまりを守り誰とでも仲よく運動をしたり，友達の考えを認めたり，場や用具の安全に気を付けたりすることができるようにする。

指導と評価の計画〔3時間（体つくり運動の16時間のうち）〕

時間		1	2	3	4	5	6	7
ねらい		体ほぐしの運動の 学習の見通しをもつ	体ほぐしの運動の行い方を知り，行い方を工夫して，心と体の変化に気付いたりみんなで関わり合ったりすることを楽しむ		多様な動きをつくる運動の 学習の見通しをもつ			
学習活動		オリエンテーション 1　集合，挨拶，健康観察をする 2　単元の学習の見通しをもつ ○単元の目標と学習の進め方を知る。 ○学習のきまりを知る。 3　本時のねらいを知り，目標を立てる 4　場や用具の準備をする ○場や用具の準備や片付けの仕方を知る。 5　準備運動をする ○準備運動の行い方を知る。 6　体ほぐしの運動をする ○体ほぐしの運動の行い方を知る。 ○学級全体やペア，グループで体ほぐしの運動をする。	1　集合，挨拶，健康観察をする 2　本時のねらい知り，目標を立てる 3　場や用具の準備をする 4　心と体の状態に気付く 5　準備運動をする。 6　体ほぐしの運動をする ○学級全体やペア，グループで体ほぐしの運動をする。 ○心のめもりで，自己や友達の心と体の変化に気付く。 ○体ほぐしの運動の工夫の仕方を知る。 ○自己の課題の解決のための運動の行い方を選んだり，友達と一緒に工夫したりする。 ○課題解決のために考えたことを伝える。		オリエンテーション 1　集合，挨拶，健康観察をする 2　単元の学習の見通しをもつ ○単元の目標と学習の進め方を知る。 ○学習のきまりを知る。 3　本時のねらいを知り，目標を立てる 4　場や用具の準備をする ○場や用具の準備や片付けの仕方を知る。 5　準備運動，体ほぐしの運動をする ○準備運動，体ほぐしの運動の行い方を知る。 6　多様な動きをつくる運動をする ○多様な動きをつくる運動の行い方を知る。 ○ペアやグループで多様な動きをつくる運動をする。	1　集合，挨拶，健康観 4　準備運動，体ほぐし 5　体を移動する運動をする ○運動の行い方を知る。 ○ペアやグループで運動をする。 ○運動の工夫の仕方を知る。 ○運動の行い方を選んだり友達と工夫したりする。 ○課題解決のために考えたことを伝える。 6　用具を操作する運動をする ○運動の行い方を知る。 ○ペアやグループで運動をする。 ○運動の工夫の仕方を知る。 ○運動の行い方を選んだり友達と工夫したりする。 ○課題解決のために考えたことを伝える。		
		7　本時を振り返り，次時への見通しをもつ　8　整理運動，場や用具の片付けをする　9　集合，健康観						
評価の重点	知識・技能	① 観察・学習カード			② 観察・学習カード		④・⑤ 観察	
	思考・判断・表現		① 観察・ 学習カード	③ 観察・ 学習カード				
	主体的に学習に取り組む態度		① 観察・ 学習カード			⑥ 観察・ 学習カード		

単元の評価規準

知識・技能	思考・判断・表現	主体的に学習に取り組む態度
①体ほぐしの運動の行い方について，言ったり書いたりしている。 ②多様な動きをつくる運動の行い方について，言ったり書いたりしている。 ③体のバランスをとる動きをすることができる。 ④体を移動する動きをすることができる。 ⑤用具を操作する動きをすることができる。 ⑥力試しの動きをすることができる。 ⑦基本的な動きを組み合わせる動きをすることができる。	①体ほぐしの運動の自己の課題を見付け，その課題を解決するために様々な運動の行い方を選んだり，友達と一緒に工夫したりしている。 ②多様な動きをつくる運動の自己の課題を見付け，その課題を解決するために様々な運動の行い方を選んだり，友達と一緒に工夫したりしている。 ③楽しく運動をしながら心と体の変化に気付いたことや，友達と関わり合うための運動の行い方について，考えたことや見付けたことを友達に伝えている。 ④多様な動きを身に付けるための運動の行い方について，考えたことや見付けたことを友達に伝えている。	①体ほぐしの運動に進んで取り組もうとしている。 ②多様な動きをつくる運動に進んで取り組もうとしている。 ③きまりを守り，誰とでも仲よく励まし合おうとしている。 ④用具の準備や片付けを，友達と一緒にしようとしている。 ⑤友達の考えを認めたり，互いの気持ちを尊重し合ったりしようとしている。 ⑥用具や活動する場の安全を確かめている。

8	9	10	11	12	13	14	15	16
多様な動きをつくる運動の行い方を知り，行い方を工夫したり，それらの運動を組み合わせたりすることを楽しむ					課題の解決のための方法を工夫して基本的な動きを組み合わせる運動を楽しむ			学習のまとめをする
察をする　2　本時のねらい知り，目標を立てる　3　場や用具の準備をする								
の運動をする								
5　**体を移動する運動と用具を操作する運動を組み合わせた運動をする** ○運動の行い方を知る。 ○ペアやグループで運動をする。 6　**体を移動する運動と用具を操作する運動の組合せ方を工夫する** ○運動の工夫の仕方を知る。 ○運動の行い方を選んだり友達と工夫したりする。 ○課題解決のために考えたことを伝える。	5　**体のバランスをとる運動をする** ○運動の行い方を知る。 ○ペアやグループで運動をする。 ○運動の工夫の仕方を知る。 ○運動の行い方を選んだり友達と工夫したりする。 ○課題解決のために考えたことを伝える。 6　**力試しの運動をする** ○運動の行い方を知る。 ○ペアやグループで運動をする。 ○運動の工夫の仕方を知る。 ○運動の行い方を選んだり友達と工夫したりする。 ○課題解決のために考えたことを伝える。			5　**体のバランスをとる運動と力試しの運動を組み合わせた運動をする** ○運動の行い方を知る。 ○ペアやグループで運動をする。 6　**体のバランスをとる運動と力試しの運動の組合せ方を工夫する** ○運動の工夫の仕方を知る。 ○運動の行い方を選んだり友達と工夫したりする。 ○課題解決のために考えたことを伝える。	5　**基本的な動きを組み合わせる運動をする** ○基本的な動きを組み合わせる運動の行い方を知る。 ○ペアやグループで基本的な動きを組み合わせる運動をする。 6　**基本的な運動を組み合わせる運動を工夫する** ○基本的な運動を組み合わせる運動の工夫の仕方を知る ○運動の行い方を選んだり友達と工夫したりして，基本的な運動を組み合わせる運動をする。 ○課題解決のために考えたことを伝える。			学習のまとめ 5　**基本的な動きを組み合わせる運動をする** ○運動の行い方を選んだり友達と工夫したりする。 ○選んだ運動や工夫した行い方を紹介したり，他のグループが選んだ運動や工夫した行い方を試したりする。 6　**単元を振り返り，学習のまとめをする** 7　**整理運動，場や用具の片付けをする** 8　**集合，健康観察，挨拶をする**
察，挨拶をする								
		③・⑥ 観察					⑦ 観察	
					② 観察・ 学習カード	④ 観察・ 学習カード		
④ 観察・学習カード	③ 観察・ 学習カード			⑤ 観察・学習カード				② 観察・学習カード

本時の目標と展開①（1／16時間）

本時の目標

(1) 体ほぐしの運動の行い方を知ることができるようにする。
(2) 自己の課題を見付け，その課題を解決するために様々運動の行い方を選んだり，友達と一緒に工夫したりすることができるようにする。
(3) 体ほぐしの運動に進んで取り組むことができるようにする。

本時の展開

時間	学習内容・活動	指導上の留意点
5分	1　**集合，挨拶，健康観察をする** 2　**単元の学習の見通しをもつ** ○単元の目標と学習の進め方を知る。 ○学習をするグループを確認する。 ○学習のきまりを知る。	● 掲示物を活用するなどしながら，分かりやすく説明する。 ● 学習をするグループを事前に決めておく。
	学習のきまりの例 ・用具は正しく使いましょう。 ・安全を確かめて運動をしましょう。 ・友達との間隔をとって運動をしましょう。 ・きまりを守り，誰とでも仲よく励まし合いましょう。 ・グループの友達の考えを認めましょう。 	
	3　**本時のねらいを知り，目標を立てる** **体ほぐしの運動の学習の進め方を知り，学習の見通しをもとう** ○本時のねらいを知り，自己の目標を立てる。	● 学習カードを配り，使い方を説明する。
10分	4　**場や用具の準備をする** ○場や用具の準備と片付けの仕方を知る。 ○みんなで協力して，準備をする。	● 安全な準備と片付けの仕方を説明する。 ● 安全に気を付けた準備をする様子を取り上げて，称賛する。
	場や用具の準備の仕方の例 ・活動をする場所に危険物がないか気を配り，見付けたら取り除きましょう。 ・運動に使う用具は，決まった場所から使うものだけを取り，使い終わったら片付けましょう。 ・安全に運動ができるように服装などが整っているか，友達と確かめ合いましょう。 	
	5　**準備運動をする** ○準備運動の行い方を知る。 ○学級全体やグループで準備運動をする。	● けがの防止のために適切な準備運動の行い方について，実際に動いて示しながら説明する。
	準備運動の行い方の例 肩，腕，手首，腿，膝，ふくらはぎ，足首などをほぐす運動を行う。	
10分	6　**体ほぐしの運動をする** ○体ほぐしの運動の行い方を知る。 ○ペアやグループで体ほぐしの運動をする。	● 体ほぐしの運動の行い方について，学習資料やＩＣＴ機器を活用したり，実際に動いて示したりしながら説明する。
	体ほぐしの運動の行い方の例 ○動作や人数などの条件を変えて，歩いたり走ったりする運動  ラインの上を歩いたり走ったりする。  おにごっこをする。  出会った友達とハイタッチをする。	

15分

○自己や友達の心と体の変化に気付く。

● 自己や友達の心と体の変化について気付いたことを聞くとともに，気付きのよさを取り上げて，称賛する。

・楽しく運動をすると，どんな気持ちになりますか。
・力いっぱい動くと，体はどうなりましたか。
➡ 体を動かすと心も弾み体の動きが軽快になること，体の力を抜くと気持ちがよいこと，汗をかいた後は気分もすっきりすることなどに気付くようにする。

◎心と体の変化に気付くことが苦手な児童への配慮の例

➡ 気持ちや体の変化を表す言葉を示したり，問いかけたりし，自己の心や体の変化に合った言葉のイメージができるようにするなどの配慮をする。

○体ほぐしの運動の行い方を知る。
○学級全体で体ほぐしの運動をする。

● 体ほぐしの運動の行い方について，学習資料やＩＣＴ機器を活用したり，実際に動いて示したりしながら説明する。
● 楽しく運動ができるような曲をかける。

体ほぐしの運動の行い方の例

○伝承遊びや集団による遊び

ことりおに

ひざタッチ

つま先タッチ

◎友達と関わり合いながら運動することが苦手な児童への配慮の

➡ ペアやグループの組み方を考慮し，安心して活動に取り組めるようにするなどの配慮をする。

5分

7　本時を振り返り，次時への見通しをもつ

本時の振り返り
・体ほぐしの運動の行い方について，知ったことを書きましょう。
・運動をして，心と体の変化について気付いたことや考えたことを書きましょう。
・単元の学習で身に付けたいことや楽しみたいことなど，自己の目標を書きましょう。

○振り返りを発表して，友達に伝える。

● 振り返りを学習カードに記入するように伝えるとともに，気付きや考えのよさを取り上げて，称賛する。

◆学習評価◆　知識・技能
①体ほぐしの運動の行い方について，言ったり書いたりしている。

➡ 心と体の変化に気付いたり，みんなで関わり合ったりする体ほぐしの運動の行い方について，発表したり学習カードに記入したりしていることを評価する。（観察・学習カード）

◎体ほぐしの運動の行い方を知ることが苦手な児童への配慮の例

➡ 個別に関わり，体ほぐしの運動の行い方のポイントについて対話をしながら確認をするなどの配慮をする。

8　整理運動，場や用具の片付けをする

● 整理運動の行い方について，実際に動いて示しながら説明するとともに，けががないかなどを確認する。

9　集合，健康観察，挨拶をする

本時の目標と展開②（2／16時間）

本時の目標

(1) 体ほぐしの運動の行い方を知ることができるようにする。
(2) 体ほぐしの運動の自己の課題を見付け，その課題を解決するために様々な運動の行い方を選んだり，友達と一緒に工夫したりすることができるようにする。
(3) 体ほぐしの運動に進んで取り組むことができるようにする。

本時の展開

<table>
<tr><th>時 間</th><th>学習内容・活動</th><th>指導上の留意点</th></tr>
<tr><td rowspan="3">10
分</td><td>1　集合，挨拶，健康観察をする
2　本時のねらいを知り，目標を立てる</td><td></td></tr>
<tr><td colspan="2">課題の解決のための活動を工夫して，体ほぐしの運動をしよう</td></tr>
<tr><td>○本時のねらいを知り，自己の目標を立てる。
3　場や用具の準備をする
○グループで協力して，準備をする。
4　心と体の状態に気付く
○心のめもりで，自己や友達の心と体の状態に気付く。

5　準備運動をする
○グループで準備運動をする。</td><td>● 学習カードを配り，立てためあてを記入するように伝える。
● 安全な準備の仕方を確認する。
● 心のめもりの使い方を説明する。

● けがの防止のために適切な準備運動を行うように伝える。</td></tr>
<tr><td rowspan="2">15
分</td><td>6　体ほぐしの運動をする
○ペアやグループで体ほぐしの運動をする。</td><td>● 体ほぐしの運動の行い方について，学習資料やＩＣＴ機器を活用したり，実際に動いて示したりしながら説明する。</td></tr>
<tr><td colspan="2">体ほぐしの運動の行い方の例
○伸び伸びとした動作で用具などを用いた運動

なわを使って

何人乗れるかな
○伝承遊びや集団による遊び

なべなべそこぬけ

じゃんけんおんぶ</td></tr>
</table>

15分

○自己や友達の心と体の変化に気付く。

● 自己や友達の心と体の変化について気付いたことを聞くとともに，気付きのよさを取り上げて，称賛する。

・友達と関わり合って運動をしたら，気持ちはどう変わりましたか。
・運動をしているときや運動を終えたとき，体はどうなりましたか。
➡ 体を動かすと心も弾み体の動きが軽快になること，体の力を抜くと気持ちがよいこと，汗をかいた後は気分もすっきりすることなどに気付くようにする。

○体ほぐしの運動の工夫の仕方を知る。
○自己の課題の解決のための運動の行い方を選んだり，友達と一緒に工夫したりする。

● 体ほぐしの運動の工夫の仕方について，学習資料やＩＣＴ機器を活用したり，実際に動いて示したりしながら説明する。
● 工夫した運動の行い方を選んでいることを取り上げて，称賛する。

◆学習評価◆ 思考・判断・表現
①体ほぐしの運動の自己の課題を見付け，その課題を解決するために様々な運動の行い方を選んだり，友達と一緒に工夫したりしている。
➡ 心と体の変化に気付くことや，みんなで関わり合うことなどの自己の課題を解決するための運動の行い方を選んだり工夫したりしている姿を評価する。（観察・学習カード）

◎運動の行い方を選んだり工夫したりすることが苦手な児童への配慮の例
➡ 友達が選んだ行い方を一緒に試したり，人数や用具を変えながらいろいろな行い方に挑戦したりして，自己に適した行い方を見付けるようにするなどの配慮をする。

体ほぐしの運動の行い方の工夫の仕方の例

○伸び伸びとした動作で用具などを用いた運動

広さや人数を変えて

○伝承遊びや集団による遊び

人数を増やしたり，動きを工夫したりして

● 体ほぐしの運動に進んで取り組もうとしている様子を取り上げて，称賛する。

◆学習評価◆ 主体的に学習に取り組む態度
①体ほぐしの運動に進んで取り組もうとしている。
➡ 体ほぐしの運動で心と体の変化に気付いたり，友達と関わり合ったりすることなどに進んで取り組もうとしている姿を評価する。（観察・学習カード）

○課題解決のために考えたことを伝える。

● 考えたことを伝えていることを取り上げて，称賛する。

5分

7 本時を振り返り，次時への見通しをもつ
○心のめもりで，自己や友達の心と体の変化に気付く。

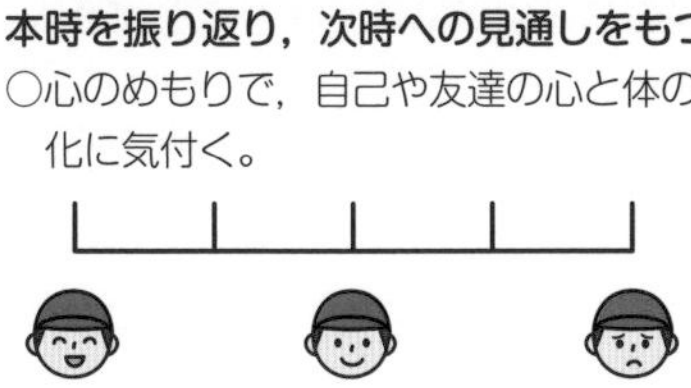

本時の振り返り
・運動をして，心と体の変化について気付いたことや考えたことを書きましょう。
・見付けた自己の課題と，その課題の解決のために運動を工夫したことを書きましょう。
・運動を工夫して，気付いたことや考えたことを書きましょう。

○振り返りを発表して，友達に伝える。

● 振り返りを学習カードに記入するように伝えるとともに，気付きや考えのよさを取り上げて，称賛する。

8 整理運動，場や用具の片付けをする

● 適切な整理運動を行うように伝えるとともに，けががないかなどを確認する。

9 集合，健康観察，挨拶をする

本時の目標と展開③（3／16時間）

本時の目標

(1) 体ほぐしの運動の行い方を知ることができるようにする。
(2) 楽しく運動をしながら心と体の変化について気付いたことや，友達と関わり合うための運動の行い方について，考えたことや見付けたことを友達に伝えることができるようにする。
(3) 体ほぐしの運動に進んで取り組むことができるようにする。

本時の展開

時 間	学習内容・活動	指導上の留意点
10 分	1　集合，挨拶，健康観察をする 2　本時のねらいを知り，目標を立てる	
	友達と関わり合いながら体ほぐしの運動をして，学習のまとめをしよう	
	○本時のねらいを知り，自己の目標を立てる。	● 学習カードを配り，立てた目標を記入するように伝える。
	3　場や用具の準備をする ○グループで協力して，準備をする。	● 安全な準備の仕方を確認する。
	4　心と体の状態に気付く ○心のカードで，自己や友達の心と体の状態に気付く。	● 心のめもりの使い方を確認する。
	5　準備運動をする ○グループで準備運動をする。	● けがの防止のために適切な準備運動を行うように伝える。
25 分	6　体ほぐしの運動をする ○ペアやグループで行いたい運動を選んで，体ほぐしの運動をする。 ○体ほぐしの運動の行い方を知る。 ○学級全体で体ほぐしの運動をする。 ○課題解決のために考えたことを伝える。	● 体ほぐしの運動の行い方について，学習資料やＩＣＴ機器を活用したり，実際に動いて示したりしながら説明する。 ● 考えたことを伝えていることを取り上げて，称賛する。
	体ほぐしの運動の行い方の例 ○リズムに乗って，心が弾むような動作で行う運動 	◆学習評価◆　思考・判断・表現 ③楽しく運動をしながら心と体の変化に気付いたことや，友達と関わり合うための運動の行い方について，考えたことや見付けたことを友達に伝えている。 ➡　自己の課題を解決するための運動の行い方を，選んだり工夫したりして気付いたことや考えたことを友達に伝えている姿を評価する。（観察・学習カード） ◎考えたことを伝えることが苦手な児童への配慮の例 ➡　個別に関わり，行い方を選んだり工夫したりして気付いたことや考えたことを聞き取って，友達に伝えることを支援するなどの配慮をする。
	○心のめもりで，自己や友達の心と体の状態に気付く	● 心と体の変化について気付いたことを聞くとともに，気付きのよさを取り上げて，称賛する。
10 分	7　単元を振り返り，学習のまとめをする	
	単元の学習の振り返り ・単元の学習の目標で，達成したことを書きましょう。 ・学習したことで，今後も取り組んでいきたいことを，発表したり書いたりしましょう。 	
	○振り返りを発表して，友達に伝える。	● 振り返りを学習カードに記入するように伝えるとともに，気付きや考えのよさを取り上げて，称賛する。
	8　整理運動，場や用具の片付けをする	● 適切な整理運動を行うように伝えるとともに，けががないかなどを確認する。
	9　集合，健康観察，挨拶をする	

体ほぐしの運動の取扱い

【第3学年における指導と評価の計画（例）】

時間	1	2・3	4	5〜8	9〜12	13〜15	16
ねらい	学習の見通しをもつ	活動を工夫して体ほぐしの運動を楽しむ	学習の見通しをもつ	多様な動きをつくる運動を楽しむ		活動を工夫して基本的な動きを組み合わせる運動を楽しむ	学習のまとめをする
学習活動	**オリエンテーション** **○学習の見通しをもつ** ・学習の進め方 ・学習のきまり **○体ほぐしの運動** みんなで運動をする	**体ほぐしの運動** **○体ほぐしの運動** ・自己や友達の心と体の変化に気付く ・みんなで豊かに関わり合う **○学習のまとめをする**	**オリエンテーション** **○学習の見通しをもつ** ・学習の進め方 ・学習のきまり **○多様な動きをつくる運動** みんなで運動をする	**多様な動きをつくる運動** **○体を移動する運動** ・いろいろな運動をする ・運動の行い方を工夫する **○用具を操作する運動** ・いろいろな運動をする ・運動の行い方を工夫する	**多様な動きをつくる運動** **○体のバランスをとる運動** ・いろいろな運動をする ・運動の行い方を工夫する **○力試しの運動** ・いろいろな運動をする ・運動の行い方を工夫する	**多様な動きをつくる運動** **○基本的な動きを組み合わせた運動** ・いろいろな運動をする ・自己に適した運動を選ぶ **○運動の組合せ方を工夫する** 自己に適した運動を選ぶ	**学習のまとめ** **○多様な動きをつくる運動** 選んだ運動の行い方を発表する **○単元のまとめをする**
評価の重点　知識・技能	① 観察・学習カード		② 観察・学習カード	④・⑤ 観察	③・⑥ 観察	⑦ 観察	
評価の重点　思考・判断・表現		①・③ 観察・学習カード				②・④ 観察・学習カード	
評価の重点　主体的に学習に取り組む態度		① 観察・学習カード		④・⑥ 観察・学習カード	③・⑤ 観察・学習カード		② 観察・学習カード

【体ほぐしの運動の内容の取扱い】

● **2学年間にわたって指導すること**

小学校学習指導要領に『「A 体つくりの運動」については，２学年間にわたって指導するものとする。』とあるように，中学年の「体ほぐしの運動」は，第３学年と第４学年の両方で指導するように年間指導計画を作成しましょう。

第３学年は，行い方が易しく，自己や友達の心と体の変化に気付いたりみんなで豊かに関わり合ったりしやすい体ほぐしの運動ができるよう，本手引を参考にするなどして第３学年に適した運動を選んで取り扱うようにしましょう。

● **体ほぐしの運動の趣旨を生かした指導ができること**

体ほぐしの運動の「手軽な運動を行い，心と体の変化に気付いたり，みんなで関わり合ったりすること」などの趣旨を生かした指導は，体つくり運動以外の領域においても行うことができます。本手引では，その一例として，『表現「ジャングル探検」』及び『リズムダンス』の指導と評価の計画の中で，主運動である表現やリズムダンスに取り組む前に，体ほぐしの運動の趣旨をいかした指導を行う場面を設けました。このことを参考にするなどして，他の領域においても体ほぐしの運動の趣旨をいかした指導が必要な場合は，効果的に取り入れるようにしましょう。

【体ほぐしの運動の評価】

● **技能に関する評価規準は設定しないこと**

体ほぐしの運動の指導内容は，「知識及び運動」「思考力，判断力，表現力等」「学びに向かう力，人間性等」としています。これは，体ほぐしの運動は，心と体との変化に気付いたり，みんなで関わり合ったりすることが主なねらいであり，特定の技能を示すものではないことから，各領域と同じ「知識及び技能」ではなく，「知識及び運動」としているものです。

そのため，評価においても，技能に関する評価規準は設定しないこととしています。評価の観点の名称は，各領域と同じ「知識・技能」ですが，そこには，体ほぐしの運動の行い方を知っていることを評価する，知識に関する評価規準のみを設定しましょう。

A
体つくり運動

多様な動きをつくる運動（第3学年）

多様な動きをつくる運動は，体を動かす楽しさや喜びに触れるとともに，体のバランスをとる動き，体を移動する動き，用具を操作する動き，力試しの動きをし，それらを組み合わせることをして，基本的な動きを身に付ける運動です。本単元例は，1時間の中で二つの運動に取り組む時間の後に，二つ以上の動きを組み合わせた運動をする時間を設定することで，四つの基本的な動きとそれらを組み合わせる運動に自己の課題に応じた行い方を選んで取り組むことができる授業を展開するようにしています。

単元の目標

(1) 多様な動きをつくる運動の行い方を知るとともに，体のバランスをとる動き，体を移動する動き，用具を操作する動き，力試しの動きをし，それらを組み合わせることができるようにする。
(2) 自己の課題を見付け，その解決のための活動を工夫するとともに，考えたことを友達に伝えることができるようにする。
(3) 多様な動きをつくる運動に進んで取り組み，きまりを守り誰とでも仲よく運動をしたり，友達の考えを認めたり，場や用具の安全に気を付けたりすることができるようにする。

指導と評価の計画〔13 時間（体つくり運動の 16 時間のうち）〕

時間		1	2	3	4	5	6	7
ねらい		体ほぐしの運動の学習の見通しをもつ	体ほぐしの運動の行い方を知り，行い方を工夫して，心と体の変化に気付いたりみんなで関わり合ったりすることを楽しむ		多様な動きをつくる運動の学習の見通しをもつ			
学習活動		オリエンテーション 1　集合，挨拶，健康観察をする 2　単元の学習の見通しをもつ ○単元の目標と学習の進め方を知る。 ○学習のきまりを知る。 3　本時のねらいを知り，目標を立てる 4　場や用具の準備をする ○場や用具の準備や片付けの仕方を知る。 5　準備運動をする ○準備運動の行い方を知る。 6　体ほぐしの運動をする ○体ほぐしの運動の行い方を知る。 ○学級全体やペア，グループで体ほぐしの運動をする。	1　集合，挨拶，健康観察をする 2　本時のねらい知り，目標を立てる 3　場や用具の準備をする 4　心と体の状態に気付く 5　準備運動をする。 6　体ほぐしの運動をする ○学級全体やペア，グループで体ほぐしの運動をする。 ○心のめもりで，自己や友達の心と体の変化に気付く。 ○体ほぐしの運動の工夫の仕方を知る。 ○自己の課題の解決のための運動の行い方を選んだり，友達と一緒に工夫したりする。 ○課題解決のために考えたことを伝える。		オリエンテーション 1　集合，挨拶，健康観察をする 2　単元の学習の見通しをもつ ○単元の目標と学習の進め方を知る。 ○学習のきまりを知る。 3　本時のねらいを知り，目標を立てる 4　場や用具の準備をする ○場や用具の準備や片付けの仕方を知る。 5　準備運動，体ほぐしの運動をする ○準備運動，体ほぐしの運動の行い方を知る。 6　多様な動きをつくる運動をする ○多様な動きをつくる運動の行い方を知る。 ○ペアやグループで多様な動きをつくる運動をする。	1　集合，挨拶，健康観 4　準備運動，体ほぐし 5　体を移動する運動をする ○運動の行い方を知る。 ○ペアやグループで運動をする。 ○運動の工夫の仕方を知る。 ○運動の行い方を選んだり友達と工夫したりする。 ○課題解決のために考えたことを伝える。 6　用具を操作する運動をする ○運動の行い方を知る。 ○ペアやグループで運動をする。 ○運動の工夫の仕方を知る。 ○運動の行い方を選んだり友達と工夫したりする。 ○課題解決のために考えたことを伝える。		
		7　本時を振り返り，次時への見通しをもつ　8　整理運動，場や用具の片付けをする　9　集合，健康観						
評価の重点	知識・技能	① 観察・学習カード			② 観察・学習カード		④・⑤ 観察	
	思考・判断・表現		① 観察・ 学習カード	③ 観察・ 学習カード				
	主体的に学習に取り組む態度		① 観察・ 学習カード			⑥ 観察・ 学習カード		

単元の評価規準

知識・技能	思考・判断・表現	主体的に学習に取り組む態度
①体ほぐしの運動の行い方について，言ったり書いたりしている。 ②多様な動きをつくる運動の行い方について，言ったり書いたりしている。 ③体のバランスをとる動きをすることができる。 ④体を移動する動きをすることができる。 ⑤用具を操作する動きをすることができる。 ⑥力試しの動きをすることができる。 ⑦基本的な動きを組み合わせる動きをすることができる。	①体ほぐしの運動の自己の課題を見付け，その課題を解決するために様々な運動の行い方を選んだり，友達と一緒に工夫したりしている。 ②多様な動きをつくる運動の自己の課題を見付け，その課題を解決するために様々な運動の行い方を選んだり，友達と一緒に工夫したりしている。 ③楽しく運動をしながら心と体の変化に気付いたことや，友達と関わり合うための運動の行い方について，考えたことや見付けたことを友達に伝えている。 ④多様な動きを身に付けるための運動の行い方について，考えたことや見付けたことを友達に伝えている。	①体ほぐしの運動に進んで取り組もうとしている。 ②多様な動きをつくる運動に進んで取り組もうとしている。 ③きまりを守り，誰とでも仲よく励まし合おうとしている。 ④用具の準備や片付けを，友達と一緒にしようとしている。 ⑤友達の考えを認めたり，互いの気持ちを尊重し合ったりしようとしている。 ⑥用具や活動する場の安全を確かめている。

8	9	10	11	12	13	14	15	16
多様な動きをつくる運動の行い方を知り，行い方を工夫したり，それらの運動を組み合わせたりすることを楽しむ					課題の解決のための方法を工夫して基本的な動きを組み合わせる運動を楽しむ			学習のまとめをする
察をする　2　本時のねらい知り，目標を立てる　3　場や用具の準備をする								
の運動をする								
5　体を移動する運動と用具を操作する運動を組み合わせた運動をする ○運動の行い方を知る。 ○ペアやグループで運動をする。 6　体を移動する運動と用具を操作する運動の組合せ方を工夫する ○運動の工夫の仕方を知る。 ○運動の行い方を選んだり友達と工夫したりする。 ○課題解決のために考えたことを伝える。	5　体のバランスをとる運動をする ○運動の行い方を知る。 ○ペアやグループで運動をする。 ○運動の工夫の仕方を知る。 ○運動の行い方を選んだり友達と工夫したりする。 ○課題解決のために考えたことを伝える。 6　力試しの運動をする ○運動の行い方を知る。 ○ペアやグループで運動をする。 ○運動の工夫の仕方を知る。 ○運動の行い方を選んだり友達と工夫したりする。 ○課題解決のために考えたことを伝える。			5　体のバランスをとる運動と力試しの運動を組み合わせた運動をする ○運動の行い方を知る。 ○ペアやグループで運動をする。 6　体のバランスをとる運動と力試しの運動の組合せ方を工夫する ○運動の工夫の仕方を知る。 ○運動の行い方を選んだり友達と工夫したりする。 ○課題解決のために考えたことを伝える。	5　基本的な動きを組み合わせる運動をする ○基本的な動きを組み合わせる運動の行い方を知る。 ○ペアやグループで基本的な動きを組み合わせる運動をする。 6　基本的な運動を組み合わせる運動を工夫する ○基本的な運動を組み合わせる運動の工夫の仕方を知る ○運動の行い方を選んだり友達と工夫したりして，基本的な運動を組み合わせる運動をする。 ○課題解決のために考えたことを伝える。			学習のまとめ 5　基本的な動きを組み合わせる運動をする ○運動の行い方を選んだり友達と工夫したりする。 ○選んだ運動や工夫した行い方を紹介したり，他のグループが選んだ運動や工夫した行い方を試したりする。 6　単元を振り返り，学習のまとめをする 7　整理運動，場や用具の片付けをする 8　集合，健康観察，挨拶をする
察，挨拶をする								
		③・⑥ 観察					⑦ 観察	
					② 観察・ 学習カード	④ 観察・ 学習カード		
④ 観察・学習カード	③ 観察・ 学習カード			⑤ 観察・学習カード				② 観察・学習カード

本時の目標と展開①（4／16時間）

本時の目標

(1) 多様な動きをつくる運動の行い方を知ることができるようにする。
(2) 多様な動きをつくる運動の自己の課題を見付け，その課題を解決するために様々な運動の行い方を選んだり，友達と一緒に工夫したりすることができるようにする。
(3) 用具や活動する場の安全を確かめることができるようにする。

本時の展開

<table>
<tr><th>時 間</th><th>学習内容・活動</th><th>指導上の留意点</th></tr>
<tr><td rowspan="5">5
分</td><td>1　集合，挨拶，健康観察をする
2　単元の学習の見通しをもつ
○単元の目標と学習の進め方を知る。
○学習をするグループを確認する。
○学習のきまりを知る。</td><td>● 掲示物を活用するなどしながら，分かりやすく説明する。
● 学習をするグループを事前に決めておく。</td></tr>
<tr><td colspan="2">学習のきまりの例
・用具は正しく使いましょう。
・運動前には，場の安全を確かめましょう。
・友達との間隔をとって運動をしましょう。
・きまりを守り，誰とでも仲よく励まし合いましょう。
・グループの友達の考えを認めましょう。
</td></tr>
<tr><td>3　本時のねらいを知り，目標を立てる</td><td></td></tr>
<tr><td colspan="2">多様な動きをつくる運動の学習の進め方を知り，学習の見通しをもとう</td></tr>
<tr><td>○本時のねらいを知り，自己の目標を立てる。</td><td>● 学習カードを配り，使い方を説明する。</td></tr>
<tr><td rowspan="5">15
分</td><td>4　場や用具の準備をする
○場や用具の準備と片付けの仕方を知る。
○グループで協力して，準備をする。</td><td>● 安全な準備と片付けの仕方を説明する。
● 安全を確かめている様子を取り上げて，称賛する。</td></tr>
<tr><td colspan="2">場や用具の準備の仕方の例
・活動をする場所に危険物がないか気を配り，見付けたら取り除きましょう。
・運動に使う用具は，決まった場所から使うものだけを取り，使い終わったら片付けましょう。
・安全に運動ができるように服装などが整っているか，友達と確かめ合いましょう。
</td></tr>
<tr><td>5　準備運動，体ほぐしの運動をする
○準備運動，体ほぐしの運動の行い方を知る。
○学級全体やグループで準備運動，体ほぐしの運動をする。</td><td>● けがの防止のために適切な準備運動の行い方について，実際に動いて示しながら説明する。</td></tr>
<tr><td colspan="2">準備運動の行い方の例
肩，腕，手首，腿，膝，ふくらはぎ，足首などをほぐす運動を行う。
体ほぐしの運動の行い方の例

・膝タッチ

・つま先タッチ

・二人組でのなわとび</td></tr>
<tr><td></td><td>◎友達と関わり合うことに意欲的でない児童への配慮の例
➡　意欲的に取り組む児童とペアやグループを組み，友達の動きに刺激を受けて一緒に運動に挑戦できるようにするなどの配慮をする。</td></tr>
</table>

20分

6　多様な動きをつくる運動をする

○多様な動きをつくる運動の行い方を知る。
○ペアやグループで多様な動きをつくる運動をする。

●**多様な動きをつくる運動の行い方について，学習資料や ICT 機器を活用したり，実際に動いて示したりしながら説明する。**

多様な動きをつくる運動の行い方の例

○体を移動する運動

・三角コーンの間を方向を変えて走る。

○体のバランスをとる運動
片足を軸にして回る，両足で跳んで回転をする

・片足を軸にして，回りながら移動する。
・1/2 回転，3/4 回転，1 回転やそれ以上の回転をする。

○力試しの運動
友達をおんぶして運んだり，手押し車で移動したりする

・場に数か所の停留所をつくり，二人組になった友達を行きたい停留所までおんぶや手押し車で運ぶ。

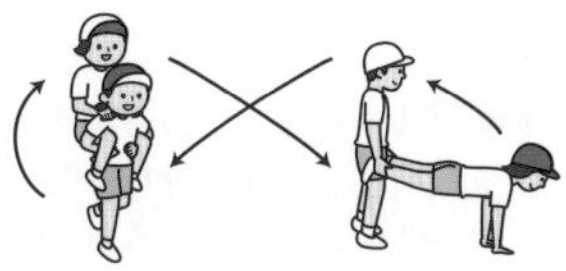

・到着したら別の友達と二人組になり，行きたい停留所までおんぶや手押し車で運んでもらう。

○用具を操作する運動
ボールをねらったところに真っ直ぐ転がす

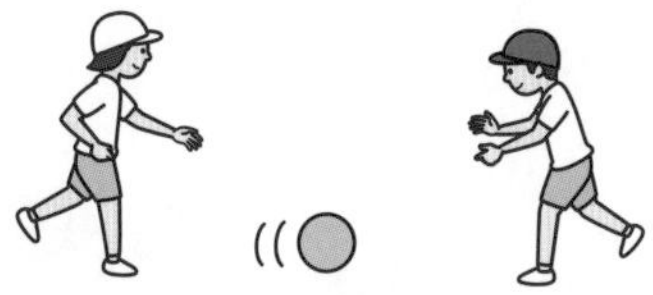

・友達と向かい合ってボールを転がし合う。

・的の大きさや転がす距離が異なる場でボールを転がす的当てゲームをする。

5分

7　本時を振り返り，次時への見通しをもつ

本時の振り返り
・多様な動きをつくる運動の行い方について，知ったことを書きましょう。
・単元の学習で身に付けたいことや楽しみたいことなど，自己の目標を書きましょう。

○振り返りを発表して，友達に伝える。

●**振り返りを学習カードに記入するように伝えるとともに，気付きや考えのよさを取り上げて，称賛する。**

◆学習評価◆　知識・技能
②多様な動きをつくる運動の行い方について，言ったり書いたりしている。

➡　多様な動きを身に付けたり，動きの質を高めたりする多様な動きをつくる運動の行い方について，発表したり学習カードに記入したりしていることを評価する。（観察・学習カード）

◎多様な動きをつくる運動の行い方を知ることが苦手な児童への配慮の例

➡　個別に関わり，行い方のポイントについて対話をしながら確認をするなどの配慮をする。

8　整理運動，場や用具の片付けをする

●**整理運動の行い方について，実際に動いて示しながら説明するとともに，けががないかなどを確認する。**

9　集合，健康観察，挨拶をする

本時の目標と展開②（5／16時間）

本時の目標

(1) 体を移動する動き，用具を操作する動きをすることができる。
(2) 多様な動きをつくる運動の自己の課題を見付け，その課題を解決するために様々な運動の行い方を選んだり，友達と一緒に工夫したりすることができるようにする。
(3) 用具や活動する場の安全を確かめることができるようにする。

本時の展開

<table>
<tr><th>時 間</th><th>学習内容・活動</th><th>指導上の留意点</th></tr>
<tr><td rowspan="2">10
分</td><td>1　集合，挨拶，健康観察をする
2　本時のねらいを知り，目標を立てる</td><td></td></tr>
<tr><td colspan="2">

運動の行い方を工夫して，体を移動する運動と用具を操作する運動をしよう

</td></tr>
<tr><td></td><td>○本時のねらいを知り, 自己の目標を立てる。
3　場や用具の準備をする
○グループで協力して，準備をする。
4　準備運動，体ほぐしの運動をする
○グループで準備運動をする。
○ペアやグループで体ほぐしの運動をする。</td><td>● 学習カードを配り，立てた目標を記入するように伝える。
● 安全な準備の仕方を確認する。
● けがの防止のために適切な準備運動を行うように伝える。
● 学習した運動の中から選んだ体ほぐしの運動の行い方について，実際に動いて示しながら説明する。</td></tr>
<tr><td rowspan="6">15
分</td><td>5　体を移動する運動をする
○体を移動する運動の行い方を知る。
○ペアやグループで体を移動する運動をする。</td><td>● 体を移動する運動の行い方について，学習資料やＩＣＴ機器を活用したり，実際に動いて示したりしながら説明する。</td></tr>
<tr><td colspan="2">

体を移動する運動の行い方の例

○這う，歩く，走るなどの動きで構成さる運動

・物や用具の間を速さや方向を変えて行う。

○一定の速さでのかけ足

・無理のない速さでかけ足を３～４分程度続ける。

</td></tr>
<tr><td></td><td>

◎体を移動する運動が苦手な児童への配慮の例

➡　這う，歩く，走るなどの動きが苦手な児童には，広い場所で前や後ろに移動したり，物や用具の間をゆっくりと移動したりするなど易しい条件で行うことができるようにするなどの配慮をする。

</td></tr>
<tr><td>○体を移動する運動の工夫の仕方を知る。
○運動の行い方を選んだり友達と工夫したりして，体を移動する運動をする。</td><td>● 体を移動する運動の工夫の仕方について，学習資料やＩＣＴ機器を活用したり，実際に動いて示したりしながら説明する。</td></tr>
<tr><td colspan="2">

体を移動する運動の行い方の工夫の仕方の例

○場を工夫する

這う，歩く，走るなどの動きと登る，下りるなどの動きを行う場をつなげたり選んだりする。

・行う運動を選ぶことができる場を工夫する
・分かれ道を作って，進む場を選ぶことができるようにする

</td></tr>
<tr><td>○課題の解決のために考えたことを伝える。</td><td>● 考えたことを伝えていることを取り上げて，称賛する。</td></tr>
</table>

15分

6　用具を操作する運動をする

○用具を操作する運動の行い方を知る。
○ペアやグループで用具を操作する運動をする。

● 学習資料やＩＣＴ機器を活用したり，実際に動いて示したりしながら説明する。

用具を操作する運動の行い方の例

○用具を転がす，くぐる，運ぶなどの動きで構成される運動

・転がしたフープをくぐる。

・足で回してステップをする。

○用具を跳ぶなどの動きで構成される運動

・短なわや長なわを続けて跳ぶ。

◎用具を操作する運動が苦手な児童への配慮の例

➡　用具を跳ぶ動きが苦手な児童には，踵を上げて跳ぶことや手首の使い方がつかめるよう，用具を持たずにその場で跳んだり，弾みやすい場所で行ったりするなどの配慮をする。

○用具を操作する運動の工夫の仕方を知る。
○運動の行い方を選んだり友達と工夫したりして，用具を操作する運動をする。

● 用具を操作する運動の工夫の仕方について，学習資料やＩＣＴ機器を活用したり，実際に動いて示したりしながら説明する。

用具を操作する運動の工夫の仕方の例

○連続でできる人数や回数に挑戦する

・連続で何人がくぐれるか挑戦する。
・連続で何回できるか挑戦する。

○なわの回し方や跳び方を工夫する

・短なわや長なわでいろいろな跳び方をする。

● 安全を確かめている様子を取り上げて，称賛する。

◆学習評価◆　思考・判断・表現
⑥用具や活動する場の安全を確かめている。

➡　活動の場の危険物を取り除いたり，用具や活動する場の安全を確かめたりしている姿を評価する。（観察・学習カード）

◎安全を確かめることに意欲的でない児童への配慮の例

➡　場の危険物や用具の使い方などを確かめるように声をかけたり，グループの友達と一緒に安全を確かめて，安全であることを伝え合ったりするなどの配慮をする。

○課題の解決のために考えたことを伝える。

● 考えたことを伝えていることを取り上げて，称賛する。

5分

7　本時を振り返り，次時への見通しをもつ

本時の振り返り
・運動の行い方を工夫して，見付けたことや考えたことを書きましょう。
・安全を確かめることについて，気付いたことや考えたことを書きましょう。

○振り返りを発表して，友達に伝える。

● 振り返りを学習カードに記入するように伝えるとともに，気付きや考えのよさを取り上げて，称賛する。

8　整理運動，場や用具の片付けをする

● 適切な整理運動を行うように伝えるとともに，けががないかなどを確認する。

9　集合，健康観察，挨拶をする

本時の目標と展開③（9／16時間）

本時の目標

(1) 体のバランスをとる動き，力試しをする動きをすることができるようにする。
(2) 多様な動きをつくる運動の自己の課題を見付け，その課題を解決するために様々な運動の行い方を選んだり，友達と一緒に工夫したりすることができるようにする。
(3) きまりを守り，誰とでも仲よく励まし合うことができるようにする。

本時の展開

時間	学習内容・活動	指導上の留意点
10分	1　集合，挨拶，健康観察をする 2　本時のねらいを知り，目標を立てる	
	運動の行い方を工夫して，体のバランスをとる運動と力試しの運動をしよう	
	○本時のねらいを知り，自己の目標を立てる。	● 学習カードを配り，立てた目標を記入するように伝える。
	3　場や用具の準備をする ○グループで協力して，準備をする。	● 安全な準備の仕方を確認する。
	4　準備運動，体ほぐしの運動をする ○グループで準備運動をする。 ○ペアやグループで体ほぐしの運動をする。	● けがの防止のために適切な準備運動を行うように伝える。 ● 学習した運動の中から選んだ体ほぐしの運動の行い方について，実際に動いて示しながら説明する。
15分	5　体のバランスをとる運動をする ○体のバランスをとる運動の行い方を知る。 ○ペアやグループで体のバランスをとる運動をする。	● 体のバランスをとる運動の行い方について，学習資料やＩＣＴ機器を活用したり，実際に動いて示したりしながら説明する。
	体のバランスをとる運動の行い方の例 ○渡るなどの動きで構成される運動 平均台などの上をいろいろな歩き方で渡る  ・両手と膝を着きながら渡る。　・しゃがみながら渡る。  ・はいはいで渡る。 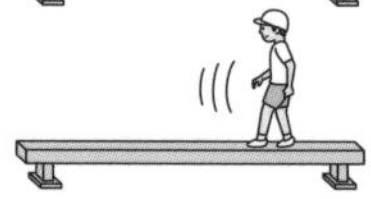 ・後ろ歩きで渡る。  ・横歩きで渡る。	
		◎体のバランスをとる運動が苦手な児童への配慮の例 ➡ 渡るなどの動きが苦手な児童には，平面に描いた細い通路や，新聞紙や段ボールなどで作った用具を用いて，広さや高さを易しくした場づくりをするなどの配慮をする。
	○体のバランスをとる運動の工夫の仕方を知る。 ○運動の行い方を選んだり友達と工夫したりして，体のバランスをとる運動をする。	● 運動の工夫の仕方を，学習資料やＩＣＴ機器を活用したり，実際に動いて示したりしながら説明する。
	体のバランスをとる運動の工夫の仕方の例 ○場や取り組む人数を工夫する  ・通路の上に易しい障害物を置く。  ・友達と連なって渡る。	
	○課題の解決のために考えたことを伝える。	● 考えたことを伝えていることを取り上げて，称賛する。

15分

6　**力試しの運動をする**

○力試しの運動の行い方を知る。

○ペアやグループで力試しの運動をする。

● **力試しの運動の行い方について，学習資料やＩＣＴ機器を活用したり，実際に動いて示したりしながら説明する。**

力試しの運動の行い方の例

○人を運ぶ，支えるなどの動きで構成される運動

○人を引く動きで構成される運動

◎力試しの運動が苦手な児童への配慮の例

➡　人を運ぶ，支える動きが苦手な児童には，補助を受けながらゆっくりと動いたり，手の平でしっかりと地面や床を押し付けたりして行うことができるようにするなどの配慮をする。

○力試しの運動の工夫の仕方を知る。

○運動の行い方を選んだり友達と工夫したりして，力試しの運動をする。

● **力試しの運動の工夫の仕方について，学習資料やＩＣＴ機器を活用したり，実際に動いて示したりしながら説明する。**

力試しの運動の工夫の仕方の例

○運ぶ相手や距離を選ぶ

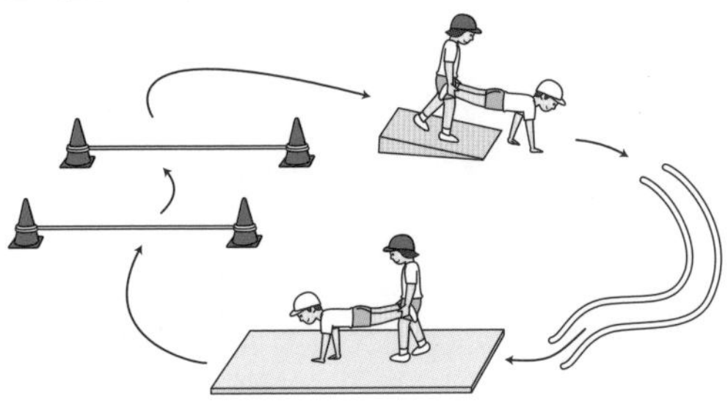

○人数を増やす

● **きまりを守ろうとしている様子を取り上げて，称賛する。**

◆学習評価◆　主体的に学習に取り組む態度
③きまりを守り，誰とでも仲よく励まし合おうとしている。

➡　学習のきまりを守り，ペアやグループの友達と仲よく励まし合おうとしている姿を評価する。（観察・学習カード）

◎きまりを守ることに意欲的でない児童への配慮の例

➡　きまりを守ることで安全に運動ができることに気付くことができるようにするとともに，守ることができたことを取り上げて称賛するなどの配慮をする。

○課題の解決のために考えたことを伝える。

● **考えたことを伝えていることを取り上げて，称賛する。**

5分

7　**本時を振り返り，次時への見通しをもつ**

本時の振り返り
・運動の行い方を工夫して，見付けたことや考えたことを書きましょう。
・誰とでも仲よく励まし合うことについて，気付いたことや考えたことを書きましょう。

○振り返りを発表して，友達に伝える。

● **振り返りを学習カードに記入するように伝えるとともに，気付きや考えのよさを取り上げて，称賛する。**

8　**整理運動，場や用具の片付けをする**

● **適切な整理運動を行うように伝えるとともに，けががないかなどを確認する。**

9　**集合，健康観察，挨拶をする**

本時の目標と展開④（16／16時間）

本時の目標

(1) 基本的な動きを組み合わせる動きをすることができるようにする。
(2) 多様な動きを身に付けるための運動の行い方について，考えたことや見付けたことを友達に伝えることができるようにする。
(3) 多様な動きをつくる運動に進んで取り組むことができるようにする。

本時の展開

時 間	学習内容・活動	指導上の留意点
10分	1　**集合，挨拶，健康観察をする** 2　**本時のねらいを知り，目標を立てる**	
	基本的な動きを組み合わせる運動を紹介し合って，学習をまとめよう	
	○本時のねらいを知り，自己の目標を立てる。	●学習カードを配り，立てた目標を記入するように伝える。
	3　**場や用具の準備をする** ○グループで協力して，準備をする。	●安全な準備の仕方を確認する。
	4　**準備運動，体ほぐしの運動をする** ○グループで準備運動をする。 ○学級全体で体ほぐしの運動をする。	●けがの防止のために適切な準備運動を行うように伝える。 ●学習した運動の中から選んだ体ほぐしの運動の行い方について，実際に動いて示しながら説明する。
25分	5　**基本的な動きを組み合わせる運動をする** ○運動の行い方を選んだり友達と工夫したりして，基本的な動きを組み合わせる運動をする。	
	場の設定の仕方の例 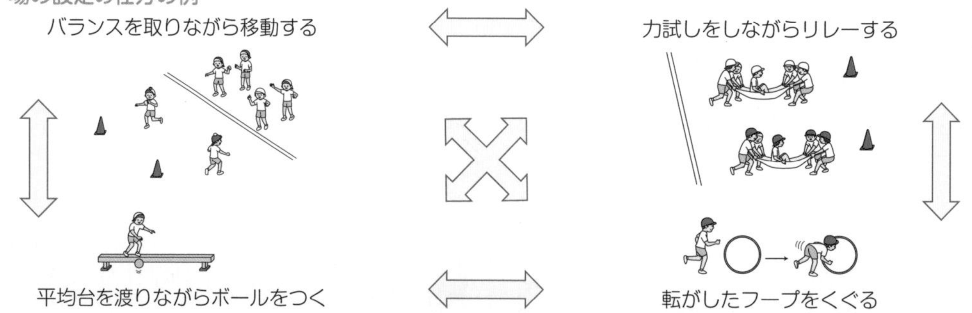	
	○選んだ運動や工夫した行い方を紹介したり，他のグループが選んだ運動や工夫した行い方を試したりする。	●進んで取り組もうとしている様子を取り上げて，称賛する。 **◆学習評価◆　主体的に学習に取り組む態度** **②多様な動きをつくる運動に進んで取り組もうとしている。** ➡　基本的な動きを組み合わせる運動やグループの工夫した行い方を紹介し合う活動などに進んで取り組もうとしている姿を評価する。（観察・学習カード）
	○課題解決のために考えたことを伝える。	●考えたことを伝えていることを取り上げて，称賛する。
10分	6　**単元を振り返り，学習のまとめをする**	
	単元の学習の振り返り ・単元の学習の目標で，達成したことを書きましょう。 ・学習したことで，今後の学習や生活の中で取り組んでいきたいことを書きましょう。 	
	○振り返りを発表して，友達に伝える。	●振り返りを学習カードに記入するように伝えるとともに，気付きや考えのよさを取り上げて，称賛する。
	7　**整理運動，場や用具の片付けをする**	●適切な整理運動を行うように伝えるとともに，けががないかなどを確認する。
	8　**集合，健康観察，挨拶をする**	

多様な動きをつくる運動の取扱い

【第3学年における指導と評価の計画（例）】

時間	1	2・3	4	5～8	9～12	13～15	16
ねらい	学習の見通しをもつ	活動を工夫して体ほぐしの運動を楽しむ	学習の見通しをもつ	多様な動きをつくる運動を楽しむ		活動を工夫して基本的な動きを組み合わせる運動を楽しむ	学習のまとめをする
学習活動	**オリエンテーション** **○学習の見通しをもつ** ・学習の進め方 ・学習のきまり **○体ほぐしの運動** みんなで運動をする	**体ほぐしの運動** **○体ほぐしの運動** ・自己や友達の心と体の変化に気付く ・みんなで豊かに関わり合う **○学習のまとめをする**	**オリエンテーション** **○学習の見通しをもつ** ・学習の進め方 ・学習のきまり **○多様な動きをつくる運動** みんなで運動をする	**多様な動きをつくる運動** **○体を移動する運動** ・いろいろな運動をする ・運動の行い方を工夫する **○用具を操作する運動** ・いろいろな運動をする ・運動の行い方を工夫する	**多様な動きをつくる運動** **○体のバランスをとる運動** ・いろいろな運動をする ・運動の行い方を工夫する **○力試しの運動** ・いろいろな運動をする ・運動の行い方を工夫する	**多様な動きをつくる運動** **○基本的な動きを組み合わせた運動** ・いろいろな運動をする ・自己に適した運動を選ぶ **○運動の組合せ方を工夫する** 自己に適した運動を選ぶ	
評価の重点　知識・技能	① 観察・学習カード		② 観察・学習カード	④・⑤ 観察	③・⑥ 観察	⑦ 観察	
評価の重点　思考・判断・表現		①・③ 観察・学習カード				②・④ 観察・学習カード	
評価の重点　主体的に学習に取り組む態度		① 観察・学習カード		④・⑥ 観察・学習カード	③・⑤ 観察・学習カード		② 観察・学習カード

【多様な動きをつくる運動の単元の取扱い】

●年間を通して指導すること

多様な動きをつくる運動は，様々な基本的な動きを運動を通して培うことをねらいとしていることから，本手引では，他の領域の各内容と比べて単元の時間数を多く設定しています。上記の計画を参考に授業を行う際は，学校の実態などに応じてある程度の時間で数回に分けて年間指導計画の中に位置付けるなどの工夫をしましょう。

【多様な動きをつくる運動の内容の取扱い】

●２学年間にわたって指導すること

小学校学習指導要領に『「A 体つくりの運動」については，２学年間にわたって指導するものとする。』とあるように，中学年の「多様な動きをつくる運動」は，第３学年と第４学年の両方で指導するように年間指導計画を作成しましょう。

第３学年は，行い方が易しく，基本的な体の動きを幅広く培いやすい多様な動きをつくる運動ができるよう，本手引を参考にするなどして第３学年に適した運動を選んで取り扱うようにしましょう。なお，小学校学習指導要領解説体育編に，固定施設を使った運動は，低学年では「器械・器具を使っての運動遊び」の内容として示していますが，体の基本的な動きを培う運動としても適していることから，中学年においては多様な動きをつくる運動で取り扱うようにしましょう。

●将来の体力の向上につなげるため，基本的な体の動きを培うこと

体つくり運動系は，体力を高めるために行われる運動を取り扱う領域ですが，中学年においては発達の段階から体力を高めることを学習の直接の目的とすることは難しいことから，将来の体力の向上につなげていくために，基本的な体の動きを幅広く培うことができるようにしましょう。

●運動と健康が密接に関連していることについての具体的な考えがもてるよう指導すること

多様な動きをつくる運動に限らず，運動領域の各領域においては，保健「健康な生活」の学習と関連付けて学習することで，児童が運動と健康が密接に関連していることに考えをもてるように指導しましょう。

【多様な動きをつくる運動の評価】

●各領域と同じく，技能に関する評価規準を設定すること

多様な動きをつくる運動の指導内容は，「知識及び運動」「思考力，判断力，表現力等」「学びに向かう力，人間性等」としています。これは，多様な動きをつくる運動は，様々な基本的な体の動きを身に付け，動きの幅を更に広げていくとともに，動きの質を高めることが主なねらいであり，特定の技能を示すものではないことから，各領域と同じ「知識及び技能」ではなく，「知識及び運動」としているものです。

一方で，評価においては，各領域と同じく「知識・技能」の評価の観点に技能に関する評価規準を設定して，多様な動きをつくる運動で培う様々な基本的な体の動きができることを評価しましょう。

A 体つくり運動

体ほぐしの運動（第4学年）

体ほぐしの運動は，手軽な運動を行い，体を動かす楽しさや心地よさを味わうことを通して，心と体の変化に気付いたり，みんなで関わり合ったりする運動です。本単元例は，心と体の状態を確認してから運動をしたり，運動をしてから心と体の変化を確かめたりする活動をしたり，みんなで関わり合って運動をしたりすることで，運動により心と体が変化することに気付いたり自他の心と体に違いがあることを知ったりすることができる授業を展開するようにしています。

単元の目標

(1) 体ほぐしの運動の行い方を知るとともに，手軽な運動を行い，心と体の変化に気付いたり，みんなで関わり合ったりすることができるようにする。
(2) 自己の課題を見付け，その解決のための活動を工夫するとともに，考えたことを友達に伝えることができるようにする。
(3) 体ほぐしの運動に進んで取り組み，きまりを守り誰とでも仲よく運動をしたり，友達の考えを認めたり，場や用具の安全に気を付けたりすることができるようにする。

指導と評価の計画〔3時間（体つくり運動の16時間のうち）〕

時間	1	2	3	4	5	6
ねらい	体ほぐしの運動の 学習の見通しをもつ	体ほぐしの運動の行い方を知り，行い方を工夫して，心と体の変化に気付いたりみんなで関わり合ったりすることを楽しむ		多様な動きをつくる運動の 学習の見通しをもつ		
学習活動	オリエンテーション 1 集合，挨拶，健康観察をする 2 単元の学習の見通しをもつ ○単元の目標と学習の進め方を知る。 ○学習のきまりを知る。 3 本時のねらいを知り，目標を立てる 4 場や用具の準備をする ○場や用具の準備や片付けの仕方を知る。 5 準備運動をする ○準備運動の行い方を知る。 6 体ほぐしの運動をする ○体ほぐしの運動の行い方を知る。 ○学級全体やペア，グループで体ほぐしの運動をする。	1 集合，挨拶，健康観察をする 2 本時のねらい知り，目標を立てる 3 場や用具の準備をする 4 心と体の状態に気付く 5 準備運動をする 6 体ほぐしの運動をする ○学級全体やペア，グループで体ほぐしの運動をする。 ○心のめもりで，自己や友達の心と体の変化に気付く。 ○体ほぐしの運動の工夫の仕方を知る。 ○自己の課題の解決のための運動の行い方を選んだり，友達と一緒に工夫したりする。 ○課題解決のために考えたことを伝える。		オリエンテーション 1 集合，挨拶，健康観察をする 2 単元の学習の見通しをもつ ○単元の目標と学習の進め方を知る。 ○学習のきまりを知る。 3 本時のねらいを知り，目標を立てる 4 場や用具の準備をする ○場や用具の準備や片付けの仕方を知る。 5 準備運動，体ほぐしの運動をする ○準備運動，体ほぐしの運動の行い方を知る。 6 多様な動きをつくる運動をする ○多様な動きをつくる運動の行い方を知る。 ○ペアやグループで多様な動きをつくる運動をする。	1 集合，挨拶，健 4 準備運動，体ほ 5 力試しの運動をする ○運動の行い方を知る。 ○ペアやグループで運動をする。 ○運動の工夫の仕方を知る。 ○運動の行い方を選んだり友達と工夫したりする。 ○課題解決のために考えたことを伝える。 6 体を移動する運動をする ○運動の行い方を知る。 ○ペアやグループで運動をする。 ○運動の工夫の仕方を知る。 ○運動の行い方を選んだり友達と工夫したりする。 ○課題解決のために考えたことを伝える。	
	7 本時を振り返り，次時への見通しをもつ　8 整理運動，場や用具の片付けをする　9 集合，健康観察，					
評価の重点 知識・技能	① 学習カード			② 観察・学習カード	④・⑥ 観察	
評価の重点 思考・判断・表現		① 観察・ 学習カード	③ 観察・ 学習カード			
評価の重点 主体的に学習に取り組む態度		① 観察・ 学習カード				

単元の評価規準

知識・技能	思考・判断・表現	主体的に学習に取り組む態度
①体ほぐしの運動の行い方について，言ったり書いたりしている。 ②多様な動きをつくる運動の行い方について，言ったり書いたりしている。 ③体のバランスをとる動きをすることができる。 ④体を移動する動きをすることができる。 ⑤用具を操作する動きをすることができる。 ⑥力試しの動きをすることができる。 ⑦基本的な動きを組み合わせる動きをすることができる。	①体ほぐしの運動の自己の課題を見付け，その課題を解決するために様々な運動の行い方を選んだり，友達と一緒に工夫したりしている。 ②多様な動きをつくる運動の自己の課題を見付け，その課題を解決するために様々な運動の行い方を選んだり，友達と一緒に工夫したりしている。 ③楽しく運動をしながら心と体の変化に気付いたことや，友達と関わり合うための運動の行い方について，考えたことや見付けたことを友達に伝えている。 ④多様な動きを身に付けるための運動の行い方について，考えたことや見付けたことを友達に伝えている。	①体ほぐしの運動に進んで取り組もうとしている。 ②多様な動きをつくる運動に進んで取り組もうとしている。 ③きまりを守り，誰とでも仲よく励まし合おうとしている。 ④用具の準備や片付けを，友達と一緒にしようとしている。 ⑤友達の考えを認めたり，互いの気持ちを尊重し合ったりしようとしている。 ⑥活動の場の危険物を取り除いたり，用具や活動する場の安全を確かめたりしている。

7	8	9	10	11	12	13	14	15	16
多様な動きをつくる運動の行い方を知り，行い方を工夫したり， それらの運動を組み合わせたりすることを楽しむ						課題の解決のための活動を工夫して基本的な動きを組み合わせる運動をすることを楽しむ			学習のまとめをする
康観察をする　2　本時のねらい知り，目標を立てる　3　場や用具の準備をする									
ぐしの運動をする									
5　力試しの運動と体を移動する運動を組み合わせた運動をする ○運動の行い方を知る。 ○ペアやグループで運動をする。 6　力試しの運動と体を移動する運動の組合せ方を工夫する ○運動の工夫の仕方を知る。 ○運動の行い方を選んだり友達と工夫したりする。 ○課題解決のために考えたことを伝える。		5　体のバランスをとる運動をする ○運動の行い方を知る。 ○ペアやグループで運動をする。 ○運動の工夫の仕方を知る。 ○運動の行い方を選んだり友達と工夫したりする。 ○課題解決のために考えたことを伝える。 6　用具を操作する運動をする ○運動の行い方を知る。 ○ペアやグループで運動をする。 ○運動の工夫の仕方を知る。 ○運動の行い方を選んだり友達と工夫したりする。 ○課題解決のために考えたことを伝える。		5　体のバランスをとる運動と用具を操作する運動を組み合わせた運動をする ○運動の行い方を知る。 ○ペアやグループで運動をする。 6　体のバランスをとる運動と用具を操作する運動の組合せ方を工夫する ○運動の工夫の仕方を知る。 ○運動の行い方を選んだり友達と工夫したりする。 ○課題解決のために考えたことを伝える。		5　基本的な動きを組み合わせる運動をする ○基本的な動きを組み合わせる運動の行い方を知る。 ○ペアやグループで基本的な動きを組み合わせる運動をする。 6　基本的な運動を組み合わせる運動を工夫する ○基本的な運動を組み合わせる運動の工夫の仕方を知る ○運動の行い方を選んだり友達と工夫したりして，基本的な運動を組み合わせる運動をする。 ○課題解決のために考えたことを伝える。			学習のまとめ 5　組合せを工夫した運動を紹介し合う ○運動の行い方を選んだり友達と工夫したりする。 ○選んだ運動や工夫した行い方を紹介したり，他のグループが選んだ運動や工夫した行い方を試したりする。 6　単元を振り返り，学習のまとめをする 7　整理運動，場や用具の片付けをする 8　集合，健康観察，挨拶をする
挨拶をする									
		③・⑤ 観察						⑦ 観察	
						② 観察・ 学習カード	④ 観察・ 学習カード		
⑥ 観察・ 学習カード	③ 観察・ 学習カード			④ 観察・ 学習カード	⑤ 観察・ 学習カード				② 観察・学習カード

本時の目標と展開①（1／16時間）

本時の目標

(1) 体ほぐしの運動の行い方を知ることができるようにする。
(2) 自己の課題を見付け，その課題を解決するために様々運動の行い方を選んだり，友達と一緒に工夫したりすることができるようにする。
(3) 体ほぐしの運動に進んで取り組むことができるようにする。

本時の展開

時 間	学習内容・活動	指導上の留意点
5 分	1　**集合，挨拶，健康観察をする** 2　**単元の学習の見通しをもつ** ○単元の目標と学習の進め方を知る。 ○学習をするグループを確認する。 ○学習のきまりを知る。	●**掲示物を活用するなどしながら，分かりやすく説明する。** ●**学習をするグループを事前に決めておく。**
	学習のきまりの例 ・用具は正しく使いましょう。 ・安全を確かめて運動をしましょう。 ・友達との間隔をとって運動をしましょう。 ・きまりを守り，誰とでも仲よく励まし合いましょう。 ・グループの友達の考えを認めましょう。 	
	3　**本時のねらいを知り，目標を立てる**	
	体ほぐしの運動の学習の進め方を知り，学習の見通しをもとう	
	○本時のねらいを知り，自己の目標を立てる。	●**学習カードを配り，使い方を説明する。**
10 分	4　**場や用具の準備をする** ○場や用具の準備と片付けの仕方を知る。 ○みんなで協力して，準備をする。	●**安全な準備と片付けの仕方を説明する。** ●**安全に気を付けた準備をする様子を取り上げて，称賛する。**
	場や用具の準備の仕方の例 ・活動をする場所に危険物がないか気を配り，見付けたら取り除きましょう。 ・運動に使う用具は，決まった場所から使うものだけを取り，使い終わったら片付けましょう。 ・安全に運動ができるように服装などが整っているか，友達と確かめ合いましょう。 	
	5　**準備運動をする** ○準備運動の行い方を知る。 ○学級全体やグループで準備運動をする。	●**けがの防止のために適切な準備運動の行い方について，実際に動いて示しながら説明する。**
	準備運動の行い方の例 肩，腕，手首，腿，膝，ふくらはぎ，足首などをほぐす運動を行う。	
10 分	6　**体ほぐしの運動をする** ○体ほぐし運動の行い方を知る。 ○ペアやグループで体ほぐしの運動をする。	●**体ほぐしの運動の行い方について，学習資料やＩＣＴ機器を活用したり，実際に動いて示したりしながら説明する。**
	体ほぐしの運動の行い方の例 ○伸び伸びとした動作で用具などを用いた運動  ・新聞紙になって  ・新聞紙を落とさないように動く。	

時間	学習活動	指導上の留意点
15分	○自己や友達の心と体の変化に気付く。	● 自己や友達の心と体の変化について気付いたことを聞くとともに，気付きのよさを取り上げて，称賛する。

・楽しく運動をすると，どんな気持ちになりますか。
・力いっぱい動くと，体はどうなりましたか。
➡　体を動かすと心も弾み体の動きが軽快になること，体の力を抜くと気持ちがよいこと，汗をかいた後は気分もすっきりすることなどに気付くようにする。

◎心と体の変化に気付くことが苦手な児童への配慮の例

➡　気持ちや体の変化を表す言葉を示したり，問いかけたりし，自己の心や体の変化に合った言葉のイメージができるようにするなどの配慮をする。

学習活動	指導上の留意点
○体ほぐしの運動の行い方を理解する。 ○学級全体で体ほぐしの運動をする。	● 体ほぐしの運動の行い方について，学習資料やＩＣＴ機器を活用したり，実際に動いて示したりしながら説明する。 ● 楽しく運動ができるような曲をかける。

体ほぐしの運動の行い方の例

○伝承遊びや集団による運動

◎友達と関わり合いながら運動することが苦手な児童への配慮の例

➡　ペアやグループの組み方を考慮し，安心して活動に取り組めるようにするなどの配慮をする。

時間	学習活動	指導上の留意点
5分	7　本時を振り返り，次時への見通しをもつ	

本時の振り返り

・体ほぐしの運動の行い方について，知ったことを書きましょう。
・運動をして，心と体の変化について気付いたことや考えたことを書きましょう。
・単元の学習で身に付けたいことや楽しみたいことなど，自己の目標を書きましょう。

学習活動	指導上の留意点
○振り返りを発表して，友達に伝える。	● 振り返りを学習カードに記入するように伝えるとともに，気付きや考えのよさを取り上げて，称賛する。

◆学習評価◆　知識・技能
①体ほぐしの運動の行い方について，言ったり書いたりしている。

➡　心と体の変化に気付いたり，みんなで関わり合ったりする体ほぐしの運動の行い方について，発表したり学習カードに記入したりしていることを評価する。（観察・学習カード）

◎体ほぐしの運動の行い方を知ることが苦手な児童への配慮の例

➡　個別に関わり，体ほぐしの運動の行い方のポイントについて対話をしながら確認をするなどの配慮をする。

学習活動	指導上の留意点
8　整理運動，場や用具の片付けをする	● 整理運動の行い方について，実際に動いて示しながら説明するとともに，けががないかなどを確認する。
9　集合，健康観察，挨拶をする	

本時の目標と展開②（2／16時間）

本時の目標

(1) 体ほぐしの運動の行い方を知ることができるようにする。
(2) 自己の課題を見付け，その課題を解決するために様々な運動の行い方を選んだり，友達と一緒に工夫したりすることができるようにする。
(3) 体ほぐしの運動に進んで取り組むことができるようにする。

本時の展開

時間	学習内容・活動	指導上の留意点
10分	1　集合，挨拶，健康観察をする 2　本時のねらいを知り，目標を立てる	
	課題の解決のための活動を工夫して，体ほぐしの運動をしよう	
	○本時のねらいを知り，自己の目標を立てる。	●学習カードを配り，立てためあてを記入するように伝える。
	3　場や用具の準備をする ○グループで協力して，準備をする。	●安全な準備の仕方を確認する。
	4　心と体の状態に気付く ○心のめもりで，自己や友達の心と体の状態に気付く。	●学習カードに示した心のめもりの使い方を説明する。
	5　準備運動をする ○グループで準備運動をする。	●けがの防止のために適切な準備運動を行うように伝える。

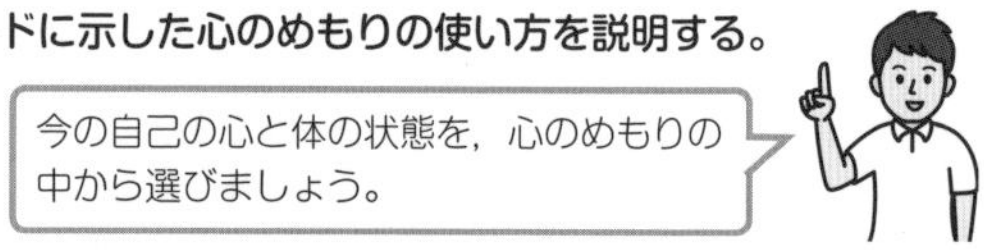
今の自己の心と体の状態を，心のめもりの中から選びましょう。

時間	学習内容・活動	指導上の留意点
15分	6　体ほぐしの運動をする ○ペアやグループで体ほぐしの運動をする。	●体ほぐしの運動の行い方について，学習資料やＩＣＴ機器を活用したり，実際に動いて示したりしながら説明する。

体ほぐしの運動の行い方の例

○動作や人数などの条件を変えて，歩いたり走ったりする運動

・列をくずさずに歩いたり走ったりする。

・ボール運びリレー

○伝承遊びや集団による運動

・こおり鬼

15分

○自己や友達の心と体の変化に気付く。

● **自己や友達の心と体の変化について気付いたことを聞くとともに，気付きのよさを取り上げて，称賛する。**

・友達と関わり合って運動をしたら，気持ちはどう変わりましたか。
・運動をしているときや運動を終えたとき，体はどうなりましたか。
➡　体を動かすと心も弾み体の動きが軽快になること，体の力を抜くと気持ちがよいこと，汗をかいた後は気分もすっきりすることなどに気付くようにする。

○体ほぐしの運動の工夫の仕方を知る。
○自己の課題の解決のための運動の行い方を選んだり，友達と一緒に工夫したりしている。

● **体ほぐしの運動の工夫の仕方について，学習資料やＩＣＴ機器を活用したり，実際に動いて示したりしながら説明する。**
● **工夫した運動の行い方を選んでいることを取り上げて，称賛する。**

◆学習評価◆　思考・判断・表現
①体ほぐしの運動の自己の課題を見付け，その課題を解決するために様々な運動の行い方を選んだり，友達と一緒に工夫したりしている。

➡　心と体の変化に気付くことや，みんなで関わり合うことなどの自己の課題を解決するための運動の行い方を選んだり工夫したりしている姿を評価する。（観察・学習カード）

◎運動の行い方を選んだり工夫したりすることが苦手な児童への配慮の例

➡　友達が選んだ行い方を一緒に試したり，人数や用具を変えながらいろいろな行い方に挑戦したりして，自己に適した行い方を見付けるようにするなどの配慮をする。

体ほぐしの運動の行い方の工夫の仕方の例

○動作や人数などの条件を変えて，歩いたり走ったりする運動

・ボールの数を増やして

○伝承遊びや集団による運動

・手をつないで

● **体ほぐしの運動に進んで取り組もうとしている様子を取り上げて，称賛する。**

◆学習評価◆　主体的に学習に取り組む態度
①体ほぐしの運動に進んで取り組もうとしている。

➡　体ほぐしの運動で心と体の変化に気付いたり，友達と関わり合ったりすることなどに進んで取り組もうとしている姿を評価する。（観察・学習カード）

○課題解決のために考えたことを伝える。

● **考えたことを伝えていることを取り上げて，称賛する。**

5分

7　本時を振り返り，次時への見通しをもつ

○心のめもりで，自己や友達の心と体の変化に気付く。

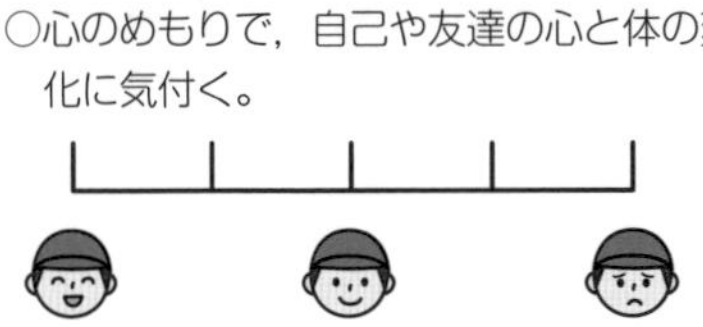

本時の振り返り
・運動をして，心と体の変化について気付いたことや考えたことを書きましょう。
・見付けた自己の課題と，その課題の解決のために運動を工夫したことを書きましょう。
・運動を工夫して，気付いたことや考えたことを書きましょう。

○振り返りを発表して，友達に伝える。

● **振り返りを学習カードに記入するように伝えるとともに，気付きや考えのよさを取り上げて，称賛する。**

8　整理運動，場や用具の片付けをする

● **適切な整理運動を行うように伝えるとともに，けががないかなどを確認する。**

9　集合，健康観察，挨拶をする

本時の目標と展開③（3／16時間）

本時の目標

(1) 体ほぐしの運動の行い方を知ることができるようにする。
(2) 楽しく運動をしながら心と体の変化に気付いたことや，友達と関わり合うための運動の行い方について，考えたことや見付けたことを友達に伝えることができるようにする。
(3) 体ほぐしの運動に進んで取り組むことができるようにする。

本時の展開

時間	学習内容・活動	指導上の留意点
10 分	1　**集合，挨拶，健康観察をする** 2　**本時のねらいを知り，目標を立てる**	
	友達と関わり合いながら体ほぐしの運動をして，学習のまとめをしよう	
	○本時のねらいを知り，自己の目標を立てる。 3　**場や用具の準備をする** ○グループで協力して，準備をする。 4　**心と体の状態に気付く** ○心のめもりで，自己や友達の心と体の状態に気付く。 5　**準備運動をする** ○グループで準備運動をする。	●学習カードを配り，立てた目標を記入するように伝える。 ●安全な準備の仕方を確認する。 ●心のめもりの使い方を確認する。 ●けがの防止のために適切な準備運動の行い方を確認する。
25 分	6　**体ほぐしの運動をする** ○ペアやグループで行いたい運動を選んで，体ほぐしの運動をする。 ○体ほぐしの運動の行い方を知る。 ○学級全体で体ほぐしの運動をする。 ○課題解決のために考えたことを伝える。 **体ほぐしの運動の行い方の例** ○リズムに乗って，心が弾むような動作で行う運動  ○心のめもりで，自己や友達の心と体の状態に気付く	●体ほぐしの運動の行い方について，学習資料やＩＣＴ機器を活用したり，実際に動いて示したりしながら説明する。 ●考えたことを伝えていることを取り上げて，称賛する。 **◆学習評価◆　思考・判断・表現** **③楽しく運動をしながら心と体の変化に気付いたことや，友達と関わり合うための運動の行い方について，考えたことや見付けたことを友達に伝えている。** ➡　自己の課題を解決するための運動の行い方を，選んだり工夫したりして気付いたことや考えたことを友達に伝えている姿を評価する。（観察・学習カード） **◎考えたことを伝えることが苦手な児童への配慮の例** ➡　個別に関わり，行い方を選んだり工夫したりして気付いたことや考えたことを聞き取って，友達に伝えることを支援するなどの配慮をする。 ●心と体の変化について気付いたことを聞くとともに，気付きのよさを取り上げて，称賛する。
10 分	7　**単元を振り返り，学習のまとめをする**	
	単元の学習の振り返り ・単元の学習の目標で，達成したことを書きましょう。 ・学習したことで，今後も取り組んでいきたいことを，発表したり書いたりしましょう。	
	○振り返りを発表して，友達に伝える。 8　**整理運動，場や用具の片付けをする** 9　**集合，健康観察，挨拶をする**	●振り返りを学習カードに記入するように伝えるとともに，気付きや考えのよさを取り上げて，称賛する。 ●適切な整理運動を行うように伝えるとともに，けがかないかなどを確認する。

体ほぐしの運動の取扱い

【第４学年における指導と評価の計画（例）】

時間	1	2・3	4	5〜8	9〜12	13〜15	16
ねらい	学習の見通しをもつ	活動を工夫して体ほぐしの運動を楽しむ	学習の見通しをもつ	多様な動きをつくる運動を楽しむ		活動を工夫して基本的な動きを組み合わせる運動を楽しむ	学習のまとめをする
学習活動	**オリエンテーション** ○学習の見通しをもつ ・学習の進め方 ・学習のきまり ○体ほぐしの運動 みんなで運動をする	**体ほぐしの運動** ○体ほぐしの運動 ・自己や友達の心と体の変化に気付く ・みんなで豊かに関わり合う ○学習のまとめをする	**オリエンテーション** ○学習の見通しをもつ ・学習の進め方 ・学習のきまり ○多様な動きをつくる運動 みんなで運動をする	**多様な動きをつくる運動** ○力試しの運動 ・いろいろな運動をする ・運動の行い方を工夫する ○体を移動する運動 ・いろいろな運動をする ・運動の行い方を工夫する	**多様な動きをつくる運動** ○体のバランスをとる運動 ・いろいろな運動をする ・運動の行い方を工夫する ○用具を操作する運動 ・いろいろな運動をする ・運動の行い方を工夫する	**多様な動きをつくる運動** ○基本的な動きを組み合わせた運動 ・いろいろな運動をする ・自己に適した運動を選ぶ ○運動の組合せ方を工夫する 自己に適した運動を選ぶ	**学習のまとめ** ○多様な動きをつくる運動 選んだ運動の行い方を発表する ○単元のまとめをする
評価の重点　知識・技能	① 観察・学習カード		② 観察・学習カード	④・⑥ 観察	③・⑤ 観察	⑦ 観察	
評価の重点　思考・判断・表現		①・③ 観察・学習カード				②・④ 観察・学習カード	
評価の重点　主体的に学習に取り組む態度		① 観察・学習カード		③・⑥ 観察・学習カード	④・⑤ 観察・学習カード		② 観察・学習カード

【体ほぐしの運動の内容の取扱い】

● ２学年間にわたって指導すること

小学校学習指導要領に『「A 体つくりの運動」については，２学年間にわたって指導するものとする。』とあるように，中学年の「体ほぐしの運動」は，第３学年と第４学年の両方で指導するように年間指導計画を作成しましょう。

第４学年は，第３学年で取り扱った運動を行うことでこれまでの学習を思い起こしたり，新たな運動を行ったりするなど，本手引を参考にするなどして第４学年に適した運動を選んで取り扱うようにしましょう。

● 体ほぐしの運動の趣旨を生かした指導ができること

体ほぐしの運動の「手軽な運動を行い，心と体の変化に気付いたり，みんなで関わり合ったりすること」などの趣旨を生かした指導は，体つくり運動以外の領域においても行うことができます。本手引では，その一例として，『表現「ジャングル探検」』及び『リズムダンス』の指導と評価の計画の中で，主運動である表現やリズムダンスに取り組む前に，体ほぐしの運動の趣旨を生かした指導を行う場面を設けました。このことを参考にするなどして，他の領域においても体ほぐしの運動の趣旨を生かした指導が必要な場合は，効果的に取り入れるようにしましょう。

【体ほぐしの運動の評価】

● 技能に関する評価規準は設定しないこと

体ほぐしの運動の指導内容は，「知識及び運動」「思考力，判断力，表現力等」「学びに向かう力，人間性等」としています。これは，体ほぐしの運動は，心と体との変化に気付いたり，みんなで関わり合ったりすることが主なねらいであり，特定の技能を示すものではないことから，各領域と同じ「知識及び技能」ではなく，「知識及び運動」としているものです。

そのため，評価においても，技能に関する評価規準は設定しないこととしています。評価の観点の名称は，各領域と同じ「知識・技能」ですが，そこには，体ほぐしの運動の行い方を知っていることを評価する，知識に関する評価規準のみを設定しましょう。

多様な動きをつくる運動（第4学年）

多様な動きをつくる運動は，体を動かす楽しさや喜びに触れるとともに，体のバランスをとる動き，体を移動する動き，用具を操作する動き，力試しの動きをし，それらを組み合わせることをして，基本的な動きを身に付ける運動です。本単元例は，1時間の中で二つの運動に取り組む時間の後に，二つ以上の動きを組み合わせた運動をする時間を設定することで，四つの基本的な動きとそれらを組み合わせる運動に自己の課題に応じた行い方を選んで取り組むことができる授業を展開するようにしています。

単元の目標

(1) 多様な動きをつくる運動の行い方を知るとともに，体のバランスをとる動き，体を移動する動き，用具を操作する動き，力試しの動きをし，それらを組み合わせることができるようにする。
(2) 自己の課題を見付け，その解決のための活動を工夫するとともに，考えたことを友達に伝えることができるようにする。
(3) 多様な動きをつくる運動に進んで取り組み，きまりを守り誰とでも仲よく運動をしたり，友達の考えを認めたり，場や用具の安全に気を付けたりすることができるようにする。

指導と評価の計画〔13 時間（体つくり運動の 16 時間のうち）〕

時　間		1	2	3	4	5	6
ねらい		体ほぐしの運動の学習の見通しをもつ	体ほぐしの運動の行い方を知り，行い方を工夫して，心と体の変化に気付いたり，みんなで関わり合ったりすることを楽しむ		多様な動きをつくる運動の学習の見通しをもつ		
学習活動		オリエンテーション 1　集合，挨拶，健康観察をする 2　単元の学習の見通しをもつ ○単元の目標と学習の進め方を知る。 ○学習のきまりを知る。 3　本時のねらいを知り，目標を立てる 4　場や用具の準備をする ○場や用具の準備や片付けの仕方を知る。 5　準備運動をする ○準備運動の行い方を知る。 6　体ほぐしの運動をする ○体ほぐしの運動の行い方を知る。 ○学級全体やペア，グループで体ほぐしの運動をする。	1　集合，挨拶，健康観察をする 2　本時のねらい知り，目標を立てる 3　場や用具の準備をする 4　心と体の状態に気付く 5　準備運動をする 6　体ほぐしの運動をする ○学級全体やペア，グループで体ほぐしの運動をする。 ○心のめもり，自己や友達の心と体の変化に気付く。 ○体ほぐしの運動の工夫の仕方を知る。 ○自己の課題の解決のための運動の行い方を選んだり，友達と一緒に工夫したりする。 ○課題解決のために考えたことを伝える。		オリエンテーション 1　集合，挨拶，健康観察をする 2　単元の学習の見通しをもつ ○単元の目標と学習の進め方を知る。 ○学習のきまりを知る。 3　本時のねらいを知り，目標を立てる 4　場や用具の準備をする ○場や用具の準備や片付けの仕方を知る。 5　準備運動，体ほぐしの運動をする ○準備運動，体ほぐしの運動の行い方を知る。 6　多様な動きをつくる運動をする ○多様な動きをつくる運動の行い方を知る。 ○ペアやグループで多様な動きをつくる運動をする。	1　集合，挨拶，健 4　準備運動，体ほ 5　力試しの運動をする ○運動の行い方を知る。 ○ペアやグループで運動をする。 ○運動の工夫の仕方を知る。 ○運動の行い方を選んだり友達と工夫したりする。 ○課題解決のために考えたことを伝える。 6　体を移動する運動をする ○運動の行い方を知る。 ○ペアやグループで運動をする。 ○運動の工夫の仕方を知る。 ○運動の行い方を選んだり友達と工夫したりする。 ○課題解決のために考えたことを伝える。	
		7　本時を振り返り，次時への見通しをもつ　8　整理運動，場や用具の片付けをする　9　集合，健康観察，					
評価の重点	知識・技能	① 学習カード			② 観察・学習カード	④・⑥ 観察	
	思考・判断・表現		① 観察・ 学習カード	③ 観察・ 学習カード			
	主体的に学習に取り組む態度			① 観察・ 学習カード			

単元の評価規準

知識・技能	思考・判断・表現	主体的に学習に取り組む態度
①体ほぐしの運動の行い方について，言ったり書いたりしている。 ②多様な動きをつくる運動の行い方について，言ったり書いたりしている。 ③体のバランスをとる動きをすることができる。 ④体を移動する動きをすることができる。 ⑤用具を操作する動きをすることができる。 ⑥力試しの動きをすることができる。 ⑦基本的な動きを組み合わせる動きをすることができる。	①体ほぐしの運動の自己の課題を見付け，その課題を解決するために様々な運動の行い方を選んだり，友達と一緒に工夫したりしている。 ②多様な動きをつくる運動の自己の課題を見付け，その課題を解決するために様々な運動の行い方を選んだり，友達と一緒に工夫したりしている。 ③楽しく運動をしながら心と体の変化に気付いたことや，友達と関わり合うための運動の行い方について，考えたことや見付けたことを友達に伝えている。 ④多様な動きを身に付けるための運動の行い方について，考えたことや見付けたことを友達に伝えている。	①体ほぐしの運動に進んで取り組もうとしている。 ②多様な動きをつくる運動に進んで取り組もうとしている。 ③きまりを守り，誰とでも仲よく励まし合おうとしている。 ④用具の準備や片付けを，友達と一緒にしようとしている。 ⑤友達の考えを認めたり，互いの気持ちを尊重し合ったりしようとしている。 ⑥活動の場の危険物を取り除いたり，用具や活動する場の安全を確かめたりしている。

7	8	9	10	11	12	13	14	15	16
多様な動きをつくる運動の行い方を知り，行い方を工夫したり，それらの運動を組み合わせたりすることを楽しむ						課題の解決のための活動を工夫して，基本的な動きを組み合わせる運動をすることを楽しむ			学習のまとめをする
康観察をする　2　本時のねらい知り，目標を立てる　3　場や用具の準備をする									
ぐしの運動をする									
5　**力試しの運動と体を移動する運動を組み合わせた運動をする** ○運動の行い方を知る。 ○ペアやグループで運動をする。 6　**力試しの運動と体を移動する運動の組合せ方を工夫する** ○運動の工夫の仕方を知る。 ○運動の行い方を選んだり友達と工夫したりする。 ○課題解決のために考えたことを伝える。		5　**体のバランスをとる運動をする** ○運動の行い方を知る。 ○ペアやグループで運動をする。 ○運動の工夫の仕方を知る。 ○運動の行い方を選んだり友達と工夫したりする。 ○課題解決のために考えたことを伝える。 6　**用具を操作する運動をする** ○運動の行い方を知る。 ○ペアやグループで運動をする。 ○運動の工夫の仕方を知る。 ○運動の行い方を選んだり友達と工夫したりする。 ○課題解決のために考えたことを伝える。		5　**体のバランスをとる運動と用具を操作する運動を組み合わせた運動をする** ○運動の行い方を知る。 ○ペアやグループで運動をする。 6　**体のバランスをとる運動と用具を操作する運動の組合せ方を工夫する** ○運動の工夫の仕方を知る。 ○運動の行い方を選んだり友達と工夫したりする。 ○課題解決のために考えたことを伝える。		5　**基本的な動きを組み合わせる運動をする** ○基本的な動きを組み合わせる運動の行い方を知る。 ○ペアやグループで基本的な動きを組み合わせる運動をする。 6　**基本的な運動を組み合わせる運動を工夫する** ○基本的な運動を組み合わせる運動の工夫の仕方を知る ○運動の行い方を選んだり友達と工夫したりして，基本的な運動を組み合わせる運動をする。 ○課題解決のために考えたことを伝える。			学習のまとめ 5　**組合せを工夫した運動を紹介し合う** ○運動の行い方を選んだり友達と工夫したりする。 ○選んだ運動や工夫した行い方を紹介したり，他のグループが選んだ運動や工夫した行い方を試したりする。 6　**単元を振り返り，学習のまとめをする** 7　**整理運動，場や用具の片付けをする** 8　**集合，健康観察，挨拶をする**
挨拶をする									
		③・⑤ 観察						⑦ 観察	
						② 観察・ 学習カード	④ 観察・ 学習カード		
⑥ 観察・ 学習カード	③ 観察・ 学習カード			④ 観察・ 学習カード	⑤ 観察・ 学習カード				② 観察・学習カード

本時の目標と展開①（4／16時間）

本時の目標

(1) 多様な動きをつくる運動の行い方を知ることができるようにする。
(2) 自己の課題を見付け，その課題を解決するために様々運動の行い方を選んだり，友達と一緒に工夫したりすることができるようにする。
(3) 活動の場の危険物を取り除いたり，用具や活動する場の安全を確かめたりすることができるようにする。

本時の展開

時間	学習内容・活動	指導上の留意点
5分	1　**集合，挨拶，健康観察をする** 2　**単元の学習の見通しをもつ** ○単元の目標と学習の進め方を知る。 ○学習をするグループを確認する。 ○学習のきまりを知る。	●掲示物を活用するなどしながら，分かりやすく説明する。 ●学習をするグループを事前に決めておく。
	学習のきまりの例 ・運動前には，場の安全を確かめましょう。 ・友達との間隔をとって運動をしましょう。 ・用具は正しく使いましょう。 ・グループで協力して学習をしましょう。 ・グループの友達の考えを認めましょう。 ・いろいろな運動に挑戦しましょう。	
	3　**本時のねらいを知り，目標を立てる** **多様な動きをつくる運動の学習の進め方を知り，学習の見通しをもとう** ○本時のねらいを知り，自己の目標を立てる。	●学習カードを配り，使い方を説明する。
15分	4　**場や用具の準備をする** ○場や用具の準備と片付けの仕方を知る。 ○グループで協力して，準備をする。	●安全な準備と片付けの仕方を説明する。 ●安全を確かめている様子を取り上げて，称賛する。
	場や用具の準備の仕方の例 ・活動をする場所に危険物がないか気を配り，見付けたら取り除きましょう。 ・運動に使う用具は，決まった場所から使うものだけを取り，使い終わったら片付けましょう。 ・安全に運動ができるように服装などが整っているか，友達と確かめ合いましょう。	
	5　**準備運動，体ほぐしの運動をする** ○準備運動，体ほぐしの運動の行い方を確認する。 ○学級全体やグループで準備運動，体ほぐしの運動をする。	●けがの防止のために適切な準備運動の行い方について，実際に動いて示しながら説明する。
	準備運動の例 肩，腕，手首，腿，膝，ふくらはぎ，足首などをほぐす運動を行う。 **体ほぐしの運動の例** ○いろいろな行い方で，グループで風船パスをする。 ・手をつないで足で  ・手はつながず頭で  ・手をつないで２つの風船で 	
		◎運動に興味や関心がもてず意欲的でない児童への配慮の例 ➡　体を動かしたりみんなで運動をしたりすることのよさを個別に語ったり，易しい運動の行い方や場の設定，ＢＧＭなどの環境の工夫をし，少しでも取り組もうとする行動を称賛したり励ましたりするなどの配慮をする。

20分

6　多様な動きをつくる運動をする
○多様な動きをつくる運動の行い方を知る。
○ペアやグループで多様な動きをつくる運動をする。

● 多様な動きをつくる運動の行い方について，学習資料やＩＣＴ機器を活用したり，実際に動いて示したりしながら説明する。

多様な動きをつくる運動の行い方の例

○体を移動する運動

・スキップやギャロップ

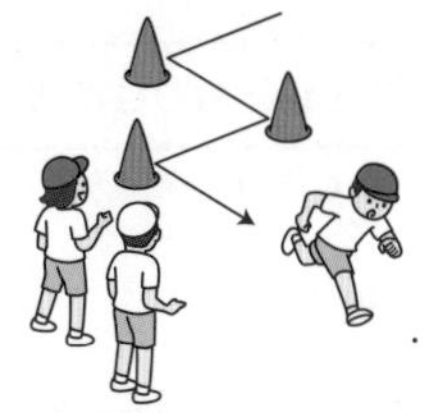

・三角コーンの間を方向を変えて走る。

○力試しの運動

・ペアになって交互に引き合う。
（一人は引く，もう一人は引かれないように力を入れる）

無理のない速さや力の入れ方で，楽しく行いましょう。

○体のバランスをとる運動

・片足立ちやしゃがんで押し合うバランス崩し

○用具を操作する運動（ボールを操作する運動）

・真上に投げて捕る。　・友達とキャッチボール

勝敗や運動のできばえにこだわり過ぎずに，友達と関わり合って楽しく運動ができるようにしましょう。楽しく行いましょう。

5分

7　本時を振り返り，次時への見通しをもつ

本時の振り返り
・多様な動きをつくる運動の行い方について，知ったことを書きましょう。
・単元の学習で身に付けたいことや楽しみたいことなどの自己の目標を書きましょう。

○振り返りを発表して，友達に伝える。

● 振り返りを学習カードに記入するように伝えるとともに，気付きや考えのよさを取り上げて，称賛する。

◆学習評価◆　知識・技能
①多様な動きをつくる運動の行い方について，言ったり書いたりしている。

➡ 多様な動きを身に付けたり，動きの質を高めたりする多様な動きをつくる運動の行い方について，発表したり学習カードに記入したりしていることを評価する。（観察・学習カード）

◎多様な動きをつくる運動の行い方を知ることが苦手な児童への配慮の例

➡ 個別に関わり，行い方のポイントについて対話をしながら確認をするなどの配慮をする。

8　整理運動，場や用具の片付けをする

● 整理運動の行い方について，実際に動いて示しながら説明するとともに，けががないかなどを確認する。

9　集合，健康観察，挨拶をする

本時の目標と展開②（7／16時間）

本時の目標

(1) 体を移動する動きや力試しの動きをすることができるようにする。
(2) 自己の課題を見付け，その課題を解決するために様々運動の行い方を選んだり，友達と一緒に工夫したりすることができるようにする。
(3) 活動の場の危険物を取り除いたり，用具や活動する場の安全を確かめたりすることができるようにする。

本時の展開

時間	学習内容・活動	指導上の留意点
10分	1　集合，挨拶，健康観察をする 2　本時のねらいを知り，目標を立てる **運動の行い方を知り，力試しの運動と体を移動する運動を組み合わせた運動をしよう** ○本時のねらいを知り，自己の目標を立てる。 3　場や用具の準備をする ○グループで協力して，準備をする。 4　準備運動，体ほぐしの運動をする ○グループで準備運動をする。 ○学級全体で体ほぐしの運動をする。	● 学習カードを配り，立てた目標を記入するように伝える。 ● 安全な準備の仕方を確認する。 ● けがの防止のために適切な準備運動を行うように伝える。 ● 学習した運動の中から選んだ体ほぐしの運動の行い方について，実際に動いて示しながら説明する。
10分	5　力試しの運動と体を移動する運動を組み合わせた運動をする ○力試しの運動と体を移動する運動を組み合わせた運動の行い方を知る。 ○ペアやグループで力試しの運動と体を移動する運動を組み合わせた運動をする。	● 力試しの運動と体を移動する運動を組み合わせた運動の行い方について，学習資料やＩＣＴ機器を活用したり，実際に動いて示したりしながら説明する。

力試しの運動と体を移動する運動を組み合わせた運動の行い方の例

○水が入ったペットボトルを入れた箱を運ぶ

・ペットボトルの数や距離を決めて，箱を引いて運ぶ。

○毛布に乗った友達を運ぶ

・友達を運ぶ距離を決めて，安全にゆっくりと運ぶ。

・力を入れたまま移動するとき，姿勢や進み方はどうすればよいでしょうか。
・友達と力を合わせて移動するときは，どんなことに気を付けるとよいでしょうか。

◎人を引く，運ぶ動きが苦手な児童への配慮の例

➡　膝を曲げて腰を低くした構えで，安定した姿勢で行えるようにするなどの配慮をする。
➡　一緒に運動するペアやグループの友達と息を合わせて力を入れるように助言するとともに，少ない力でも協力できる役割や位置から取り組むようにして，力の入れ方に慣れるようにするなどの配慮をする。

◎友達と関わり合うことに意欲的でない児童への配慮の例

➡　グループ内の意欲的な児童とペアを組み，友達の動きに刺激を受けて一緒に様々な運動に挑戦できるようにするなどの配慮をする。

20分

6 力試しの運動と体を移動する運動を組み合わせた運動を工夫する

○力試しの運動と体を移動する運動を組み合わせた運動の工夫の仕方を知る。

● **力試しの運動と体を移動する運動を組み合わせた運動の工夫の仕方について，学習資料やＩＣＴ機器を活用したり，実際に動いて示したりしながら説明する。**

力試しの運動と体を移動する運動を組み合わせる運動の工夫の仕方の例

○水が入ったペットボトルを入れた箱を運ぶ運動の工夫

・ペットボトルの数を選ぶ。
・後ろ向きや片手など，引き方を選ぶ。

・人数を変えて，力を合わせて引く。
・運ぶ距離を変えて，長く引く。

○毛布に乗った友達を運ぶ運動の工夫

・二人で，一人でなど，引く人の人数を選ぶ。
・前や後ろなど毛布に乗せる位置を工夫する。

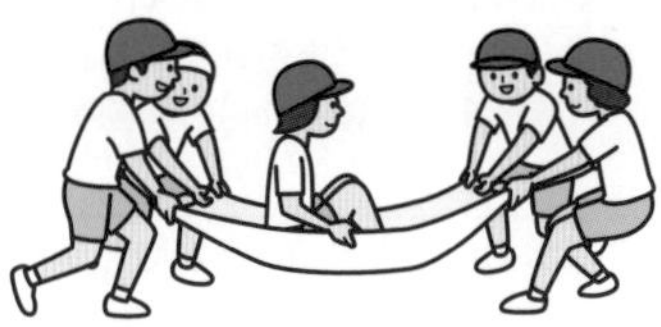

・人数を変えて，力を合わせ持ち上げて運ぶ。
・運ぶ距離を変えて，遠くまで運ぶ。

・運び方，人数，重さなどを選んで，自己やグループができる動きを増やしましょう。
・人や物を運ぶので，競走など急いで運ぶ行い方はしないようにしましょう。

○運動の行い方を選んだり友達と工夫したりして，力試しの運動と体を移動する運動を組み合わせた運動をする。

● **安全を確かめている様子を取り上げて，称賛する。**

◆学習評価◆　主体的に学習に取り組む態度
⑥活動の場の危険物を取り除いたり，用具や活動する場の安全を確かめたりしている。

➡　場や用具の準備をする際や運動をする際に，用具や活動する場の安全を確かめている姿を評価する。（観察・学習カード）

◎安全を確かめることに意欲的でない児童への配慮の例

➡　運動の工夫の仕方に危険が想定される場合は，危ないことを伝えて気付くことができるようにするとともに，安全にできる方法を助言するなどの配慮をする。

○課題解決のために考えたことを伝える。

● **考えたことを伝えていることを取り上げて，称賛する。**

5分

7 本時を振り返り，次時への見通しをもつ

本時の振り返り
・運動の行い方を工夫して，見付けたことや考えたことを書きましょう。
・安全を確かめることについて，気付いたことや考えたことを書きましょう。

○振り返りを発表して，友達に伝える。

● **振り返りを学習カードに記入するように伝えるとともに，気付きや考えのよさを取り上げて，称賛する。**

8 整理運動，場や用具の片付けをする

● **適切な整理運動を行うように伝えるとともに，けががないかなどを確認する。**

9 集合，健康観察，挨拶をする

本時の目標と展開③（13／16時間）

本時の目標

(1) 基本的な動きを組み合わせる動きをすることができるようにする。
(2) 自己の課題を見付け，その課題を解決するために様々な運動の行い方を選んだり，友達と一緒に工夫したりすることができるようにする。
(3) 多様な動きをつくる運動に進んで取り組むことができるようにする。

本時の展開

時間	学習内容・活動	指導上の留意点
10分	1　集合，挨拶，健康観察をする 2　本時のねらいを知り，目標を立てる **課題の解決のための活動を工夫して，基本的な動きを組み合わせる運動をしよう** ○本時のねらいを知り，自己の目標を立てる。 3　場や用具の準備をする ○グループで協力して，準備をする。 4　準備運動，体ほぐしの運動をする ○グループで準備運動をする。 ○学級全体で体ほぐしの運動をする。	●学習カードを配り，立てた目標を記入するように伝える。 ●安全な準備の仕方を確認する。 ●けがの防止のために適切な準備運動を行うように伝える。 ●学習した運動の中から選んだ体ほぐしの運動の行い方について，実際に動いて示しながら説明する。
10分	5　基本的な動きを組み合わせる運動をする ○基本的な動きを組み合わせる運動の行い方を知る。 ○ペアやグループで基本的な動きを組み合わせる運動をする。 基本的な動きを組み合わせる運動の例 ○バランスをとりながら移動するなどの動きで構成される運動  ・バランスをとりながら平均台の上を移動する。 ・平均台から落ちないように，反対側から移動してきた友達とすれ違う。  ・頭の上にお手玉を乗せて，落とさないようにバランスをとりながら歩く。 ○用具を操作してから移動する，移動してから用具を操作するなどの動きで構成される運動  ・ペアで各々が立てた棒を，素早く相手と場所を入れ替わって捕る。 ○用具を操作する動きを組み合わせる運動  ・二人組で，一人が輪を転がし，もう一人がボールを投げたり転がしたりして，転がっている輪の中を通す。	●基本的な動きを組み合わせる運動の行い方について，学習資料やＩＣＴ機器を活用したり，実際に動いて示したりしながら説明する。 **◎運動の行い方が分からず意欲的でない児童への配慮の例** ➡　友達の様子を見ながらその真似をして体を動かし，徐々に運動に加わることができるようにするなどの配慮をする。

時間	学習活動	指導上の留意点
20分	6　**基本的な運動を組み合わせる運動を工夫する** ○基本的な運動を組み合わせる運動の工夫の仕方を知る	●**基本的な運動を組み合わせる運動の工夫の仕方について，学習資料やICT機器を活用したり，実際に動いて示したりしながら説明する。**

運動の組合せ方の工夫の例

○バランスをとりながら移動するなどの動きで構成される運動の工夫

・人数を増やしてすれ違う。
・新聞紙を折って作った高さのない場や，大きな平均台など，グループの課題に適した場や用具を選ぶ。

・歩く距離を長くしたり，くねくねなどコースを工夫したりする。
・他のグループと競走するなど，行い方を工夫する。

○用具を操作してから移動する，移動してから用具を操作するなどの動きで構成される運動

・人数を増やして円や列になり，一斉に入れ替わって捕る。
・棒をその場で回した輪にしたり，友達との間隔を変えたりするなど，グループの課題に適した方法を選ぶ。

○用具を操作する動きを組み合わせる運動

・人数を増やして四人組になり，片方のペアが輪を投げ合い，もう片方のペアがボールを投げ合って，投げられた輪の中を通す。
・グループの課題に適した大きさの輪やボールを選ぶ。

時間	学習活動	指導上の留意点
	○運動の行い方を選んだり友達と工夫したりして，基本的な運動を組み合わせる運動をする。	●**課題を解決するために，運動の行い方を選んだり工夫したりしていることを取り上げて，称賛する。** **◆学習評価◆　思考・判断・表現** **②多様な動きをつくる運動の自己の課題を見付け，その課題を解決するために様々な運動の行い方を選んだり，友達と一緒に工夫したりしている。** ➡　基本的な動きを組み合わせる運動を行う際に，自己やグループの課題に適した人数や用具などの条件を選んでいる姿を評価する。（観察・学習カード） **◎運動の行い方を選んだり，友達と一緒に工夫したりすることが苦手な児童への配慮の例** ➡　自己やグループの課題に応じた無理のない条件からはじめ，慣れてきたら徐々に難しい条件を選ぶように助言するなどの配慮をする。
	○課題解決のために考えたことを伝える。	●**考えたことを伝えていることを取り上げて，称賛する。**
5分	7　**本時を振り返り，次時への見通しをもつ**	

本時の振り返り
・運動の行い方を工夫して，見付けたことや考えたことを書きましょう。
・安全を確かめることについて，気付いたことや考えたことを書きましょう。

時間	学習活動	指導上の留意点
	○振り返りを発表して，友達に伝える。	●**振り返りを学習カードに記入するように伝えるとともに，気付きや考えのよさを取り上げて，称賛する。**
	8　**整理運動，場や用具の片付けをする**	●**適切な整理運動を行うように伝えるとともに，けががないかなどを確認する。**
	9　**集合，健康観察，挨拶をする**	

本時の目標と展開④（16／16時間）

本時の目標

(1) 基本的な動きを組み合わせる動きをすることができるようにする。
(2) 多様な動きを身に付けるための運動の行い方について，考えたことや見付けたことを友達に伝えることができるようにする。
(3) 多様な動きをつくる運動に進んで取り組むことができるようにする。

本時の展開

時 間	学習内容・活動	指導上の留意点
10分	1　集合，挨拶，健康観察をする 2　本時のねらいを知り，目標を立てる	
	基本的な動きを組み合わせる運動を紹介し合って，学習をまとめよう	
	○本時のねらいを知り，自己の目標を立てる。	● 学習カードを配り，立てた目標を記入するように伝える。
	3　場や用具の準備をする ○グループで協力して，準備をする。	● 安全な準備の仕方を確認する。
	4　準備運動，体ほぐしの運動をする ○グループで準備運動をする。 ○学級全体で体ほぐしの運動をする。	● けがの防止のために適切な準備運動を行うように伝える。 ● 学習した運動の中から選んだ体ほぐしの運動の行い方について，実際に動いて示しながら説明する。
25分	5　基本的な動きを組み合わせる運動をする ○運動の行い方を選んだり友達と工夫したりして，基本的な動きを組み合わせる運動をする。	
	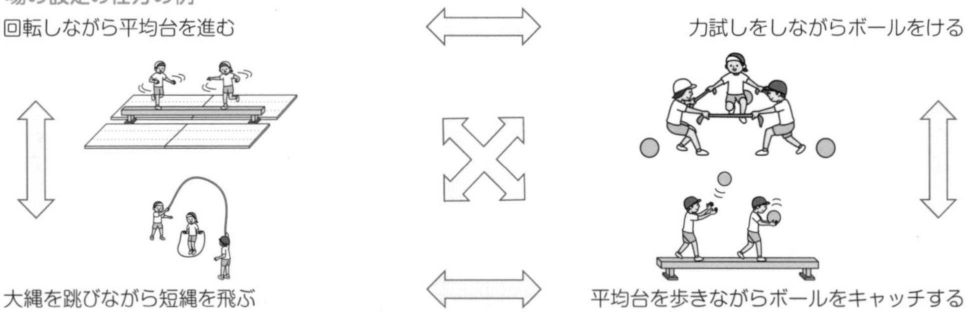	
	○選んだ運動や工夫した行い方を紹介したり，他のグループが選んだ運動や工夫した行い方を試したりする。	● 進んで取り組もうとしている様子を取り上げて，称賛する。 **◆学習評価◆　主体的に学習に取り組む態度** **②多様な動きをつくる運動に進んで取り組もうとしている。** ➡　基本的な動きを組み合わせる運動やグループの工夫した行い方を紹介し合う活動などに進んで取り組もうとしている姿を評価する。（観察・学習カード）
	○課題解決のために考えたことを伝える。	● 考えたことを伝えていることを取り上げて，称賛する。
10分	6　単元を振り返り，学習のまとめをする	
	単元の学習の振り返り ・単元の学習の目標で，達成したことを書きましょう。 ・学習したことで，今後の学習や生活の中で取り組んでいきたいことを書きましょう。 	
	○振り返りを発表して，友達に伝える。	● 振り返りを学習カードに記入するように伝えるとともに，気付きや考えのよさを取り上げて，称賛する。
	7　整理運動，場や用具の片付けをする 8　集合，健康観察，挨拶をする	● 適切な整理運動を行うように伝えるとともに，けががないかなどを確認する。

多様な動きをつくる運動の取扱い

【第4学年における指導と評価の計画（例）】

時間		1	2・3	4	5～8	9～12	13～15	16
ねらい		学習の見通しをもつ	活動を工夫して体ほぐしの運動を楽しむ	学習の見通しをもつ	多様な動きをつくる運動を楽しむ		活動を工夫して基本的な動きを組み合わせる運動を楽しむ	学習のまとめをする
学習活動		**オリエンテーション** **○学習の見通しをもつ** ・学習の進め方 ・学習のきまり **○体ほぐしの運動** みんなで運動をする	**体ほぐしの運動** **○体ほぐしの運動** ・自己や友達の心と体の変化に気付く ・みんなで豊かに関わり合う **○学習のまとめをする**	**オリエンテーション** **○学習の見通しをもつ** ・学習の進め方 ・学習のきまり **○多様な動きをつくる運動** みんなで運動をする	**多様な動きをつくる運動** **○力試しの運動** ・いろいろな運動をする ・運動の行い方を工夫する **○体を移動する運動** ・いろいろな運動をする ・運動の行い方を工夫する	**多様な動きをつくる運動** **○体のバランスをとる運動** ・いろいろな運動をする ・運動の行い方を工夫する **○用具を操作する運動** ・いろいろな運動をする ・運動の行い方を工夫する	**多様な動きをつくる運動** **○基本的な動きを組み合わせた運動** ・いろいろな運動をする ・自己に適した運動を選ぶ **○運動の組合せ方を工夫する** 自己に適した運動を選ぶ	**学習のまとめ** **○多様な動きをつくる運動** 選んだ運動の行い方を発表する **○単元のまとめをする**
評価の重点	知識・技能	① 観察・学習カード		② 観察・学習カード	④・⑥ 観察	③・⑤ 観察	⑦ 観察	
	思考・判断・表現		①・③ 観察・学習カード				②・④ 観察・学習カード	
	主体的に学習に取り組む態度		① 観察・学習カード		③・⑥ 観察・学習カード	④・⑤ 観察・学習カード		② 観察・学習カード

【多様な動きをつくる運動の単元の取扱い】

●年間を通して指導すること

多様な動きをつくる運動は，様々な基本的な動きを運動を通して培うことをねらいとしていることから，本手引では，他の領域の各内容と比べて単元の時間数を多く設定しています。上記の計画を参考に授業を行う際は，学校の実態などに応じてある程度の時間で数回に分けて年間指導計画の中に位置付けるなどの工夫をしましょう。

【多様な動きをつくる運動の内容の取扱い】

●２学年間にわたって指導すること

小学校学習指導要領に『「A 体つくりの運動」については，２学年間にわたって指導するものとする。』とあるように，中学年の「多様な動きをつくる運動」は，第３学年と第４学年の両方で指導するように年間指導計画を作成しましょう。

第４学年は，第３学年で取り扱った運動を行うことでこれまでの学習を思い起こしたり，新たな運動を行ったりするなど，本手引を参考にするなどして第４学年に適した運動を選んで取り扱うようにしましょう。なお，小学校学習指導要領解説体育編に，固定施設を使った運動は，体の基本的な動きを培う運動としても適していることから，中学年においては多様な動きをつくる運動で取り扱うようにしましょう。

●将来の体力の向上につなげるため，基本的な体の動きを培うこと

体つくり運動系は，体力を高めるために行われる運動を取り扱う領域ですが，中学年においては発達の段階から体力を高めることを学習の直接の目的とすることは難しいことから，将来の体力の向上につなげていくために，基本的な体の動きを幅広く培うことができるようにしましょう。

●運動と健康が密接に関連していることについての具体的な考えがもてるよう指導すること

多様な動きをつくる運動に限らず，運動領域の各領域においては，保健「体の発育・発達」の学習と関連付けて学習することで，児童が運動と健康が密接に関連していることに考えをもてるように指導しましょう。特に，「運動は生涯を通じて骨や筋肉などを丈夫にする効果が期待されること」と多様な動きをつくる運動の「跳ぶ，はねるなどの動きで構成される運動」を関連付けるなど，児童が具体的な考えをもてるように指導するようにしましょう。

【多様な動きをつくる運動の評価】

●各領域と同じく，技能に関する評価規準を設定すること

多様な動きをつくる運動の指導内容は，「知識及び運動」「思考力，判断力，表現力等」「学びに向かう力，人間性等」としています。これは，多様な動きをつくる運動は，様々な基本的な体の動きを身に付け，動きの幅を更に広げていくとともに，動きの質を高めることが主なねらいであり，特定の技能を示すものではないことから，各領域と同じ「知識及び技能」ではなく，「知識及び運動」としているものです。

一方で，評価においては，各領域と同じく「知識・技能」の評価の観点に技能に関する評価規準を設定して，多様な動きをつくる運動で培う様々な基本的な体の動きができることを評価しましょう。

マット運動

マット運動は，回転系や巧技系の基本的な技をして，その技ができる楽しさや喜びに触れることができる運動です。本単元例は，単元前半は頭倒立や首はね起き，倒立ブリッジなどの基本的な技に自己の能力に適した場で挑戦する時間，単元後半は技を繰り返したり組み合わせたりできるようになりたい技に挑戦したりする時間を設定することで，自己の能力に適した技に進んで取り組むことができる授業を展開するようにしています。

単元の目標

(1) マット運動の行い方を知るとともに，回転系や巧技系の基本的な技ができるようにする。
(2) 自己の能力に適した課題を見付け，技ができるようになるための活動を工夫するとともに，考えたことを友達に伝えることができるようにする。
(3) マット運動に進んで取り組み，きまりを守り誰とでも仲よく運動をしたり，友達の考えを認めたり，場や器械・器具の安全に気を付けたりすることができるようにする。

指導と評価の計画（8時間）

時間		1	2	3
ねらい		学習の見通しをもつ	基本的な技の行い方を知り，技に挑戦することを楽しむ	
学習活動		オリエンテーション 1　集合，挨拶，健康観察をする 2　単元の学習の見通しをもつ ○単元の目標と学習の進め方を知る。 ○学習のきまりを知る。 3　本時のねらいを知り，目標を立てる 4　場や器械・器具の準備をする ○場や器械・器具の準備と片付けの仕方を知る。 5　準備運動，主運動につながる運動をする ○準備運動，主運動につながる運動の行い方を知る。 6　マット運動をする ○回転系や巧技系の基本的な技の行い方を確認する。 ○自己の能力に適した技を選んで行う。	1　集合，挨拶，健康観察をする　2　本時のねらいを知り， 4　準備運動，主運動につながる運動をする 5　マット運動の自己のできる技に取り組む ○基本的な技の行い方を知る。 ○自己の能力に適した技を選んで行う。 ○課題の解決のために考えたことを伝える。 6　マット運動の新しい技に挑戦する ○基本的な技の行い方を知る。 【頭倒立】 ○自己の能力に適した練習の場を選んで行う。 ○課題の解決のために考えたことを伝える。	【首はね起き】 【倒立ブリッジ】
		7　本時を振り返り，次時への見通しをもつ　8　整理運動，場や器械・器具の片付けをする		
評価の重点	知識・技能			① 観察・学習カード
	思考・判断・表現			
	主体的に学習に取り組む態度	⑤ 観察・学習カード	③ 観察・学習カード	

単元の評価規準

知識・技能	思考・判断・表現	主体的に学習に取り組む態度
①マット運動の行い方について，言ったり書いたりしている。 ②自己の能力に適した回転系や巧技系の基本的な技をすることができる。	①自己の能力に適した課題を見付け，その課題の解決のための活動を選んでいる。 ②課題の解決のために考えたことを友達に伝えている。	①マット運動に進んで取り組もうとしている。 ②きまりを守り，誰とでも仲よく励まし合おうとしている。 ③器械・器具の準備や片付けを，友達と一緒にしようとしている。 ④友達の考えを認めようとしている。 ⑤場の危険物を取り除いたり，器械・器具の安全を確かめたりしているとともに，試技の開始前の安全を確かめている。

4	5	6	7	8
課題の解決のための活動を工夫して技に挑戦したり，技を繰り返したり組み合わせたりすることを楽しむ				学習のまとめをする
目標を立てる　3　場や器械・器具の準備をする				
5　**マット運動の自己のできる技を繰り返したり組み合わせたりする** ○技を繰り返したり組み合わせたりする行い方を知る。 ○自己の能力に適した技を選び，技を繰り返したり組み合わせたりする。 ○課題の解決のために考えたことを伝える。 6　**マット運動の自己の能力に適した技に挑戦する** ○自己の能力に適した課題を解決するための活動を選んで，もう少しでできそうな技に挑戦する。 ○基本的な技に十分に取り組んだ上で，それらの発展技にも取り組む。 ○課題の解決のために考えたことを伝える。				学習のまとめ 5　**マット運動発表会をする** ○発表する技，技の繰り返しや組み合わせの練習をする。 ○できるようになった技，技の繰り返しや組み合わせをグループ内で見せ合う。 6　**単元を振り返り，学習のまとめをする** 7　**整理運動，場や器械・器具の片付けをする** 8　**集合，健康観察，挨拶をする**
9　**集合，健康観察，挨拶をする**				
				② 観察
	① 観察・学習カード		② 観察・学習カード	
② 観察・学習カード		④ 観察・学習カード		① 観察・学習カード

本時の目標と展開①（1／8時間）

本時の目標

(1) マット運動の行い方を知ることができるようにする。
(2) 自己の能力に適した課題を見付け，その課題の解決のための活動を選ぶことができるようにする。
(3) 場や器械・器具の安全を確かめるとともに，試技の前の安全を確かめることができるようにする。

本時の展開

<table>
<tr><th>時間</th><th>学習内容・活動</th><th>指導上の留意点</th></tr>
<tr><td rowspan="5">5
分</td><td>1　集合，挨拶，健康観察をする
2　単元の学習の見通しをもつ
○単元の目標と学習の進め方を知る。
○学習をするグループを確認する。
○学習のきまりを知る。</td><td>● 掲示物や学習資料などを活用して，分かりやすく説明する。
● 学習をするグループを事前に決めておく。</td></tr>
<tr><td colspan="2">学習のきまりの例
・器械・器具は正しく使いましょう。
・場の安全を確かめましょう。
・グループで協力して学習をしましょう。
・グループの友達の考えを認めましょう。
・できる技から無理なく取り組み，できた技はその発展技にも挑戦しましょう。
</td></tr>
<tr><td>3　本時のねらいを知り，目標を立てる</td><td></td></tr>
<tr><td colspan="2">マット運動の学習の進め方を知り，学習の見通しをもとう</td></tr>
<tr><td>○本時のねらいを知り，自己の目標を立てる。</td><td>● 学習カードを配り，使い方を説明する。</td></tr>
<tr><td rowspan="4">20
分</td><td>4　場や器械・器具の準備をする
○場や器械・器具の準備と片付けの仕方を知る。
○グループで協力して，準備をする。</td><td>● 安全な準備と片付けの仕方を説明する。
● 安全を確かめている様子を取り上げて，称賛する。</td></tr>
<tr><td colspan="2">場や器械・器具の準備と片付けのきまりの例
・運動をする場所に危険物がないか確かめ，見付けたら取り除きましょう。
・器械・器具などは，友達と一緒に，決まった場所から安全を確かめて運びましょう。
・安全に運動ができるように，服装などが整っているか，確かめましょう。
</td></tr>
<tr><td>5　準備運動，主運動につながる運動をする
○準備運動，主運動につながる運動の行い方を知る。
○学級全体やグループで準備運動，主運動につながる運動をする。</td><td>● けがの防止のために適切な準備運動について，実際に動いて示しながら説明する。</td></tr>
<tr><td colspan="2">準備運動の例
肩，首，腕，腰，手首，腿，膝，ふくらはぎ，足首などをほぐす運動を行う。
主運動につながる運動の例
○背支持倒立（首倒立）

○大きい動きのゆりかご

○肩越し後ろ転がり

首のストレッチをする姿勢から，頭を横に倒して，ゆっくり肩越しに転がってみましょう。

</td></tr>
</table>

15分

6　マット運動をする

○回転系や巧技系の基本的な技の行い方を確認する。

○自己の能力に適した技を選んで行う。

● 回転系や巧技系の基本的な技の行い方について，学習資料やＩＣＴ機器を活用したり，実際に動いて示したりしながら説明する。

マット運動の基本的な技の例

○前転

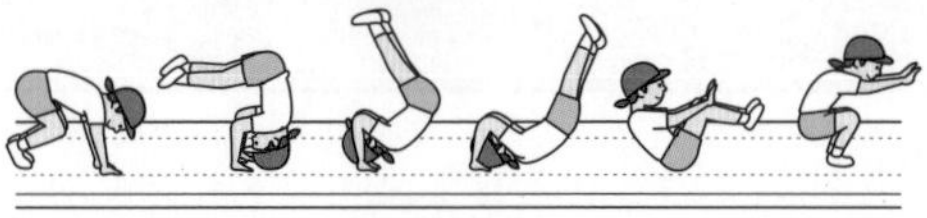

○易しい場での開脚前転

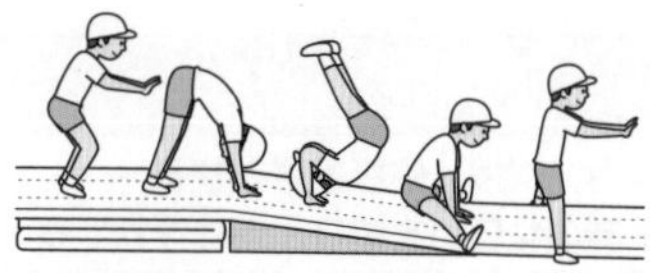

○後転

○開脚後転

○側方倒立回転

○壁倒立

● 安全を確かめている様子を取り上げて，称賛する。

◆学習評価◆　主体的に学習に取り組む態度
⑤場の危険物を取り除いたり，器械・器具の安全を確かめたりしているとともに，試技の開始前の安全を確かめている。

➡　試技の開始前などに，友達との間隔や場や器械・器具の安全を確かめている姿を評価する。（観察・学習カード）

◎安全を確かめることに意欲的でない児童への配慮の例

➡　試技の開始前には友達との間隔，マットの位置などを確かめるなどの声をかけたり，グループの友達と一緒に安全を確かめて，安全であることを伝え合ったりするなどの配慮をする。

5分

7　本時を振り返り，次時への見通しをもつ

本時の振り返り
・回転系や巧技系の基本的な技で，できた技を書きましょう。
・安全を確かめることについて，気付いたことや考えたことを書きましょう。
・単元の学習で身に付けたいことやできるようになりたい技など，自己の目標を書きましょう

○振り返りを発表して，友達に伝える。

● 振り返りを学習カードに記入するように伝えるとともに，気付きや考えのよさを取り上げて，称賛する。

8　整理運動，場や器械・器具の片付けをする

● 整理運動の行い方について，実際に動いて示しながら説明するとともに，けががないかなどを確認する。

9　集合，健康観察，挨拶をする

本時の目標と展開②（2／8時間）

本時の目標

(1) マット運動の行い方を知ることができるようにする。
(2) 自己の能力に適した課題を見付け，その課題の解決のための活動を選ぶことができるようにする。
(3) 器械・器具の準備や片付けを，友達と一緒にすることができるようにする。

本時の展開

時間	学習内容・活動	指導上の留意点
10分	1　集合，挨拶，健康観察をする 2　本時のねらいを知り，目標を立てる	
	基本的な技の行い方を知り，できる技や新しい技に挑戦しよう	
	○本時のねらいを知り，自己の目標を立てる。	●学習カードを配り，立てた目標を記入するように伝える。
	3　場や器械・器具の準備をする ○グループで協力して，準備をする。	●安全な準備の仕方を確認する。 ●友達と一緒に準備をしようとしている様子を取り上げて，称賛する。
	4　準備運動，主運動につながる運動をする ○学級全体やグループで準備運動，主運動につながる運動をする。	●けがの防止のために適切な準備運動を行うように伝える。
15分	5　マット運動の自己のできる技に取り組む ○回転系や巧技系の基本的な技の行い方を知る。 ○自己の能力に適した技を選んで行う。	●基本的な技の行い方について，学習資料やＩＣＴ機器を活用したり，実際に動いて示したりしながら説明する。
	◎マット運動の基本的な技が苦手な児童への配慮の例 ➡　前転，後転，開脚後転が苦手な児童には，回転の勢いをつける動きが身に付くようにするなどの配慮をする。  傾斜を利用して回転に勢いをつける。 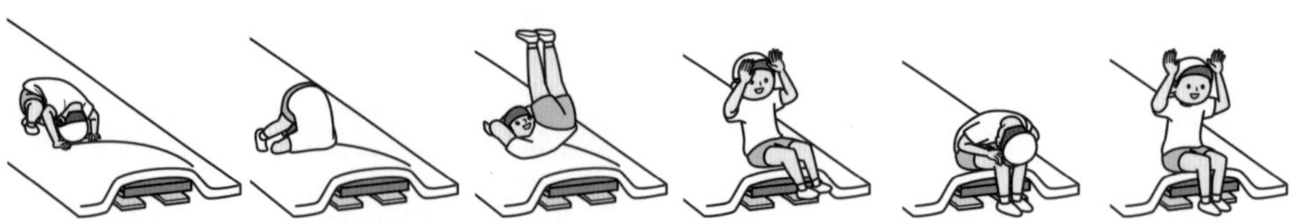 傾斜で腰を上げたり，体を支えたりする動きを確認する。 ➡　壁倒立が苦手な児童には，肋木や壁を活用した壁登り逆立ちをして，体を逆さまにして支える動きが身に付くようにするなどの配慮をする。 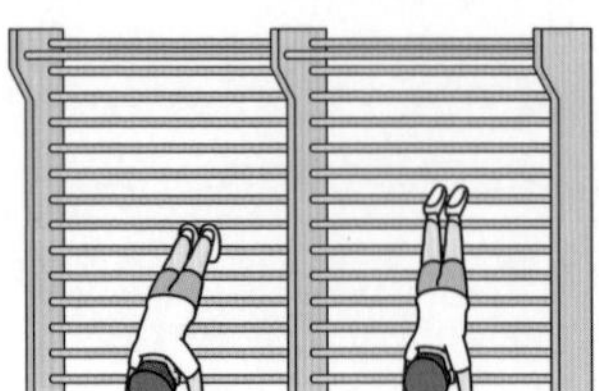 ➡　側方倒立回転が苦手な児童には，足を勢いよく振り上げる動きが身に付くようにするなどの配慮をする。 	
	○課題の解決のために考えたことを伝える。	●考えたことを伝えていることを取り上げて，称賛する。

6 マット運動の新しい技に挑戦する

○頭倒立の行い方を知る。

マット運動の基本的な技の例

○頭倒立

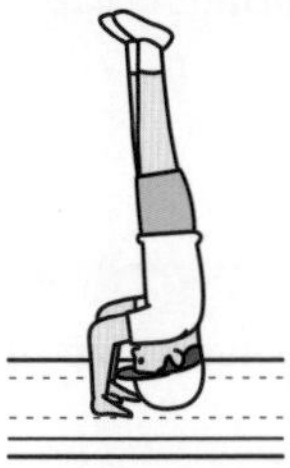

● 頭倒立の行い方について，学習資料やＩＣＴ機器を活用したり，実際に動いて示したりしながら説明する。

◎技の行い方を知ることが苦手な児童への配慮の例

➡ 個別に関わり，技の行い方のポイントについて対話をしながら確認するなどの配慮をする。

○自己の能力に適した練習の場を選んで行う。

● 仲よく励まし合おうとしている様子を取り上げて，称賛する。

15分

◎マット運動の基本的な技が苦手な児童への配慮の例

➡ 頭倒立が苦手な児童には，体を逆さまにして支える動きが身に付くようにするなどの配慮をする。

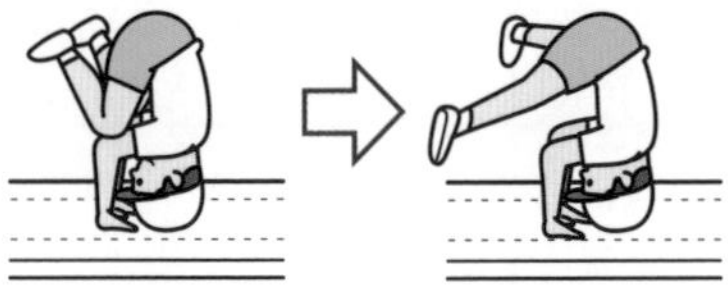

膝を腕に乗せる。　膝を腕から離す。

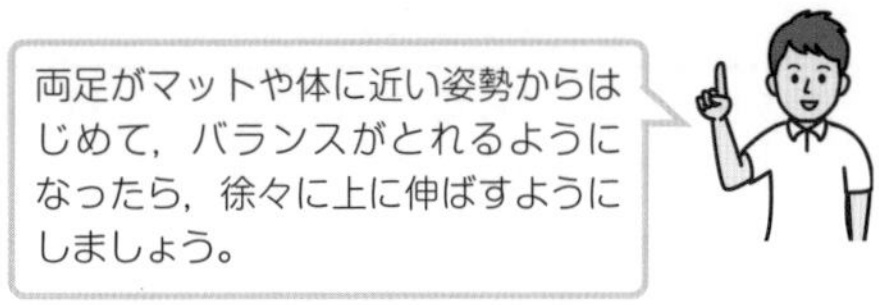
両足がマットや体に近い姿勢からはじめて，バランスがとれるようになったら，徐々に上に伸ばすようにしましょう。

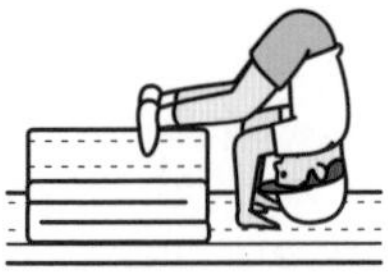

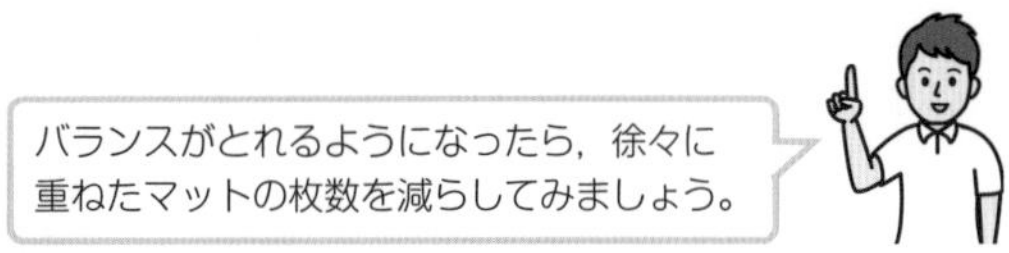
バランスがとれるようになったら，徐々に重ねたマットの枚数を減らしてみましょう。

マットを数枚重ねた場で，低いほうに手と頭を着いた後，高いほうに足を乗せ，その姿勢から頭倒立をする。

○課題の解決のために考えたことを伝える。

● 考えたことを伝えていることを取り上げて，称賛する。

7 本時を振り返り，次時への見通しをもつ

本時の振り返り

・新しく学習した技の行い方について，知ったことを書きましょう。
・本時の学習で，できた技とそのできばえを書きましょう。
・器械・器具の準備を友達と一緒にすることについて，気付いたことや考えたことを書きましょう。

○振り返りを発表して，友達に伝える。

● 振り返りを学習カードに記入するように伝えるとともに，気付きや考えのよさを取り上げて，称賛する。

5分

8 整理運動，場や器械・器具の片付けをする

● 適切な整理運動を行うように伝えるとともに，けががないかなどを確認する。

◆学習評価◆ 主体的に学習に取り組む態度
③器械・器具の準備や片付けを，友達と一緒にしようとしている。

➡ 準備や片付けの際に，器械・器具を運んだり，配置したりすることを友達と一緒にしようとしている姿を評価する。（観察・学習カード）

◎友達と一緒に活動することに意欲的でない児童への配慮の例

➡ 教師や同じグループの児童が活動に誘う声をかけたり，友達を見て真似をしながら一緒の活動をするように促したりするなどの配慮をする。

9 集合，健康観察，挨拶をする

本時の目標と展開③（5／8時間）

本時の目標

(1) 自己の能力に適した支持系の基本的な技をすることができるようにする。
(2) 自己の能力に適した課題を見付け，その課題の解決のための活動を選ぶことができるようにする。
(3) 友達の考えを認めることができるようにする。

本時の展開

時 間	学習内容・活動	指導上の留意点
10分	1　**集合，挨拶，健康観察をする** 2　**本時のねらいを知り，目標を立てる**	
	課題の解決のための活動を工夫して，自己の能力に適した技に挑戦をしよう	
	○本時のねらいを知り，自己の目標を立てる。	●学習カードを配り，立てた目標を記入するように伝える。
	3　**場や器械・器具の準備をする** ○グループで協力して，準備をする。	●安全な準備の仕方を確認する。
	4　**準備運動，主運動につながる運動をする** ○学級全体やグループで準備運動，主運動につながる運動をする。	●けがの防止のために適切な準備運動を行うように伝える。
10分	5　**マット運動の自己のできる技を繰り返したり組み合わせたりする** ○技の繰り返し方や組み合わせ方を知る。	●マット運動の技の繰り返し方や組み合わせ方について，学習資料やＩＣＴ機器を活用したり，実際に動いて示したりしながら説明する。
	○自己の能力に適した技を選び，技を繰り返したり組み合わせたりする。	

マット運動の技の繰り返し方や組み合わせ方の例

○技の繰り返し

・前転の繰り返し

・後転の繰り返し

・側方倒立回転の繰り返し

技のおわりに両足でしっかりと立つことで，続けて次の技ができるようにしましょう。

○技の組み合わせ

前転と後転など回転の方向が違う技を組み合わせる場合は，技と技の間にジャンプなどを入れて，体の方向を変える工夫をしましょう。

◎技を繰り返したり組み合わせたりすることが苦手な児童への配慮の例

➡　技の終末の姿勢などから繰り返したり組み合わせたりしやすい技を示すとともに，それらの技に十分に取り組んでから挑戦するようにするなどの配慮をする。

時 間	学習内容・活動	指導上の留意点
	○課題の解決のために考えたことを伝える。	●考えたことを伝えていることを取り上げて，称賛する。

時間	学習内容・活動	指導上の留意点
20分	6　**マット運動の自己の能力に適した技に挑戦する** ○自己の能力に適した課題を解決するための活動を選んで，もう少しでできそうな技に挑戦する。 ○基本的な技に十分に取り組んだ上で，それらの発展技にも取り組む。	● 発展技の行い方について，学習資料やＩＣＴ機器を活用したり，実際に動いて示したりしながら説明する。

マット運動の発展技の例

○開脚前転（前転の発展技）

○伸膝後転（開脚後転の発展技）

○倒立ブリッジ（補助倒立ブリッジの発展技）

○ロンダート（側方倒立回転の発展技）

○頭はね起き（首はね起きの発展技）

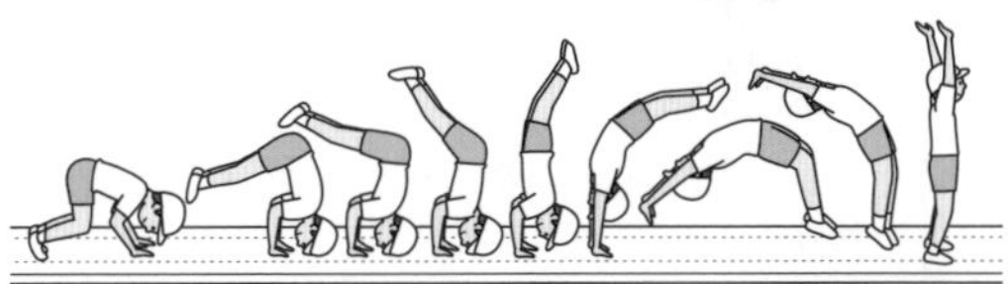

○補助倒立（壁倒立の発展技）

◆学習評価◆　思考・判断・表現
①自己の能力に適した課題を見付け，その課題の解決のための活動を選んでいる。

➡　自己の課題を見付け，できるようになるための練習の場や方法を選んでいる姿を評価する。（観察・学習カード）

◎課題の解決のための活動を選ぶことが苦手な児童への配慮の例

➡　個別に関わり，見付けた課題を解決しやすい練習の場を選べるように，対話をしながら助言するなどの配慮をする。

時間	学習内容・活動	指導上の留意点
20分	○課題の解決のために考えたことを伝える。	● 考えたことを伝えていることを取り上げて，称賛する。
5分	7　**本時の学習を振り返り，次時への見通しをもつ**	

本時の振り返り
・本時の学習でできた技の繰り返し，組み合わせと，そのできばえを書きましょう。
・挑戦した技の課題と，その課題の解決のために選んだ活動を書きましょう。
・技のポイントや友達の技のできばえについて，見付けたことや考えたことを書きましょう。

時間	学習内容・活動	指導上の留意点
5分	○振り返りを発表して，友達に伝える。	● 振り返りを学習カードに記入するように伝えるとともに，気付きや考えのよさを取り上げて，称賛する。
	8　**整理運動，場や器械・器具の片付けをする**	● 適切な整理運動を行うように伝えるとともに，けががないかなどを確認する。
	9　**集合，健康観察，挨拶をする**	

本時の目標と展開④（8／8時間）

本時の目標

(1) 自己の能力に適した回転系や巧技系の基本的な技ができるようにする。
(2) 課題の解決のために考えたことを友達に伝えることができるようにする。
(3) マット運動に進んで取り組むことができるようにする。

本時の展開

時間	学習内容・活動	指導上の留意点
10分	1　集合，挨拶，健康観察をする 2　本時のねらいを知り，目標を立てる	
	マット運動発表会でできるようになった技を見せ合って，学習のまとめをしよう	
	○本時のねらいを知り，自己の目標を立てる。	●学習カードを配り，立てた目標を記入するように伝える。
	3　場や器械・器具の準備をする ○グループで協力して，準備をする。	●安全な準備の仕方を確認する。
	4　準備運動，主運動につながる運動をする ○学級全体やグループで準備運動，主運動につながる運動をする。	●けがの防止のために適切な準備運動を行うように伝える。
10分	5　マット運動発表会をする ○マット運動発表会の行い方を知る。	●マット運動発表会の行い方を説明する。
	マット運動発表会の行い方やきまりの例 ・グループで一人ずつ順番に，できるようになった技を発表しましょう。 ・できるようになった技の繰り返しや組み合わせも発表しましょう。 ・技を終えて，着地しておわりのポーズをしたら，拍手をしましょう。 ・友達の技のできばえをよく見て，発表会後に伝え合いましょう。	
	○発表する技，技の繰り返しや組み合わせの練習をする。	●マット運動に進んで取り組もうとしている様子を取り上げて，称賛する。 **◆学習評価◆　主体的に学習に取り組む態度** **①マット運動に進んで取り組もうとしている。** ➡　マット運動の技の練習や発表，課題を解決するための活動や技の繰り返しや組み合わせを工夫することなどに進んで取り組もうとしている姿を評価する。（観察・学習カード）
15分	○できるようになった技，技の繰り返しや組み合わせをグループ内で見せ合う。	**◆学習評価◆　知識・技能** **②自己の能力に適した回転系や巧技系の基本的な技をすることができる。** ➡　練習や発表の際に，自己の能力に適した回転系や巧技系の基本的な技を行っている姿を評価する。（観察）
	○課題の解決のために考えたことを伝える。	●考えたことを伝えていることを取り上げて，称賛する。
10分	6　単元を振り返り，学習のまとめをする	
	単元の学習の振り返り ・単元の学習の目標で，達成したことを書きましょう。 ・学習したことで，今後の学習や日常生活の中で取り組んでいきたいことを書きましょう。	
	○振り返りを発表して，友達に伝える。	●振り返りを学習カードに記入するように伝えるとともに，気付きや考えのよさを取り上げて，称賛する。
	7　整理運動，場や器械・器具の片付けをする 8　集合，健康観察，挨拶をする	●適切な整理運動を行うように伝えるとともに，けががないかなどを確認する。

2学年間にわたって取り扱う場合

【第3学年における指導と評価の計画（例）】

時間		1	2	3	4	5	6	7	8
ねらい		学習の見通しをもつ	基本的な技の行い方を知り，できる技や新しい技に挑戦することを楽しむ				課題の解決のための活動を工夫して，技に挑戦することを楽しむ		学習のまとめをする
学習活動		**オリエンテーション** **○学習の見通しをもつ** ・学習の進め方 ・学習のきまり **○マットを使った運動遊び** 低学年で学習した運動遊びに取り組む	**○自己のできる技に取り組む** ・自己のできる基本的な技をする ・基本的な技に十分に取り組んだ上で，それらの発展技に取り組む **○基本的な技に挑戦する** 【回転系前転グループ】 ・前転 ・易しい場での開脚前転 【回転系後転グループ】 ・後転 ・開脚後転		**○基本的な技に挑戦する** 【巧技系倒立グループ】 ・壁倒立 【回転系倒立回転グループ】 ・側方倒立回転		**○自己の能力に適した技に挑戦する** もう少しでできそうな技と技ができるようになる場を選んで取り組む		**学習のまとめ** **○自己のできる技に取り組む** **○学習のまとめをする**
評価の重点	知識・技能				① 観察・学習カード				② 観察
	思考・判断・表現						① 観察・学習カード	② 観察・学習カード	
	主体的に学習に取り組む態度	⑤ 観察・学習カード	③ 観察・学習カード	② 観察・学習カード		① 観察・学習カード			

【低学年「マットを使った運動遊び」との円滑な接続を図るための工夫（例）】

● **「前転がり」から「前転」，「後ろ転がり」から「後転」にするために**

低学年では，マットに背中や腹などをつけていろいろな方向に転がって遊びました。中学年では，前転や後転などの回転系の基本的な技に取り組むことができるようにします。

そのため中学年のはじめは，基本的な技の行い方を知り，低学年で取り組んだ運動遊びとの違いや技のポイントを押さえて，それぞれの技に取り組むようにしましょう。

(例) 基本的な技に挑戦する【回転系前転グループ，回転系後転グループ】
・前転や後転，開脚後転は，しゃがんだ姿勢から始め，回転した後，両足を着いて立ち上がって終わるようにする。その際，立つために勢いをつけることが苦手な場合は，傾斜を利用した場を選ぶようにする。

● **「いろいろな姿勢での逆立ち」から「壁倒立や側方倒立回転」にするために**

低学年では，かえるの足打ちや壁登り逆立ち，支持での川跳びや腕立て横跳び越しなど，手や背中で体を支えていろいろな姿勢で逆立ちをしたり移動したりしました。中学年では，回転系の基本的な技である側方倒立回転や巧技系の基本的な技である壁倒立に取り組むことができるようにします。

そのため中学年のはじめは，低学年で学習したいろいろな姿勢の逆立ちで逆さの姿勢になることに慣れるようにするとともに，立った姿勢から体を前方に振り下ろしながら片足を振り上げ，両手を着く動作に挑戦するようにしましょう。

(例) 基本的な技に挑戦する【巧技系倒立グループ，回転系倒立回転グループ】
・壁倒立は，足を勢いよく振り上げることができるように，壁にセーフティマットを立てかけた場を選ぶ。
・側方倒立回転は，足を勢いよく振り上げられるように，足の高さに友達が張ったゴム紐を持った場を選ぶ。

【第3学年において重点を置いて指導する内容（例）】

● **知識及び技能**

回転系や巧技系の基本的な技の行い方を知るとともに，いろいろな技に挑戦することができるようにしましょう。その際，できるようになった技は何度も繰り返して楽しむとともに，もう少しでできそうな技は傾斜をつくった場など易しい場で取り組み，技に挑戦することを楽しみましょう。

● **思考力，判断力，表現力等**

いろいろな技に挑戦する際，技ができるようになるために，自己に適した易しい場を選べるようにしましょう。また，技が上手にできた際に分かったことや友達の技のできばえなどを，友達に伝えることができるようにしましょう。

● **学びに向かう力，人間性等**

中学年では，技ができるようになるためにグループで学習をするので，誰とでも仲よく励まし合おうとすることができるようにしましょう。また，場の危険物を取り除いたり器械・器具の安全を確かめたりすることができるようにしましょう。

B
器械運動

鉄棒運動

鉄棒運動は，支持系の基本的な技をして，その技ができる楽しさや喜びに触れることができる運動です。本単元例は，単元前半は補助逆上がりやかかえ込み前回り，かかえ込み後ろ回りなどの基本的な技に自己の能力に適した場で挑戦する時間，単元後半は技を繰り返したり組み合わせたりできるようになりたい技に挑戦したりする時間を設定することで，自己の能力に適した技に進んで取り組むことができる授業を展開するようにしています。

単元の目標

(1) 鉄棒運動の行い方を知るとともに，支持系の基本的な技をすることができるようにする。
(2) 自己の能力に適した課題を見付け，技ができるようになるための活動を工夫するとともに，考えたことを友達に伝えることができるようにする。
(3) 鉄棒運動に進んで取り組み，きまりを守り誰とでも仲よく運動をしたり，友達の考えを認めたり，場や器械・器具の安全に気を付けたりすることができるようにする。

指導と評価の計画（6時間）

時間		1	2	3
ねらい		学習の見通しをもつ	基本的な技の行い方を知り，技に挑戦することを楽しむ	
学習活動		オリエンテーション 1　集合，挨拶，健康観察をする 2　単元の学習の見通しをもつ ○単元の目標と学習の進め方を知る。 ○学習のきまりを知る。 3　本時のねらいを知り，目標を立てる 4　場や器械・器具の準備をする ○場や器械・器具の準備と片付けの仕方を知る。 5　準備運動，主運動につながる運動をする ○準備運動，主運動につながる運動の行い方を知る。 6　鉄棒運動をする ○支持系の基本的な技の行い方を確認する。 ○自己の能力に適した技を選んで行う。	1　集合，挨拶，健康観察をする　2　本時のねらいを知り， 4　準備運動，主運動につながる運動をする 5　鉄棒運動の自己のできる技に取り組む ○基本的な技の行い方を知る。 ○自己の能力に適した技を選んで行う。 ○課題の解決のために考えたことを伝える。 6　鉄棒運動の新しい技に挑戦する ○基本的な技の行い方を知る。 【補助逆上がり】 ○自己の能力に適した練習の場を選んで行う。 ○課題の解決のために考えたことを伝える。	【かかえ込み前回り】 【かかえ込み後ろ回り】
		7　本時を振り返り，次時への見通しをもつ。	8　整理運動，場や器械・器具の片付けをする。	
評価の重点	知識・技能			① 観察・学習カード
	思考・判断・表現			
	主体的に学習に取り組む態度	⑤ 観察・学習カード	③ 観察・学習カード	② 観察・学習カード

単元の評価規準

知識・技能	思考・判断・表現	主体的に学習に取り組む態度
①鉄棒運動の行い方について，言ったり書いたりしている。 ②自己の能力に適した支持系の基本的な技をすることができる。	①自己の能力に適した課題を見付け，その課題の解決のための活動を選んでいる。 ②課題の解決のために考えたことを友達に伝えている。	①鉄棒運動に進んで取り組もうとしている。 ②きまりを守り，誰とでも仲よく励まし合おうとしている。 ③器械・器具の準備や片付けを友達と一緒にしようとしている。 ④友達の考えを認めようとしている。 ⑤場や器械・器具の安全，試技の開始前の安全を確かめている。

4	5	6
課題の解決のための活動を工夫して技に挑戦したり，技を繰り返したり組み合わせたりすることを楽しむ		学習のまとめをする
目標を立てる　3　場や器械・器具の準備をする		
5　**鉄棒運動のできる技を繰り返したり組み合わせたりする** ○技の繰り返し方や組み合わせ方を知る。 ○自己の能力に適した技を選び，繰り返したり，組み合わせたりする。 ○課題の解決のために考えたことを伝える。 6　**鉄棒運動の自己の能力に適した技に挑戦する** ○自己の能力に適した課題を解決するための活動を選んで，もう少しでできそうな技に挑戦する。 ○基本的な技に十分に取り組んだ上で，それらの発展技にも取り組む。 ○課題の解決のために考えたことを伝える。 9　**集合，挨拶をする。**		学習のまとめ 5　**鉄棒運動発表会をする** ○発表する技，技の繰り返しや組み合わせを練習する。 ○できるようになった技，技の繰り返しや組み合わせをグループ内で見せ合う。 6　**単元を振り返り，学習のまとめをする** 7　**整理運動，場や器械・器具の片付けをする** 8　**集合，健康観察，挨拶をする**
	② 観察	
① 観察・学習カード		② 観察・学習カード
	④ 観察・学習カード	① 観察・学習カード

本時の目標と展開①（1／6時間）

本時の目標

(1) 鉄棒運動の行い方を知ることができるようにする。
(2) 自己の能力に適した課題を見付け，その課題の解決のための活動を選ぶことができるようにする。
(3) 場や器械・器具の安全，試技の開始前の安全を確かめることができるようにする。

本時の展開

時間	学習内容・活動	指導上の留意点
5分	1　集合，挨拶，健康観察をする 2　単元の学習の見通しをもつ ○単元の目標と学習の進め方を知る。 ○運動のきまりを知る。 ○学習をするグループを確認する。	● 掲示物を活用するなどしながら分かりやすく説明する。 ● 学習をするグループを事前に決めておく。
	学習のきまりの例 ・器械・器具は正しく使いましょう。 ・場の安全を確かめましょう。 ・グループで協力して学習をしましょう。 ・グループの友達の考えを認めましょう。 ・できる技から無理なく取り組み，できた技はその発展技にも挑戦しましょう。 	
	3　本時のねらいを知り，目標を立てる **鉄棒運動の学習の進め方を知り，学習の見通しをもとう** ○本時のねらいを知り，自己の目標を立てる。	● 学習カードを配り，使い方を説明する。
15分	4　場や器械・器具の準備をする ○場や器械・器具の準備と片付けの仕方を知る。 ○グループで協力して，準備をする。	● 安全な準備と片付けの仕方を説明する。 ● 安全を確かめている様子を取り上げて，称賛する。
	場や器械・器具の準備の仕方の例 ・活動をする場に危険物がないか気を付けて，見付けたら先生に知らせましょう。 ・運動に使う用具は，決まった場所から使うものだけを取り，使い終わったら片付けましょう。 ・安全に運動ができるように，鉄棒の下にマットを敷く際は，グループで協力しましょう。 ・安全に運動ができるように服装などが整っているか，友達と確かめ合いましょう。 	
	5　準備運動，主運動につながる運動をする ○準備運動，主運動につながる運動の行い方を知る。 ○学級全体やグループで準備運動，主運動につながる運動をする。	● けがの防止のために適切な準備運動の行い方について，実際に動いて示しながら説明する。
	準備運動の例 ○徒手での運動　…　肩，腕，手首，腿，膝，ふくらはぎ，足首などをほぐす運動をグループで選ぶ。 **主運動につながる運動の例** ○跳び上がり・跳び下り（3回） ➡ ツバメから後ろ振り（3回） ➡ 後ろ振り跳び下り  ○跳び上がり ➡ ツバメ ➡ ふとん干し ➡ ツバメ ➡ 前回り下り 	

20分

6　鉄棒運動をする

○支持系の基本的な技の行い方を確認する。
○自己のできる技を確認する。

- 支持系の基本的な技の行い方について，学習資料やＩＣＴ機器を活用したり，実際に動いて示したりしながら説明する。

支持系の基本的な技の例

○前回り下り

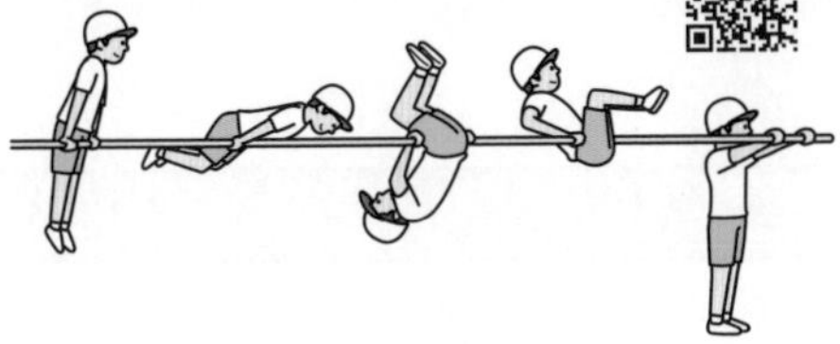

○転向前下り

○膝掛け振り上がり

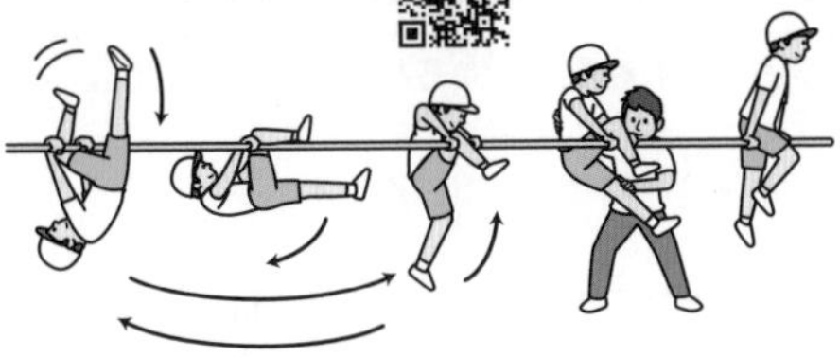

○前方片膝掛け回転

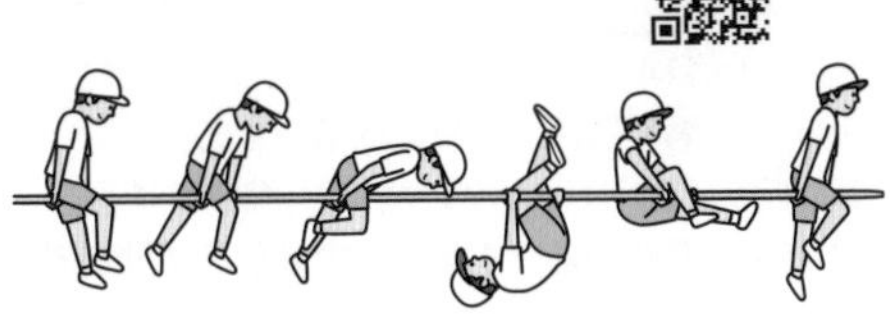

○後方片膝掛け回転

○両膝掛け倒立下り

◎技に恐怖心があり意欲的でない児童への配慮の例

➡　落ちても痛くないようにマットを敷いたり，回転しやすいように鉄棒に補助具を付けたりして，場を工夫するなどの配慮をする。

- 安全を確かめている様子を取り上げて，称賛する。

◆学習評価◆　主体的に学習に取り組む態度
⑤場や器械・器具の安全，試技の開始前の安全を確かめている。

➡　試技の開始前などに，友達との間隔や場や器械・器具の安全を確かめている姿を評価する。（観察・学習カード）

◎安全を確かめることに意欲的でない児童への配慮の例

➡　試技の開始前には友達との間隔，マットの位置などを確かめるなどの声をかけたり，グループの友達と一緒に安全を確かめて，安全であることを伝え合ったりするなどの配慮をする。

5分

7　本時を振り返り，次時への見通しをもつ

本時の振り返り
・支持系の基本的な技で，できた技を書きましょう。
・安全を確かめることについて，気付いたことや考えたことを書きましょう。
・単元の学習で身に付けたいことやできるようになりたい技など，自己の目標を書きましょう。

○振り返りを発表して，友達に伝える。

- 振り返りを学習カードに記入するように伝えるとともに，気付きや考えのよさを取り上げて，称賛する。

8　整理運動，場や器械・器具の片付けをする

- 整理運動の行い方について，実際に動いて示しながら説明するとともに，けががないかなどを確認する。

9　集合，健康観察，挨拶をする

本時の目標と展開②（3／6時間）

本時の目標

(1) 鉄棒運動の行い方を知ることができるようにする。
(2) 自己の能力に適した課題を見付け，その課題の解決のための活動を選ぶことができるようにする。
(3) きまりを守り，誰とでも仲よく励まし合うことができるようにする。

本時の展開

時間	学習内容・活動	指導上の留意点
10分	1　**集合，挨拶，健康観察をする** 2　**本時のねらいを知り，目標を立てる**	
	基本的な技の行い方を知り，できる技や新しい技に挑戦しよう	
	○本時のねらいを知り，自己の目標を立てる。	●学習カードを配り，立てた目標を記入するように伝える。
	3　**場や器械・器具の準備をする** ○グループで協力して，準備をする。	●安全な準備の仕方を確認する。
	4　**準備運動，主運動につながる運動をする** ○学級全体やグループで準備運動，主運動につながる運動をする。	●けがの防止のために適切な準備運動を行うように伝える。
15分	5　**鉄棒運動の自己のできる技に取り組む** ○支持系の基本的な技の行い方を知る。 ○自己の能力に適した技を選んで行う。	●基本的な技の行い方について，学習資料やＩＣＴ機器を活用したり，実際に動いて示したりしながら説明する。

◎鉄棒運動の基本的な技が苦手な児童への配慮の例

➡　前回り下りが苦手な児童には，勢いのつけ方や体を丸めて鉄棒から離さない動きが身に付くようにするなどの配慮をする。

➡　転向前下りが苦手な児童には，バランスをとる動きが身に付くようにするなどの配慮をする。

➡　膝掛け振り上がりが苦手な児童には，振りの勢いを利用して起き上がる動きが身に付くようにするなどの配慮をする。

➡　両膝かけ掛け倒立下りが苦手な児童には，逆さまで体を動かしたり，鉄棒に足を掛けたりする動きが身に付くようにするなどの配慮をする。

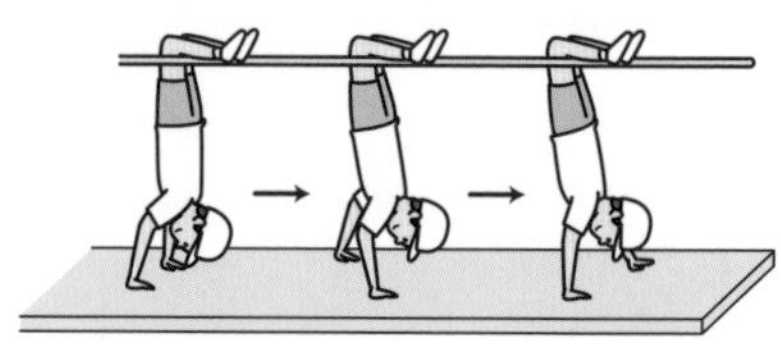

➡　前方片膝掛け回転，後方片膝掛け回転が苦手な児童には，バランスをとって回転を開始する姿勢をつくったり，体を揺らしてから振りの動きを利用して回転したりする動きが身に付くようにするなどの配慮をする。

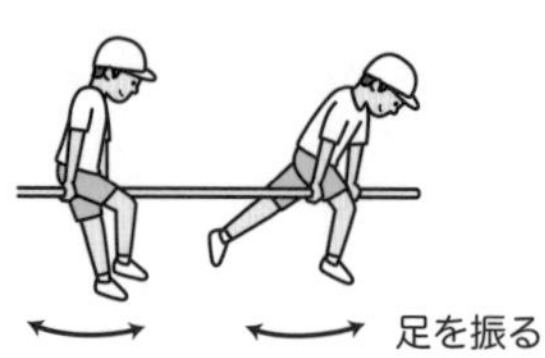

時間	学習内容・活動	指導上の留意点
	○課題の解決のために考えたことを伝える。	●考えたことを伝えていることを取り上げて，称賛する。

15分

6 鉄棒運動の新しい技に挑戦する

○かかえ込み前回り，かかえ込み後ろ回りの行い方を知る。

● 技の行い方について，学習資料やＩＣＴ機器を活用したり，実際に動いて示したりしながら説明する。

支持系の基本的な技の例

○かかえ込み前回り

○かかえ込み後ろ回り

○自己の能力に適した練習の場を選んで行う。

◎鉄棒運動の基本的な技が苦手な児童への配慮の例

➡ かかえ込み前回り，かかえ込み後ろ回りが苦手な児童には，勢いのつけ方や体を丸めて鉄棒から離さない動きが身に付くようにするなどの配慮をする。

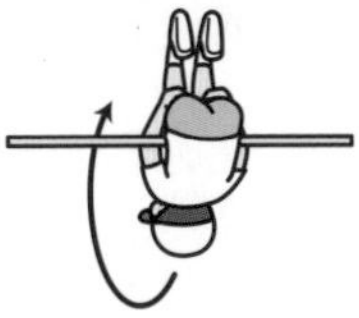

● 仲よく励まし合おうとしている様子を取り上げて，称賛する。

◆学習評価◆ 主体的に学習に取り組む態度
②きまりを守り，誰とでも仲よく励まし合おうとしている。

➡ グループの友達と互いの動きを見合ったり，必要に応じてできる補助をしたりするなど，友達と励まし合おうとしている姿を評価する。（観察・学習カード）

◎友達と励まし合うことに意欲的でない児童への配慮の例

➡ かかえ込み方や顔の向きを確認したり，回数を数えたりする役割ができるようにするなどの配慮をする。

○課題の解決のために考えたことを伝える。

● 考えたことを伝えていることを取り上げて，称賛する。

5分

7 本時を振り返り，次時への見通しをもつ

本時の振り返り

・新しく学習した技の行い方について，知ったことを書きましょう。
・本時の学習で，できた技とそのできばえを書きましょう。
・誰とでも励まし合うことについて，気付いたことや考えたことを書きましょう。

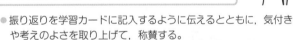

○振り返りを発表して，友達に伝える。

● 振り返りを学習カードに記入するように伝えるとともに，気付きや考えのよさを取り上げて，称賛する。

◆学習評価◆ 知識・技能
①鉄棒運動の行い方について，言ったり書いたりしている。

➡ 鉄棒運動の基本的な技の行い方について，発表したり学習カードに記入したりしていることを評価する。（観察・学習カード）

◎鉄棒運動の行い方を知ることが苦手な児童への配慮の例

➡ 個別に関わり，鉄棒運動の基本的な技の行い方のポイントについて対話をしながら確認するなどの配慮をする。

8 整理運動，場や器械・器具の片付けをする

● 適切な整理運動を行うように伝えるとともに，けががないかなどを確認する。

9 集合，健康観察，挨拶をする

本時の目標と展開③（4／6時間）

本時の目標

(1) 自己の能力に適した支持系の基本的な技をすることができるようにする。
(2) 自己の能力に適した課題を見付け，その課題の解決のための活動を選ぶことができるようにする。
(3) 友達の考えを認めることができるようにする。

本時の展開

時間	学習内容・活動	指導上の留意点
10分	1　**集合，挨拶，健康観察をする** 2　**本時のねらいを知り，目標を立てる**	
	課題の解決のための活動を工夫して，自己の能力に適した技に挑戦をしよう	
	○本時のねらいを知り，自己の目標を立てる。	●学習カードを配り，立てた目標を記入するように伝える。
	3　**場や器械・器具の準備をする** ○グループで協力して，準備をする。	●安全な準備の仕方を確認する。
	4　**準備運動，主運動につながる運動をする** ○学級全体やグループで準備運動をする。	●けがの防止のために適切な準備運動を行うように伝える。
10分	5　**鉄棒運動の自己のできる技を繰り返したり組み合わせたりする** ○技の繰り返し方や組み合わせ方を知る。 ○自己の能力に適した技を選び，繰り返したり組み合わせたりする。	●鉄棒運動の技を繰り返し方や組み合わせ方について，学習資料やICT機器を活用したり，実際に動いて示したりしながら説明する。
	鉄棒運動の技の繰り返し方や組み合わせ方の例 ○支持回転技の繰り返し  ○上り技・下り技の組み合わせ  ○上り技・支持回転技・下り技の組み合わせ 	
		◎技を繰り返したり組み合わせたりすることが苦手な児童への配慮の例 ➡　繰り返したり組み合わせたりしやすい技を示すとともに，繰り返したり組み合わせたりしたい技に十分に取り組めるようにするなどの配慮をする。
	○課題の解決のために考えたことを伝える。	●考えたことを伝えていることを取り上げて，称賛する。

20分

6 鉄棒運動の自己の能力に適した技に挑戦をする

○自己の能力に適した課題を解決するための活動を選んで，もう少しでできそうな技に挑戦する。

○基本的な技に十分に取り組んだ上で，それらの発展技にも取り組む。

● 発展技の行い方について，学習資料やＩＣＴ機器を活用したり，実際に動いて示したりしながら説明する。

◎支持系の発展技の例

○前方支持回転
（前回り下り，かかえ込み前回りの発展技）

○後方支持回転
（かかえ込み後ろ回りの発展技）

○膝掛け上がり
（膝掛け振り上がりの発展技）

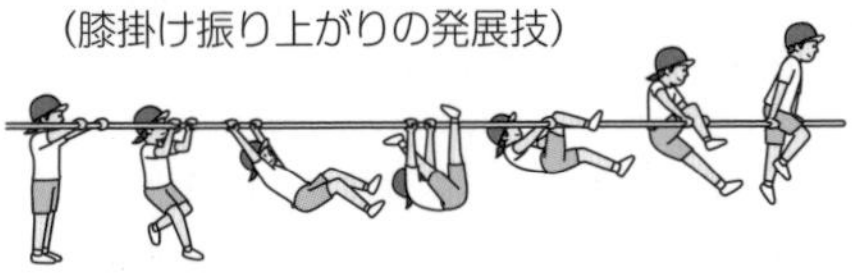

○逆上がり（補助逆上がりの発展技）

○前方もも掛け回転（前方片膝掛け回転の発展技）

○後方もも掛け回転
（後方片膝掛け回転の発展技）

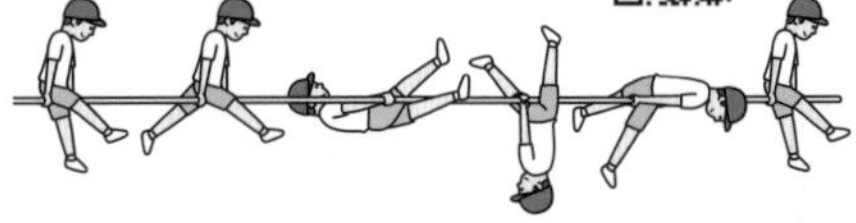

○片足踏み越し下り（転向前下りの発展技）

○両膝掛け振動下り
（両膝掛け倒立下りの発展技）

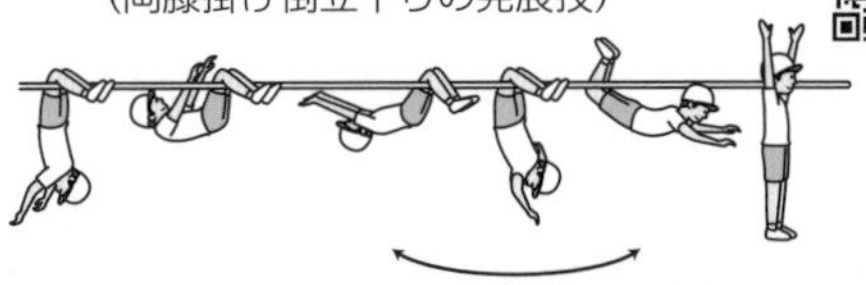

◆学習評価◆ 思考・判断・表現
①自己の能力に適した課題を見付け，その課題の解決のための活動を選んでいる。

➡ 自己の課題を見付け，できるようになるための練習の場や方法を選んでいる姿を評価する。（観察・学習カード）

◎課題の解決のための活動を選ぶことが苦手な児童への配慮の例

➡ 個別に関わり，見付けた課題を解決しやすい練習の場を選べるように，対話をしながら助言するなどの配慮をする。

○課題の解決のために考えたことを伝える。

● 考えたことを伝えていることを取り上げて，称賛する。

5分

7 本時を振り返り，次時への見通しをもつ

本時の振り返り
・本時の学習でできた技の繰り返し，組み合わせと，そのできばえを書きましょう。
・挑戦した技の課題と，その課題の解決のために選んだ活動を書きましょう。
・技のポイントや友達の技のできばえについて，気付いたことや考えたことを書きましょう。

○振り返りを発表して，友達に伝える。

● 振り返りを学習カードに記入するように伝えるとともに，気付きや考えのよさを取り上げて，称賛する。

8 整理運動，場や器械・器具の片付けをする

● 適切な整理運動を行うように伝えるとともに，けががないかなどを確認する。

9 集合，健康観察，挨拶をする

本時の目標と展開④（6／6時間）

本時の目標

(1) 自己の能力に適した支持系の基本的な技をすることができるようにする。
(2) 課題の解決のために考えたことを友達に伝えることができるようにする。
(3) 鉄棒運動に進んで取り組むことができるようにする。

本時の展開

時間	学習内容・活動	指導上の留意点
10 分	1　**集合，挨拶，健康観察をする** 2　**本時のねらいを知り，目標を立てる**	
	鉄棒運動発表会でできるようになった技を見せ合って，学習のまとめをしよう	
	○本時のねらいを知り，自己の目標を立てる。	●学習カードを配り，立てた目標を記入するように伝える。
	3　**場や器械・器具の準備をする** ○グループで協力して，準備をする。	●安全な準備の仕方を確認する。
	4　**準備運動，主運動につながる運動をする** ○グループで準備運動，主運動につながる運動をする。	●けがの防止のために適切な準備運動を行うように伝える。
10 分	5　**鉄棒運動発表会をする** ○鉄棒運動発表会の行い方を知る。	●鉄棒運動発表会の行い方を説明する。
	鉄棒運動発表会の行い方やきまりの例 ・グループで一人ずつ順番に，できるようになった技を発表しましょう。 ・できるようになった技の繰り返しや組み合わせも発表しましょう。 ・技を終えて，着地しておわりのポーズをしたら，拍手をしましょう。 ・友達の技のできばえをよく見て，発表会後に伝え合いましょう。 	
	○発表する技，技の繰り返しや組み合わせの練習をする。	●鉄棒運動に進んで取り組もうとしている様子を取り上げて，称賛する。 **◆学習評価◆　主体的に学習に取り組む態度** **①鉄棒運動に進んで取り組もうとしている。** ➡　鉄棒運動の技の練習や発表，課題を解決するための活動や技の繰り返しや組み合わせを工夫することなどに進んで取り組もうとしている姿を評価する。（観察・学習カード）
15 分	○できるようになった技，技の繰り返しや組み合わせをグループ内で見せ合う。 ○課題の解決のために考えたことを伝える。	●考えたことを伝えていることを取り上げて，称賛する。 **◆学習評価◆　思考・判断・表現** **②課題の解決のために考えたことを友達に伝えている。** ➡　自己や友達の技のできばえについて見付けたり考えたりしたことを発表したり学習カードに書いたりしていることを評価する。（観察・学習カード） **◎考えたことを伝えることが苦手な児童への配慮の例** ➡　個別に関わり，友達のよい動きを見付けたり考えたりしたことを聞き取って，友達に伝えることを支援するなどの配慮をする。
10 分	6　**単元を振り返り，次時への見通しをもつ**	
	単元の学習の振り返り ○単元の学習の目標で，達成したことを書きましょう。 ○学習したことで，今後の学習や日常生活の中で取り組んでいきたいことを書きましょう。 	
	○振り返りを発表して，友達に伝える。	●振り返りを学習カードに記入するように伝えるとともに，気付きや考えのよさを取り上げて，称賛する。
	7　**整理運動，場や器械・器具の片付けをする**	●適切な整理運動を行うように伝えるとともに，けががないかなどを確認する。
	8　**集合，健康観察，挨拶をする**	

2学年間にわたって取り扱う場合

【第3学年における指導と評価の計画（例）】

時間		1	2	3	4	5	6
ねらい		学習の見通しをもつ	基本的な技の行い方を知り，できる技や新しい技に挑戦することを楽しむ		課題の解決のための活動を工夫して，技に挑戦することを楽しむ		学習のまとめをする
学習活動		**オリエンテーション** **○学習の見通しをもつ** ・学習の進め方 ・学習のきまり **○鉄棒運動** 低学年で学習した運動遊びに取り組む	**○自己のできる技に取り組む** ・自己のできる基本的な技をする ・基本的な技に十分に取り組んだ上で，それらの発展技に取り組む **○基本的な技に挑戦する** 【支持系の基本的な技】 ・前回り下り　・かかえ込み前回り ・転向前下り ・膝掛け振り上がり　・前方片膝掛け回転 ・補助逆上がり　・かかえ込み後ろ回り ・後方片膝掛け回転　・両膝掛け倒立下り		**○自己の能力に適した技に挑戦する** もう少しでできそうな技と技ができるようになる場を選んで取り組む		**学習のまとめ** **○自己のできる技に取り組む** **○学習のまとめをする**
評価の重点	知識・技能			① 観察・学習カード		② 観察	
	思考・判断・表現				① 観察・学習カード		
	主体的に学習に取り組む態度	⑤ 観察・学習カード	③ 観察・学習カード				① 観察・学習カード

【低学年「鉄棒を使った運動遊び」との円滑な接続を図るための工夫（例）】

●「支持しての揺れや上がり下り，ぶら下がりや易しい回転」から「支持系の基本的な技」にするために

低学年では，鉄棒を使って手や腹，膝で支持したり，ぶら下がったり，揺れたり，跳び上がったり，跳び下りたり，易しい回転をしたりして遊びました。中学年では，腹や足を鉄棒に掛けて前や後ろに回る支持系の基本的な技に取り組むことができるようにします。

そのため中学年のはじめは，基本的な技の行い方を知り，低学年で取り組んだ運動遊びとの違いや技のポイントを押さえて，それぞれの技に取り組むようにしましょう。その一方で，低学年で取り組んだ運動遊びについても，基本的な技ができるようになるための基礎となる体の動かし方や感覚が身に付くよう，取り組む時間を設定しましょう。

(例) 基本的な技に挑戦する
- 前回り下りは，支持の姿勢から始め，回転した後，両足を揃えて開始した側に着地するようにする。
- かかえ込み前回りやかかえ込み後ろ回りは，支持の姿勢から手で足をかかえ込んで回転する。
- 前方片膝掛け回転や後方片膝掛け回転は，前後開脚の支持の姿勢から始め，回転した後，前後開脚の支持の姿勢に戻るようにする。
- 両膝掛け倒立下りは，鉄棒に両膝を掛けた姿勢から始め，両膝を鉄棒から外す際はつま先から下りるようにする。

(例) 低学年で学習した運動遊びに取り組む
- ツバメで支持の姿勢，ふとん干しで腹を掛けて揺れる姿勢，こうもりで鉄棒に膝を掛ける姿勢，足抜き回りで回転する感覚を身に付けるようにするなどの運動遊びに取り組む。

【第3学年において重点を置いて指導する内容（例）】

●知識及び技能

支持系の基本的な技の行い方を知るとともに，いろいろな技に挑戦することができるようにしましょう。その際，できるようになった技は何度も繰り返して楽しむとともに，もう少しでできそうな技は補助や補助具を利用するなどして取り組み，技に挑戦することを楽しみましょう。

●思考力，判断力，表現力等

いろいろな技に挑戦する際，技ができるようになるために，自己に適した易しい場を選べるようにしましょう。また，技が上手にできた際に分かったことや友達の技のできばえなどを，友達に伝えることができるようにしましょう。

●学びに向かう力，人間性等

中学年では，技ができるようになるためにグループで学習をするので，誰とでも仲よく励まし合おうとすることができるようにしましょう。また，場の危険物を取り除いたり鉄棒や周りの安全を確かめたりすることができるようにしましょう。

B 器械運動

跳び箱運動

跳び箱運動は，切り返し系や回転系の基本的な技をして，その技ができる楽しさや喜びに触れることができる運動です。本単元例は，単元前半は切り返し系の技，単元後半は回転系の技に取り組むようにすることで児童が安全に運動ができるように配慮し，できる技に取り組んだり更にできるようになりたい技に挑戦したりすることで，自己の能力に適した技に進んで取り組むことができる授業を展開するようにしています。

単元の目標

(1) 跳び箱運動の行い方を知るとともに，切り返し系や回転系の基本的な技ができるようにする。
(2) 自己の能力に適した課題を見付け，技ができるようになるための活動を工夫するとともに，考えたことを友達に伝えることができるようにする。
(3) 跳び箱運動に進んで取り組み，きまりを守り誰とでも仲よく運動をしたり，友達の考えを認めたり，場や器械・器具の安全に気を付けたりすることができるようにする。

指導と評価の計画（8時間）

時 間	1	2	3	4
ねらい	学習の見通しをもつ	切り返し系の基本的な技の行い方を知り，課題の解決のための活動を工夫して，できそうな技に挑戦することを楽しむ		
学習活動	オリエンテーション 1 集合，挨拶，健康観察をする 2 単元の学習の見通しをもつ ○単元の目標と学習の進め方を知る。 ○学習のきまりを知る。 3 本時のねらいを知り，目標を立てる 4 場や器械・器具の準備をする ○場や器械・器具の準備と片付けの仕方を知る。 5 準備運動，主運動につながる運動をする ○準備運動，主運動につながる運動の行い方を知る。 6 跳び箱運動をする ○切り返し系，回転系の基本的な技の行い方を確認する。	1 集合，挨拶，健康観察をする　2 本時のねらいを知り， 4 準備運動，主運動につながる運動をする 5 切り返し系の自己のできる技に取り組む ○切り返し系の基本的な技の行い方を知る。 ○自己の能力に適した技を選んで行う。 ○課題の解決のために考えたことを伝える。 6 切り返し系の自己の能力に適した技に挑戦する ○自己の能力に適した課題を解決するための活動を選んで，もう少しでできそうな技に挑戦する。 ○課題の解決のために考えたことを伝える。		
	7 本時を振り返り，次時への見通しをもつ　8 整理運動，場や器械・器具の片付けをする			
評価の重点 知識・技能				
評価の重点 思考・判断・表現			① 観察・学習カード	
評価の重点 主体的に学習に取り組む態度	⑤ 観察・学習カード	③ 観察・学習カード		② 観察・学習カード

単元の評価規準

知識・技能	思考・判断・表現	主体的に学習に取り組む態度
①跳び箱運動の行い方について，言ったり書いたりしている。 ②自己の能力に適した切り返し系や回転系の基本的な技をすることができる。	①自己の能力に適した課題を見付け，その課題の解決のための活動を選んでいる。 ②課題の解決のために考えたことを友達に伝えている。	①跳び箱運動に進んで取り組もうとしている。 ②きまりを守り，誰とでも仲よく励まし合おうとしている。 ③器械・器具の準備や片付けを，友達と一緒にしようとしている。 ④友達の考えを認めようとしている。 ⑤場の危険物を取り除いたり，器械・器具の安全を確かめたりするとともに，試技の開始前の安全を確かめている。

5	6	7	8
回転系の基本的な技の行い方を知り，課題の解決のための活動を工夫して，新しい技やできそうな技に挑戦することを楽しむ			学習のまとめをする
目標を立てる　3　場や器械・器具の準備をする			学習のまとめ 5　**跳び箱運動発表会をする** ○発表する技の練習をする。 ○できるようになった技をグループ内で見せ合う。 6　**単元を振り返り，学習のまとめをする** 7　**整理運動，場や器械・器具の片付けをする** 8　**集合，健康観察，挨拶をする**
5　**回転系の自己のできる技に取り組む** ○回転系の基本的な技の行い方を知る。 ○自己の能力に適した技を選んで行う。 ○課題の解決のために考えたことを伝える。			
6　**回転系の新しい技に挑戦する** ○技の行い方を知る。 ○自己の能力に適した場を選んで行う。 **【首はね跳び】**	6　**回転系の自己の能力に適した技に挑戦する** ○自己の能力に適した課題を解決するための活動を選んで，もう少しでできそうな技に挑戦する。 ○課題の解決のために考えたことを伝える。		
9　**集合，健康観察，挨拶をする**			
① 観察・学習カード			② 観察
		② 観察・学習カード	
	④ 観察・学習カード		① 観察・学習カード

本時の目標と展開①（1／8時間）

本時の目標

(1) 跳び箱運動の行い方を知ることができるようにする。
(2) 自己の能力に適した課題を見付け，その課題の解決のための活動を選ぶことができるようにする。
(3) 場の危険物を取り除いたり，器械・器具の安全を確かめたりするとともに，試技の開始前の安全を確かめることができるようにする。

本時の展開

時間	学習内容・活動	指導上の留意点
5分	**1　集合，挨拶，健康観察をする** **2　単元の学習の見通しをもつ** ○単元の目標と学習の進め方を知る。 ○グループを確認する。 ○学習のきまりを知る。	●掲示物や学習資料などを活用して，分かりやすく説明する。 ●学習をするグループを事前に決めておく。
	学習のきまりの例 ・器械・器具は正しく使いましょう。 ・周囲を見て場の安全を確かめましょう。 ・グループで協力して学習をしましょう。 ・グループの友達の考えを認めましょう。 ・できる技から無理なく取り組み，できた技はその発展技にも挑戦しましょう。 	
	3　本時のねらいを知り，目標を立てる **跳び箱運動の学習の進め方を知り，学習の見通しをもとう** ○本時のねらいを知り，自己の目標を立てる。	●学習カードを配り，使い方を説明する。
15分	**4　場や器械・器具の準備をする** ○場や用具の準備と片付けの仕方を知る。 ○グループで協力して，準備をする。	●安全な準備と片付けの仕方を説明する。 ●安全を確かめている様子を取り上げて，称賛する。
	場や器械・器具の準備と片付けのきまりの例 ・運動をする場所に危険物がないか確かめ，見付けたら取り除きましょう。 ・器械・器具などは，友達と一緒に，決まった場所から安全を確かめて運びましょう。 ・安全に運動ができるように，服装などが整っているか，確かめましょう。 	
	5　準備運動，主運動につながる運動をする ○準備運動，主運動につながる運動の行い方を知る。 ○学級全体やグループで準備運動，主運動につながる運動をする。	●けがの防止のために適切な準備運動の行い方について，実際に動いて示しながら説明する。
	準備運動の例 肩，首，腕，腰，手首，もも，膝，ふくらはぎ，足首などをほぐす運動を行う。 主運動につながる運動の例 ○馬跳び  ・馬になる児童は，足首を持ち，へそを見て頭を入れる。 ・跳び越す児童は，両手をしっかりと着く。 ○かえるの足打ち  ・着いた手の少し前を見るようにする。 ・腰の高い姿勢で2～3回，足を叩く。 ○うさぎ跳び  ・両手を肩幅の広さで着く。 ・着地をするときは，手を前に出して体を起こす。	

20分

6 跳び箱運動をする

○切り返し系の基本的な技の行い方を確認する。

○自己の能力に適した技を，自己の能力に適した場を選んで行う。

● 切り返し系の基本的な技の行い方について，学習資料やＩＣＴ機器を活用したり，実際に動いて示したりしながら説明する。

跳び箱運動の切り返し系の基本的な技の例

○開脚跳び

○回転系の基本的な技の行い方を確認する。

○自己の能力に適した技を，自己の能力に適した場を選んで行う。

● 回転系の基本的な技の行い方について，学習資料やＩＣＴ機器を活用したり，実際に動いて示したりしながら説明する。

● 回転系の技は，切り返し系の技を終えてから始めるようにするとともに，跳び箱の段数を減らした場を準備する。

跳び箱運動の回転系の基本的な技の例

○台上前転

● 安全を確かめている様子を取り上げて，称賛する。

◆学習評価◆ 主体的に学習に取り組む態度
⑤場の危険物を取り除いたり，器械・器具の安全を確かめたりしているとともに，試技の開始前の安全を確かめている。

➡ 試技の開始前などに，友達との間隔や場や器械・器具の安全を確かめている姿を評価する。（観察・学習カード）

◎安全を確かめることに意欲的でない児童への配慮の例

➡ 試技の開始前には友達との間隔，器械・器具の位置などを確かめるなどの声をかけたり，グループの友達と一緒に安全を確かめて，安全であることを伝え合ったりするなどの配慮をする。

5分

7 本時を振り返り，次時への見通しをもつ

本時の振り返り

・切り返し系や回転系の基本的な技で，できた技を書きましょう。

・安全を確かめることについて，気付いたことや考えたことを書きましょう。

・単元の学習で身に付けたいことやできるようになりたい技など，自己の目標を書きましょう。

○振り返りを発表して，友達に伝える。

● 振り返りを学習カードに記入するように伝えるとともに，気付きや考えのよさを取り上げて，称賛する。

8 整理運動，場や器械・器具の片付けをする

● 整理運動の行い方について，実際に動いて示しながら説明するとともに，けががないかなどを確認する。

9 集合，健康観察，挨拶をする

本時の目標と展開②（3／8時間）

本時の目標

(1) 跳び箱運動の行い方を知ることができるようにする。
(2) 自己の能力に適した課題を見付け，その課題の解決のための活動を選ぶことができるようにする。
(3) きまりを守り，誰とでも仲よく励まし合うことができるようにする。

本時の展開

<table>
<tr><th>時間</th><th>学習内容・活動</th><th>指導上の留意点</th></tr>
<tr><td rowspan="6">10
分</td><td>1　集合，挨拶，健康観察をする
2　本時のねらいを知り，目標を立てる</td><td></td></tr>
<tr><td colspan="2">切り返し系の基本的な技の行い方を知り，課題の解決のための活動を工夫して，技に挑戦しよう</td></tr>
<tr><td>○本時のねらいを知り，自己の目標を立てる。</td><td>・学習カードを配り，立てた目標を記入するように伝える。</td></tr>
<tr><td>3　場や器械・器具の準備をする
○グループで協力して，準備をする。</td><td>・安全な準備と片付けの仕方を確認する。</td></tr>
<tr><td>4　準備運動，主運動につながる運動をする
○学級全体やグループで準備運動，主運動につながる運動をする。</td><td>・けがの防止のために適切な準備運動を行うように伝える。</td></tr>
<tr><td></td><td></td></tr>
<tr><td rowspan="6">10
分</td><td>5　切り返し系の自己のできる技に取り組む
○切り返し系の基本的な技の行い方を知る。
○自己の能力に適した技を選んで行う。</td><td>・基本的な技の行い方について，学習資料やＩＣＴ機器を活用したり，実際に動いて示したりしながら説明する。</td></tr>
<tr><td colspan="2">◎跳び箱運動の基本的な技が苦手な児童への配慮の例
➡　開脚跳びが苦手な児童には，踏み切り－着手－着地までの動きが身に付くようにするなどの配慮をする。
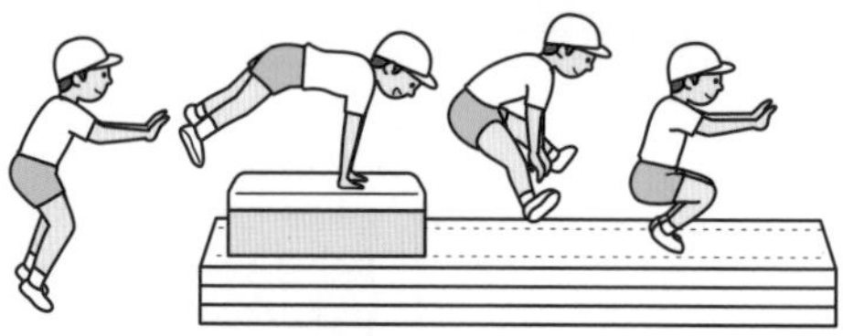
マットを数枚重ねた上に跳び箱１段を置いて，手を着きやすくしたり跳び越しやすくしたりする。</td></tr>
<tr><td>○基本的な技に十分に取り組んだ上で，その発展技にも取り組む。</td><td>・発展技の行い方について，学習資料やＩＣＴ機器を活用したり，実際に動いて示したりしながら説明する。</td></tr>
<tr><td colspan="2">跳び箱運動の切り返し系の発展技の例
○かかえ込み跳び（開脚跳びの発展技）
</td></tr>
<tr><td></td><td>◎友達と関わって学習することに意欲的でない児童への配慮の例
➡　手を着く位置や踏み切りや着地の位置に目印を置いて，友達の技のできばえを見る役割ができるようにするなどの配慮をする。</td></tr>
<tr><td>○課題の解決のために考えたことを伝える。</td><td>・考えたことを伝えていることを取り上げて，称賛する。</td></tr>
</table>

20分

6 切り返し系の自己の能力に適した技に挑戦する

○自己の能力に適した課題を解決するための活動を選んで，もう少しでできそうな技に挑戦する。

跳び箱運動の練習の場の例

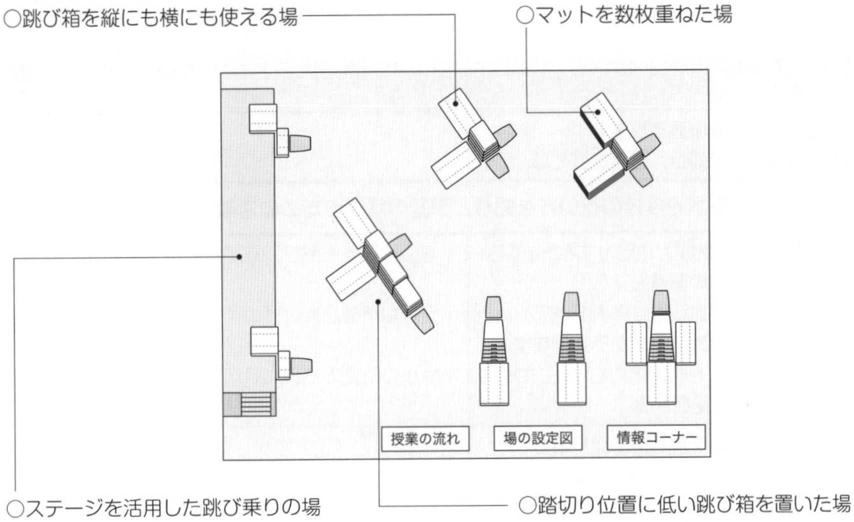

◎技に繰り返し取り組むことに意欲的でない児童への配慮の例

➡ 着地位置に目印を置いて自己評価をできるようにしたり，ゲーム化した運動遊びにグループで取り組めるようにしたりするなどの配慮をする。

◆学習評価◆ 思考・判断・表現
①自己の能力に適した課題を見付け，その課題の解決のための活動を選んでいる。

➡ 自己の課題を見付け，できるようになるための練習の場を選んでいる姿を評価する。（観察・学習カード）

◎自己の課題に適した課題を見付けることが苦手な児童への配慮の例

➡ 学習資料やＩＣＴ機器を活用したり，友達と互いに見合ったりして，自己の技のできばえを確認することで課題を見付けられるようにするなどの配慮をする。

○課題の解決のために考えたことを伝える。

● 考えたことを伝えていることを取り上げて，称賛する。

5分

7 本時を振り返り，次時への見通しをもつ

本時の振り返り
・本時の学習でできた技と，そのできばえを書きましょう。
・挑戦した技の課題と，その課題の解決のために選んだ活動を書きましょう。
・技のポイントや友達の技のできばえについて，見付けたことや考えたことを書きましょう。

○振り返りを発表して，友達に伝える。

● 振り返りを学習カードに記入するように伝えるとともに，気付きや考えのよさを取り上げて，称賛する。

8 整理運動，場や器械・器具の片付けをする

● 適切な整理運動を行うように伝えるとともに，けががないかなどを確認する。

9 集合，健康観察，挨拶をする

本時の目標と展開③（5／8時間）

本時の目標

(1) 跳び箱運動の行い方を知ることができるようにする。
(2) 課題の解決のために考えたことを友達に伝えることができるようにする。
(3) 友達の考えを認めることができるようにする。

本時の展開

<table>
<tr><th>時 間</th><th>学習内容・活動</th><th>指導上の留意点</th></tr>
<tr><td rowspan="3">10
分</td><td>1　集合，挨拶，健康観察をする
2　本時のねらいを知り，目標を立てる</td><td></td></tr>
<tr><td colspan="2">回転系の基本的な技の行い方を知り，課題の解決のための活動を工夫して，技に挑戦しよう</td></tr>
<tr><td>○本時のねらいを知り，自己の目標を立てる。
3　場や器械・器具の準備をする
○グループで協力して，準備をする。
4　準備運動，主運動につながる運動をする
○学級全体やグループで準備運動，主運動につながる運動をする。</td><td>●学習カードを配り，立てた目標を記入するように伝える。
●安全な準備と片付けの仕方を確認する。
●けがの防止のために適切な準備運動を行うように伝える。</td></tr>
<tr><td rowspan="6">10
分</td><td>5　回転系の自己のできる技に取り組む
○回転系の基本的な技の行い方を知る。
○自己の能力に適した技を選んで行う。</td><td>●基本的な技の行い方について，学習資料やＩＣＴ機器を活用したり，実際に動いて示したりしながら説明する。</td></tr>
<tr><td colspan="2">◎跳び箱運動の基本的な技が苦手な児童への配慮の例
➡　台上前転が苦手な児童には，腰を上げて回転する動きが身に付くようにするなどの配慮をする。

マットを数枚重ねた場で前転をする。

マット上にテープなどで跳び箱と同じ幅にラインを引いた場で前転をする。</td></tr>
<tr><td>○基本的な技に十分に取り組んだ上で，それらの発展技にも取り組む。</td><td>●発展技の行い方について，学習資料やＩＣＴ機器を活用したり，実際に動いて示したりしながら説明する。</td></tr>
<tr><td colspan="2">跳び箱運動の回転系の発展技の例
○伸膝台上前転（台上前転の発展技）
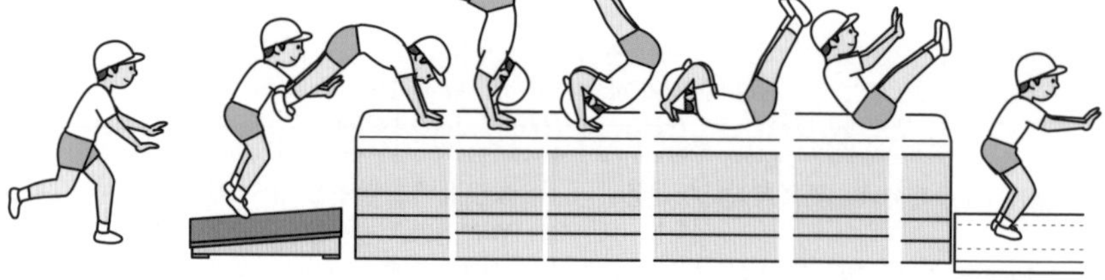</td></tr>
<tr><td>○課題の解決のために考えたことを伝える。</td><td>●考えたことを伝えていることを取り上げて，称賛する。</td></tr>
</table>

20分

6　回転系の新しい技に挑戦する

○首はね跳びの行い方を知る。

● 首はね跳びの行い方について，学習資料やＩＣＴ機器を活用したり，実際に動いて示したりしながら説明する。

回転系の技の例

○首はね跳び

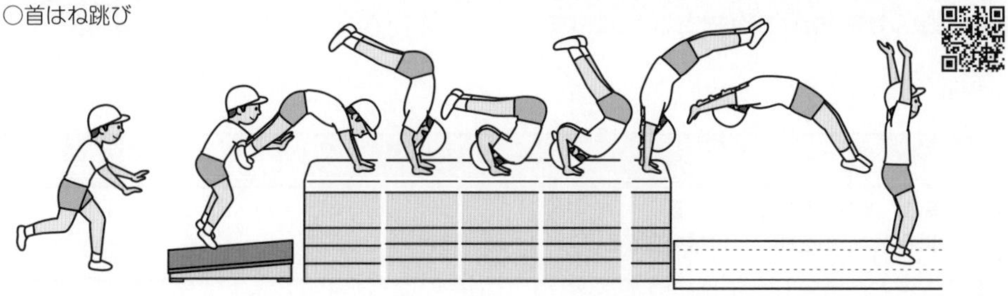

○自己の能力に適した練習の場を選んで行う。

● 仲よく励まし合おうとしている様子を取り上げて，称賛する。

◎跳び箱運動の基本的な技が苦手な児童への配慮の例

➡　首はね跳びが苦手な児童には，体を反らしてはねたり，手で押したりする動きが身に付くようにするなどの配慮をする。

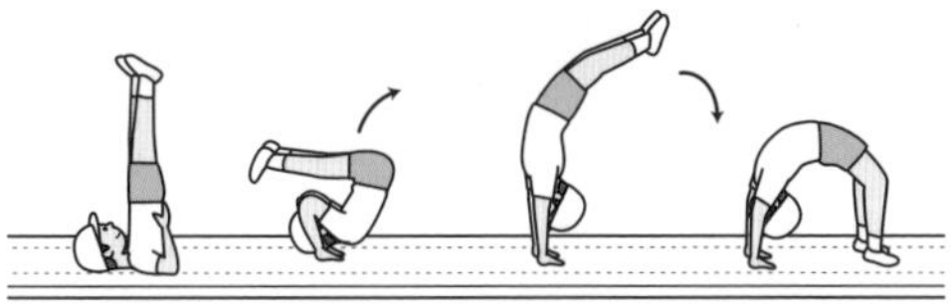

体をまっすぐに伸ばした姿勢から脚を後方にたたみかけ，体を反らしてブリッジの姿勢になる。

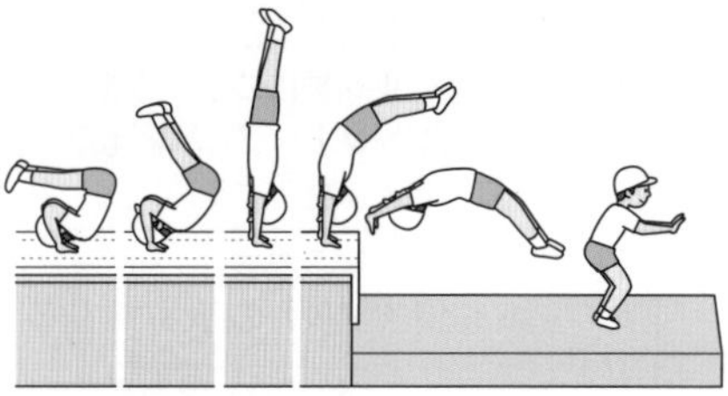

マットを数枚重ねた場やステージを利用した場などで，段差や補助を利用して行う。

○課題の解決のために考えたことを伝える。

● 考えたことを伝えていることを取り上げて，称賛する。

◎考えたことを伝えることが苦手な児童への配慮の例

➡　個別に関わり，友達のよい動きを見付けたり考えたりしたことを聞き取って，友達に伝えることを支援するなどの配慮をする。

5分

7　本時を振り返り，次時への見通しをもつ

本時の振り返り

・跳び箱運動の行い方について，知ったことを書きましょう。
・本時の学習でできた技と，技のできばえを書きましょう。
・挑戦した技の課題とその課題の解決のために選んだ練習の場を書きましょう。

○振り返りを発表して，友達に伝える。

● 振り返りを学習カードに記入するように伝えるとともに，気付きや考えのよさを取り上げて，称賛する。

◆学習評価◆　知識・技能
①跳び箱運動の行い方について,言ったり書いたりしている。

➡　跳び箱運動の基本的な技の行い方について，発表したり学習カードに記入したりしていることを評価する。（観察・学習カード）

◎跳び箱運動の行い方を知ることが苦手な児童への配慮の例

➡　個別に関わり，跳び箱運動の基本的な技の行い方のポイントについて対話をしながら確認するなどの配慮をする。

8　整理運動，場や器械・器具の片付けをする

● 適切な整理運動を行うように伝えるとともに，けががないかなどを確認する。

9　集合，健康観察，挨拶をする

本時の目標と展開④（8／8時間）

本時の目標

(1) 自己の能力に適した切り返し系や回転系の基本的な技ができるようにする。
(2) 課題の解決のために考えたことを友達に伝えることができるようにする。
(3) 跳び箱運動に進んで取り組むことができるようにする。

本時の展開

時間	学習内容・活動	指導上の留意点
10分	1　**集合，挨拶，健康観察をする** 2　**本時のねらいを知り，目標を立てる**	
	跳び箱運動発表会でできるようになった技を見せ合って，学習のまとめをしよう	
	○本時のねらいを知り，自己の目標を立てる。	● 学習カードを配り，立てた目標を記入するように伝える。
	3　**場や用具の準備をする** ○グループで協力して，準備をする。	● 安全な準備の仕方を確認する。
	4　**準備運動，主運動につながる運動をする** ○学級全体やグループで準備運動，主運動につながる運動をする。	● けがの防止のために適切な準備運動を行うように伝える。
10分	5　**跳び箱運動発表会をする** ○跳び箱運動発表会の行い方を知る。	● 跳び箱運動発表会の行い方を説明する。
	跳び箱運動発表会の行い方やきまりの例 ・グループで一人ずつ順番に，できるようになった技を発表しましょう。 ・技を終えて，着地しておわりのポーズをしたら，拍手をしましょう。 ・友達の技のできばえをよく見て，発表会後に伝え合いましょう。	
	○発表する技の練習をする。	● 跳び箱運動に進んで取り組もうとしている様子を取り上げて，称賛する。 **◆学習評価◆　主体的に学習に取り組む態度** **①跳び箱運動に進んで取り組もうとしている。** ➡　跳び箱運動の技の練習や発表，課題を解決するために活動を工夫することなどに進んで取り組もうとしている姿を評価する。（観察・学習カード）
15分	○できるようになった技をグループ内で見せ合う。	**◆学習評価◆　知識・技能** **②自己の能力に適した切り返し系や回転系の基本的な技をすることができる。** ➡　練習や発表の際に，自己の能力に適した切り返し系や回転系の基本的な技を行っている姿を評価する。（観察）
	○課題の解決のために考えたことを伝える。	● 考えたことを伝えていることを取り上げて，称賛する。
10分	6　**単元を振り返り，学習のまとめをする**	
	単元の学習の振り返り ・単元の学習の目標で，達成したことを書きましょう。 ・学習したことで，今後の学習や日常生活の中で取り組んでいきたいことを書きましょう。	
	○振り返りを発表して，友達に伝える。	● 振り返りを学習カードに記入するように伝えるとともに，気付きや考えのよさを取り上げて，称賛する。
	7　**整理運動，場や器械・器具の片付けをする**	● 適切な整理運動を行うように伝えるとともに，けががないかなどを確認する。
	8　**集合，健康観察，挨拶をする**	

2学年間にわたって取り扱う場合

【第3学年における指導と評価の計画（例）】

時間	1	2	3	4	5	6	7	8
ねらい	学習の見通しをもつ	切り返し系の基本的な技の行い方を知り，できる技に取り組んだり，課題の解決のための活動を工夫して技に挑戦したりすることを楽しむ			回転系の基本的な技の行い方を知り，できる技に取り組んだり，課題の解決のための活動を工夫して技に挑戦したりすることを楽しむ			学習のまとめをする
学習活動	オリエンテーション ○学習の見通しをもつ ・学習の進め方 ・学習のきまり ○跳び箱を使った運動遊び 低学年で学習した運動遊びに取り組む	○切り返し系の自己のできる技に取り組む ・自己のできる基本的な技をする ・基本的な技に十分に取り組んだ上で，それらの発展技に取り組む ○切り返し系の基本的な技に挑戦する 開脚跳び	○切り返し系の自己の能力に適した技に挑戦する もう少しでできそうな技と技ができるようになる場を選んで取り組む ・開脚跳び ・かかえ込み跳び		○回転系の自己のできる技に取り組む ・自己のできる基本的な技をする ・基本的な技に十分に取り組んだ上で，それらの発展技に取り組む ○回転系の基本的な技に挑戦する 台上前転	○回転系の自己の能力に適した技に挑戦する もう少しでできそうな技と技ができるようになる場を選んで取り組む ・台上前転 ・伸膝台上前転		学習のまとめ ○切り返し系の自己のできる技に取り組む ○回転系の自己のできる技に取り組む ○学習のまとめをする
評価の重点：知識・技能					① 観察・学習カード			② 観察
評価の重点：思考・判断・表現				① 観察・学習カード		② 観察・学習カード		
評価の重点：主体的に学習に取り組む態度	⑤ 観察・学習カード	③ 観察・学習カード	② 観察・学習カード				① 観察・学習カード	

【低学年「跳び箱を使った運動遊び」との円滑な接続を図るための工夫（例）】

●「跳び乗りや跳び下り」，「またぎ乗りやまたぎ下り」から「開脚跳び」，「台上前転」にするために

低学年では，跳び箱に両手を着いての跳び乗りやまたぎ乗り，その姿勢から跳び下りたり手を支点に体重を移動させて下りたりする跳び下りやまたぎ下りをして遊びました。中学年では，開脚跳びや台上前転などの切り返し系や回転系の基本的な技に取り組むことができるようにします。

そのため中学年のはじめは，基本的な技の行い方を知り，低学年で取り組んだ運動遊びとの違いや技のポイントを押さえて，それぞれの技に取り組むようにしましょう。

（例）基本的な技に挑戦する【切り返し系・回転系】
- 開脚跳びは，またぎ乗りやまたぎ下りの動きを使って，助走から両足で踏み切り，足を左右に開いて着手し，跳び越えて着地するようにする。その際，技に取り組むことが苦手な場合は，マットを数枚重ねた上に跳び箱１段を置いた場などの易しい場を選ぶようにする。
- 台上前転は，跳び乗りやマット運動の前転の動きを使って，助走から両足で踏み切り，腰の位置を高く保って着手し，前方に回転して着地するようにする。その際，技に取り組むことが苦手な場合は，マットを重ねた場の上で前転をして下りたり，下で踏み切ってその上を前転したりする，マット上にテープなどで跳び箱と同じ幅にラインを引いた場で，その中で真っ直ぐ前転をするなど，易しい場を選ぶようにする。

跳び箱運動では，切り返し系と回転系の技を指導しますが，回転系の技の回転感覚が残ったまま切り返し系の技を行うと事故につながることがあります。学習のまとめの時間など，１時間のうちに切り返し系の技との回転系の技を行うことがある場合は，切り返し系の技から先に行うようにして，回転系の技の後に切り返し系の技は行わないようにしましょう。

【第3学年において重点を置いて指導する内容（例）】

●知識及び技能

切り返し系や回転系の基本的な技の行い方を知るとともに，いろいろな技に挑戦することができるようにしましょう。その際，できるようになった技は何度も繰り返して楽しむとともに，もう少しでできそうな技はマットを重ねた場や低く設置した跳び箱の場など易しい場で取り組み，技に挑戦することを楽しみましょう。

●思考力，判断力，表現力等

いろいろな技に挑戦する際，技ができるようになるために，自己に適した易しい場を選べるようにしましょう。また，技が上手にできた際に分かったことや友達の技のできばえなどを，友達に伝えることができるようにしましょう。

●学びに向かう力，人間性等

中学年では，技ができるようになるためにグループで学習をするので，誰とでも仲よく励まし合おうとすることができるようにしましょう。また，場の危険物を取り除いたり器械・器具の安全を確かめたりすることができるようにしましょう。

C
走・跳の運動

かけっこ・リレー

かけっこ・リレーは，距離を決めて調子よく最後まで走ったり，走りながらバトンの受渡しをする周回リレーをしたりする楽しさや喜びに触れることができる運動です。本単元例は，かけっこに取り組む時間を多く設定した単元前半から，徐々にリレーに取り組む時間を多く設定した単元後半に進むようにすることで，かけっこの学習で身に付けたことをリレーの学習に生かす授業を展開するようにしています。

単元の目標

(1) かけっこ・リレーの行い方を知るとともに，調子よく走ったりバトンの受渡しをしたりすることができるようにする。
(2) 自己の能力に適した課題を見付け，動きを身に付けるための活動や競走の仕方を工夫するとともに，考えたことを友達に伝えることができるようにする。
(3) かけっこ・リレーに進んで取り組み，きまりを守り誰とでも仲よく運動をしたり，勝敗を受け入れたり，友達の考えを認めたり，場や用具の安全に気を付けたりすることができるようにする。

指導と評価の計画（7 時間）

時間		1	2	3
ねらい		学習の見通しをもつ	かけっこ・リレーの行い方を知り， 競走をしたり記録への挑戦をしたりすることを楽しむ	
学習活動		オリエンテーション 1 集合，挨拶，健康観察をする 2 単元の学習の見通しをもつ ○単元の目標と学習の進め方を知る。 ○学習のきまりを知る。 3 本時のねらいを知り，目標を立てる 4 場や用具の準備をする ○場や用具の準備と片付けの仕方を知る。 5 準備運動，主運動につながる運動をする ○準備運動，主運動につながる運動の行い方を知る。 6 かけっこをする ○40m走の行い方と計測の仕方を知る。 ○40m走の競走と計測をする。	1 集合，挨拶，健康観察をする 2 本時のねらいを知 4 準備運動，主運動につながる運動をする **かけっこ** 5 かけっこをする ○かけっこの行い方を知る。 ○自己の能力に適した競走の規則や記録への挑戦の仕 ○課題の解決のために考えたことを伝える。 **リレー** 6 周回リレーをする ○周回リレーの行い方を知る。 ○自己のチームに適した走順を選 ○チームで活動の仕方を選んで周 ○課題の解決のために考えたこと	
		7 本時を振り返り，次時への見通しをもつ 8 整理運動，場や用具の片付けをする		
評価の重点	知識・技能		① 観察・学習カード	
	思考・判断・表現			① 観察・学習カード
	主体的に学習に取り組む態度	⑥ 観察・学習カード	④ 観察・学習カード	③ 観察・学習カード

単元の評価規準

知識・技能	思考・判断・表現	主体的に学習に取り組む態度
①かけっこ・リレーの行い方について，言ったり書いたりしている。 ②距離を決めて調子よく最後まで走ったり，走りながらバトンの受渡しをする周回リレーをしたりすることができる。	①自己の課題を見付け，その課題の解決のための活動を選んでいる。 ②友達との競走の仕方を考え，競走の規則や記録への挑戦の仕方を選んでいる。 ③友達のよい動きや変化を見付けたり，考えたりしたことを友達に伝えている。	①かけっこ･リレーに進んで取り組もうとしている。 ②きまりを守り，誰とでも仲よく励まし合おうとしている。 ③用具の準備や片付けを友達と一緒にしようとしている。 ④勝敗を受け入れようとしている。 ⑤友達の考えを認めようとしている。 ⑥場や用具の安全を確かめている。

4	5	6	7
動きを身に付けるための活動や競走の仕方を工夫して， 競走をしたり記録への挑戦をしたりすることを楽しむ			学習のまとめをする
り，目標を立てる　3　場や用具の準備をする			
方を選んで，７秒間走をする。 んで，周回リレーをする。 回リレーの練習をする。 を伝える。			学習のまとめ 5　かけっこ・リレー大会をする ○相手を決めて，７秒間走をする。 ○相手チームを決めて，周回リレーをする。 6　単元の振り返り，学習のまとめをする 7　整理運動，場や用具の片付けをする 8　集合，健康観察，挨拶をする
9　集合，健康観察，挨拶をする			
		② 観察	
	② 観察・学習カード	③ 観察・学習カード	
② 観察・学習カード	⑤ 観察・学習カード		① 観察・学習カード

本時の目標と展開①（1／7時間）

本時の目標

(1) かけっこ・リレーの行い方を知ることができるようにする。
(2) 自己の課題を見付け，その課題の解決のための活動を選ぶことができるようにする。
(3) 場や用具の安全を確かめることができるようにする。

本時の展開

時 間	学習内容・活動	指導上の留意点
5 分	**1　集合，挨拶，健康観察をする** **2　単元の学習の見通しをもつ** ○単元の目標と学習の進め方を知る。 ○チームを確認する。 ○学習のきまりを知る。	 ● 掲示物を活用するなどしながら，分かりやすく説明する。 ● どのチームも同じくらいの走力になるように配慮して，六人を基本としたチームを事前に決めておく。
	学習のきまりの例 ・用具は正しく使いましょう。 ・場の安全を確かめましょう。 ・レーンを横切るときは，走者を確認しましょう。 ・競走の勝敗を受け入れましょう。 ・友達と仲よく励まし合いましょう。 ・友達の考えを認めましょう。 	
	3　本時のねらいを知り，目標を立てる **かけっこ・リレーの学習の進め方を知り，学習の見通しをもとう** ○本時のねらいを知り，自己の目標を立てる。	 ● 学習カードを配り，使い方を説明する。
15 分	**4　場や用具の準備をする** ○場や用具の準備と片付けの仕方を知る。 ○チームで協力して，準備をする。	 ● 安全な準備と片付けの仕方を説明する。 ● 安全を確かめている様子を取り上げて，称賛する。
	場や用具の準備と片付けのきまりの例 ・運動をする場所に危険物がないか確かめ，見付けたら取り除きましょう。 ・運動に使う用具などは，友達と一緒に，決まった場所から安全を確かめて運びましょう。 ・安全に運動ができるように，服装などが整っているか，確かめましょう。 	
	5　準備運動，主運動につながる運動をする ○準備運動，主運動につながる運動の行い方を知る。 ○学級全体やチームで準備運動，主運動につながる運動をする。	 ● けがの防止のために適切な準備運動の行い方について，実際に動いて示しながら説明する。
	準備運動の例 ○徒手での運動　…　肩，腕，手首，腿，膝，ふくらはぎ，足首などをほぐす運動をする。 **主運動につながる運動の例** ○立った姿勢で腕振り ・立った姿勢でまっすぐ前を見る。 ・腕を大きく前後に振る。  ○いろいろな走り方で10m走をする ・スキップ，大またで走るなどで，体を大きく使って走る。  ○ねことねずみ ・二人組でねことねずみの役を決め，教師の合図でどちらかが鬼になり，逃げたり追いかけたりする。 ・逃げ切り線までにタッチをできるか，逃げられるかを楽しむ。 	

時間	学習活動	指導上の留意点
20分	**6 かけっこをする** ○40m走の行い方と記録の計測の仕方を知る。	● 40m走の行い方と計測の仕方を説明する。

40m走の行い方の例

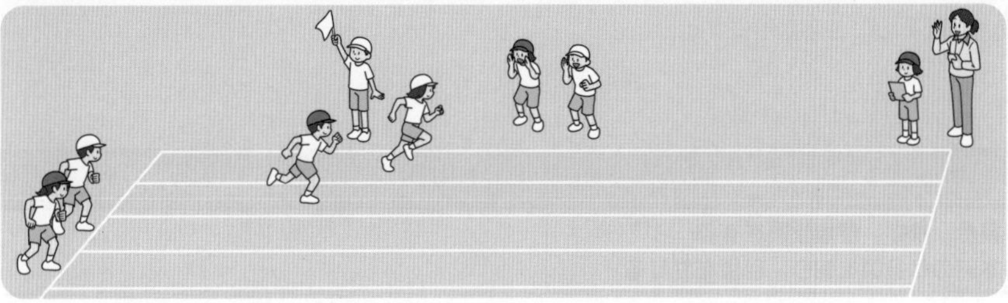

・二人で競走をした記録を計測するので，一緒に走る友達を決めておきましょう。
・全力の記録が計測できるように，合図で素早く走り始め，ゴールの先まで走り抜けましょう。

時間	学習活動	指導上の留意点
	○スタートとスタートの合図の行い方を知る。 ○スタートとスタートの合図の練習をする。	● 計測は，教師が行う。スタートの合図は，児童が手分けをして行うようにするため，スタートの行い方とともにスタートの合図の行い方について，実際に動いて示しながら説明する。

スタートの行い方の例

「位置に付いて」
・スタート線に立つ。

「用意」
・走り出しやすい姿勢でしっかり止まる。

「ドン」
・素早く走り出す。

スタートの合図の行い方の例

「位置に付いて」
・旗を上げる

「用意」
・地面に水平にする

「ドン」
・振り上げる

時間	学習活動	指導上の留意点
	○ 40m走の練習をする。(一人1～2回)	● スタートの合図に助言するとともに，行い方のポイントを押さえたスタートやスタートの合図を取り上げて，称賛する。 ● 安全を確かめている様子を取り上げて，称賛する。
	○ 40m走の競走と計測をする。(一人1回)	**◆学習評価◆ 主体的に学習に取り組む態度** **⑥場や用具の安全を確かめている。** ➡ 場や用具の準備をする際やかけっこの練習，計測をする際などに，場の危険物を取り除くとともに用具の安全を確かめている姿を評価する。(観察・学習カード) **◎安全を確かめることに意欲的でない児童への配慮の例** ➡ 走る前には周りを見る，これから走る場所を見るなどの声をかけたり，チームの友達と一緒に安全を確かめて，安全であることを伝え合ったりするなどの配慮をする。
5分	**7 本時を振り返り，次時への見通しをもつ**	

本時の振り返り
・40m走の記録と，運動をして気付いたことや考えたことを書きましょう。
・安全を確かめることについて，気付いたことや考えたことを書きましょう。
・単元の学習で身に付けたいことや目指したい記録など，自己の目標を書きましょう。

時間	学習活動	指導上の留意点
	○振り返りを発表して，友達に伝える。	● 振り返りを学習カードに記入するように伝えるとともに，気付きや考えのよさを取り上げて，称賛する。
	8 整理運動，場や用具の片付けをする	● 整理運動の行い方について，実際に動いて示しながら説明するとともに，けがないかなどを確認する。
	9 集合，健康観察，挨拶をする	

本時の目標と展開②（2／7時間）

本時の目標

(1) かけっこ・リレーの行い方を知ることができるようにする。
(2) 自己の課題を見付け，その課題の解決のための活動を選ぶことができるようにする。
(3) 勝敗を受け入れることができるようにする。

本時の展開

<table>
<tr><th>時 間</th><th>学習内容・活動</th><th>指導上の留意点</th></tr>
<tr><td rowspan="3">10
分</td><td>1　集合，挨拶，健康観察をする
2　本時のねらいを知り，目標を立てる</td><td></td></tr>
<tr><td colspan="2">かけっこ・リレーの行い方を知り，競走や自己の記録への挑戦をしよう</td></tr>
<tr><td>○本時のねらいを知り，自己の目標を立てる。
3　場や用具の準備をする
○チームで協力して，準備をする。
4　準備運動，主運動につながる運動をする
○学級全体やチームで準備運動，主運動につながる運動をする。</td><td>● 学習カードを配り，立てた目標を記入するように伝える。
● 安全な準備の仕方を確認する。
● けがの防止のために適切な準備運動を行うように伝える。</td></tr>
<tr><td rowspan="2">20
分</td><td>5　かけっこをする
○かけっこの行い方を知る。

かけっこの行い方の例
○真っ直ぐ前を見る。
○腕を前後に大きく振る。

○７秒間走の行い方を知る。
○自己に適したスタート線を選んで，７秒間走をする。（一人３～４回）</td><td>● かけっこの行い方について学習資料やＩＣＴ機器を活用したり，実際に動いて示したりしながら説明する。

◎かけっこが苦手な児童への配慮の例
➡　ゴール線より先に目印として置いた三角コーンなどを見て走るように伝えたり，立ち止まった状態で前後に腕を振る高さを確認したりするなどの配慮をする。

◆学習評価◆　主体的に学習に取り組む態度
④勝敗を受け入れようとしている。
➡　７秒間走や周回リレーの競走で勝敗を受け止めようとしている姿を評価する。（観察・学習カード）

◎勝敗を受け入れることに意欲的でない児童への配慮の例
➡　個別に関わり，走り方のよかった点を見付けたり，次の競走で気を付けるポイントを確認したりして，勝敗の結果だけにこだわらないようにするなどの配慮をする。

● ７秒間走の行い方について，学習資料やＩＣＴ機器を活用したり，実際に動いて示したりしながら説明する。
● 行い方のポイントを押さえた走り方を取り上げて，称賛する。</td></tr>
<tr><td colspan="2">７秒間走の行い方の例
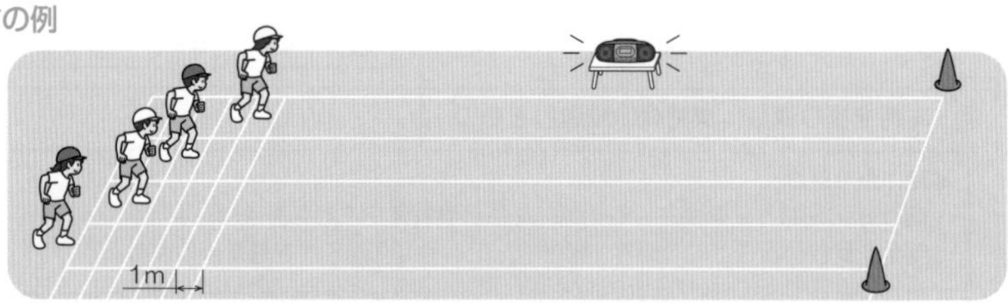
○場の準備
・45m（直線）のレーンをつくる（６レーン）。
・25m地点まで１メートルごとに，スタート線を格子状に引く。
・スタートの合図から７秒間をカウントダウンする音声を用意し，繰り返し流れるようにする。
○運動の行い方
・40m走の記録から，７秒ちょうどで走りたい距離のスタート線を選ぶ。
・スタートの合図で走り出し，７秒後の合図のときにゴールできるように全力で走る。</td></tr>
</table>

10分

6 周回リレーをする

○周回リレーの行い方を知る。

● 周回リレーの行い方について，学習資料やICT機器を活用したり，実際に動いて示したりしながら説明する。

周回リレーの行い方の例

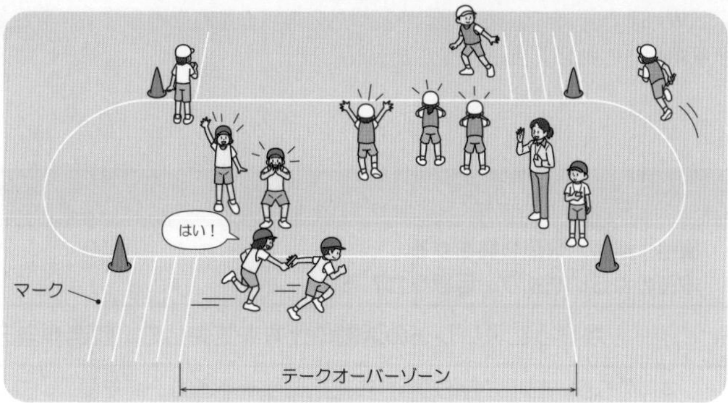

・1周80mのトラックを3箇所つくり，1箇所で，2チームが競走をするようにする。
・バトンの受渡しが交錯しないようにするために，2チームがトラックの反対側からスタートするようにする。

○バトンの受渡しの行い方を知る。
○チームで走順を決めて，バトンの受渡しの練習をする。

● バトンの受渡しの行い方について，学習資料やＩＣＴ機器を活用したり，実際に動いて示したりしながら説明する。

バトンの受渡しの行い方の例

○走りながら，タイミングよくバトンの受渡しをする。

・前走者が近づいて来たら，次走者は走り出す。
・前走者はバトンを渡すタイミングで，「ハイ」の声をかける。
・走りながらバトンを受け渡す。

○周回リレーの競走をする。(各チーム1回行う)

● スタートの合図を行う。

5分

7 本時を振り返り，次時への見通しをもつ

本時の振り返り
・かけっこ・リレーの行い方について，知ったことを書きましょう。
・7秒間走の記録と，7秒間走をして気付いたことや考えたことを書きましょう。
・勝敗を受け入れることについて，気付いたことや考えたことを書きましょう。
・周回リレーでできるようになりたいことなど，チームの目標を書きましょう。

○振り返りを発表して，友達に伝える。

● 振り返りを学習カードに記入するように伝えるとともに，気付きや考えのよさを取り上げて，称賛する。

◆学習評価◆ 知識・技能
①かけっこ・リレーの行い方について，言ったり書いたりしている。

➡ 真っ直ぐ前を見て腕を前後に大きく振って走ることや，走りながらタイミングよくバトンの受渡しをすることなど，かけっこ・リレーの行い方について，発表したり学習カードに記入したりしていることを評価する。(観察・学習カード)

◎かけっこ・リレーの行い方を知ることが苦手な児童への配慮の例

➡ 個別に関わり，かけっこ・リレーの行い方のポイントについて対話をしながら確認するなどの配慮をする。

8 整理運動，場や用具の片付けをする

● 適切な整理運動を行うように伝えるとともに，けがかないかなどを確認する。

9 集合，健康観察，挨拶をする

本時の目標と展開③（5／7時間）

本時の目標

(1) 距離を決めて調子よく最後まで走ったり，走りながらバトンの受渡しをする周回リレーをしたりすることができるようにする。
(2) 友達との競走の仕方を考え，競走の規則や記録への挑戦の仕方を選ぶことができるようにする。
(3) 友達の考えを認めることができるようにする。

本時の展開

時 間	学習内容・活動	指導上の留意点
10分	**1　集合，挨拶，健康観察をする** **2　本時のねらいを知り，目標を立てる**	
	かけっこ・リレーの活動の仕方を工夫して，競走や自己の記録への挑戦をしよう	
	○本時のねらいを知り，自己の目標を立てる。	●学習カードを配り，立てた目標を記入するように伝える。
	3　場や用具の準備をする ○チームで協力して，準備をする。	●安全な準備の仕方を確認する。
	4　準備運動，主運動につながる運動をする ○学級全体やチームで準備運動，主運動につながる運動をする。	●けがの防止のために適切な準備運動を行うように伝える。
	主運動につながる運動の例 ○いろいろな姿勢からのスタートでの 10m走  ・座った姿勢や後ろ向きなど，走り出しにくい姿勢から巧みに体を動かして素早く走り始める。 ・地面に手を着くなど低い姿勢に構えて，素早く走り始めた後も低い姿勢のまま数歩進む。	
10分	**5　かけっこをする** ○7秒間走の競走の規則や記録への挑戦の仕方を知る。	●競走の規則や記録への挑戦の仕方について，学習資料やＩＣＴ機器を活用したり，実際に動いて示したりしながら説明する。
	○競走の規則や記録への挑戦の仕方を選んで，7秒間走をする。（一人2～3回走る）	●自己の能力に適した競走の規則や記録への挑戦の仕方を選んでいることを取り上げて，称賛する。
	競走の規則や記録への挑戦の仕方の例 ○選ぶスタート線が違う友達と追いかけたり追いかけられたりする競走をして，7秒間で走る距離の記録に挑戦する。 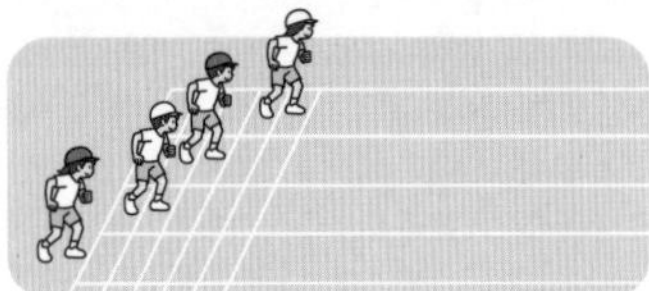 ○いろいろな姿勢からのスタートで競走をして，自己に合ったスタートの姿勢を見付けて7秒間で走る距離の記録に挑戦する。 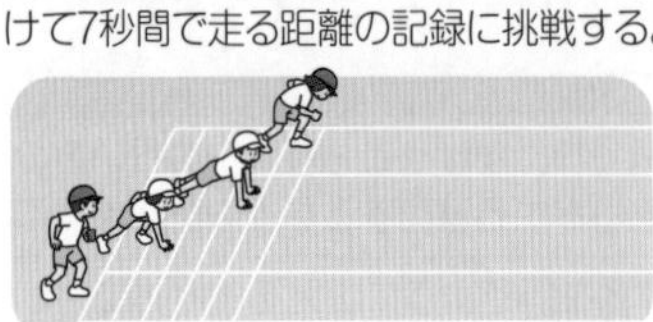	**◆学習評価◆　思考・判断・表現** **②友達との競走の仕方を考え，競走の規則や記録への挑戦の仕方を選んでいる。** ➡　自己の能力に適した競走の規則や記録への挑戦の仕方を選んでいる姿を評価する。（観察・学習カード） **◎競走の規則や記録への挑戦の仕方を選ぶことが苦手な児童への配慮の例** ➡　勝敗にこだわりすぎずに，いろいろな競走の規則や記録への挑戦の仕方を試して，自己の能力に適した競走の規則や記録への挑戦の仕方を見付けるようにするなどの配慮をする。
	○課題の解決のために考えたことを伝える。	●考えたことを伝えていることを取り上げて，称賛する。

20分

6　周回リレーをする

○チームで走順を決めて，バトンの受渡しの練習をする。

○相手チームを確認して，周回リレーをする。（1回目）
● 競走をするチームと使用するトラックを伝える。

○周回リレーの課題の解決のための活動の仕方を知る。
● 周回リレーの課題の解決のための活動の仕方について，学習資料やＩＣＴ機器を活用したり，実際に動いて示したりしながら説明する。

○チームで活動の仕方を選んで，周回リレーの練習をする。
● 課題に応じた練習の場を選んでいることを取り上げて，称賛する。

周回リレーの課題の解決のための活動の例

○コーナーを調子よく走ることが課題のとき

トラックのコーナーの入口から出口まで，コーナーの内側に体を軽く傾けて走る。

○走りながらタイミングよくバトンの受渡しをすることが課題のとき

ゆっくりとしたかけ足で走りながらバトンの受渡しをする。

前走者が来たら走り出すスタートマークを決めて，バトンの受渡しをする。

◎バトンの受渡しが苦手な児童への配慮の例

➡　受渡しをする友達と受渡しのときに出す手の位置や高さを確認し，立ち止まった状態で繰り返し受渡しの練習をしてから，徐々に走りながらのバトンの受渡しの練習に移行するなどの配慮をする。

○課題の解決のために考えたことを伝える。
● 考えたことを伝えていることを取り上げて，称賛する。

◆学習評価◆　主体的に学習に取り組む態度
⑤友達の考えを認めようとしている。

➡　競走の振り返りや課題の解決のための活動で自己の考えを発表し合う際などに，発表された友達の考えを認めようとしている姿を評価する。（観察・学習カード）

◎友達の考えを認めることに意欲的でない児童への配慮の例

➡　友達の発表を聞こうとしなかったり発表された考えを否定することを言ったりする児童には，人はそれぞれに考えに違いがあり，それを認めることが大切であることを伝えるとともに，それぞれの考えのよさを取り上げて気付くようにするなどの配慮をする。

○相手チームを確認して，周回リレーをする。（2回目）
● 競走をするチームと使用するトラックを伝える。

5分

7　本時を振り返り，次時への見通しをもつ

本時の振り返り
・７秒間走の記録と，選んだ競走の規則や記録への挑戦の仕方を書きましょう。
・周回リレーで見付けた課題と，課題の解決のために選んだ活動を書きましょう。
・友達の考えを認めることについて，気付いたことや考えたことを書きましょう。

○振り返りを発表して，友達に伝える。
● 振り返りを学習カードに記入するように伝えるとともに，気付きや考えのよさを取り上げて，称賛する。

8　整理運動，場や用具の片付けをする
● 適切な整理運動の行い方を伝えるとともに，けががないかなどを確認する。

9　集合，健康観察，挨拶をする

本時の目標と展開④（7／7時間）

本時の目標

(1) 一定の距離を全力で走ったり，滑らかなバトンの受渡しをしたりすることができるようにする。
(2) 友達のよい動きや変化を見付けたり考えたりしたことを友達に伝えることができるようにする。
(3) かけっこ・リレーに進んで取り組むことができるようにする。

本時の展開

時 間	学習内容・活動	指導上の留意点
10分	1　**集合，挨拶，健康観察をする** 2　**本時のねらいを知り，目標を立てる**	
	かけっこ・リレー大会で競走や記録への挑戦をして，学習のまとめをしよう	
	○本時のねらいを知り，自己の目標を立てる。	●学習カードを配り，立てた目標を記入するように伝える。
	3　**場や用具の準備をする** ○チームで協力して，準備をする。	●安全を確かめた準備の仕方を確認する。
	4　**準備運動，主運動につながる運動をする** ○学級全体やチームで準備運動，主運動につながる運動をする。	●けがの防止のために適切な準備運動を行うように伝える。
10分	5　**かけっこ・リレー大会をする** ○かけっこ・リレー大会の行い方を知る。	●かけっこ・リレー大会の行い方を説明する。
	かけっこ・リレー大会の行い方やきまりの例 ・7秒間走は2回行います。競走する相手や競走の規則を決めておきましょう。 ・リレーは2回行います。一度に競走するチーム数を増やして行うので，バトンの受渡しをした後に他のチームの走路に入らないように，周りをよく見て安全を確かめましょう。 ・全員が学習の成果を発揮できるように，元気よく気持ちのよい応援をしましょう。	
	○7秒間走をする。（一人2回）	●進んで取り組もうとしている様子を取り上げて，称賛する。
15分	○チームで走順を決めて，バトンの受渡しの練習をする。	
	○相手チームを確認して，周回リレーをする。（1回目）	●競走をするチームと使用するトラックを伝える。 ●進んで取り組もうとしている様子を取り上げて，称賛する。 **◆学習評価◆　主体的に学習に取り組む態度** **①かけっこ・リレーに進んで取り組もうとしている。** ➡　かけっこ・リレーでの競走や課題の解決のための活動などに進んで取り組もうとしている姿を評価する。（観察・学習カード）
	○課題の解決のために考えたことを伝える。 ○相手チームを確認して，周回リレーをする。（2回目）	●考えたことを伝えていることを取り上げて，称賛する。 ●競走をするチームと使用するトラックを伝える。
10分	6　**単元を振り返り，学習のまとめをする**	
	単元の学習の振り返り ・かけっこ・リレー大会の結果を書きましょう。 ・単元の学習の自己やチームの目標で，達成したことを書きましょう。 ・学習したことで，今後の学習や日常生活の中で取り組んでいきたいことを書きましょう。	
	○振り返りを発表して，友達に伝える。	●振り返りを学習カードに記入するように伝えるとともに，気付きや考えのよさを取り上げて，称賛する。
	7　**整理運動，場や用具の片付けをする**	●適切な整理運動を行うように伝えるとともに，けががないかなどを確認する。
	8　**集合，健康観察，挨拶をする**	

2学年間にわたって取り扱う場合

【第３学年における指導と評価の計画（例）】

時間		1	2	3	4	5	6	7
ねらい		学習の見通しをもつ	かけっこの行い方を知り，活動を工夫して，競走をしたり記録への挑戦をしたりすることを楽しむ		リレーの行い方を知り，活動を工夫して，競走をしたり記録への挑戦をしたりすることを楽しむ			学習のまとめをする
学習活動		**オリエンテーション** **○学習の見通しをもつ** ・学習の進め方 ・学習のきまり **○かけっこ** 計測の仕方を知り，友達と協力して 30m 走の計測をする	**かけっこ** **○かけっこで，競走や記録への挑戦をする** ・いろいろな走り出しの姿勢での10m走 走り出しの姿勢を選んで競走をする（スタート線を選ぶなど競走の規則を工夫する） ・30m走 素早く走り始められる走り出しの姿勢で，30m走の記録への挑戦をする		**リレー** **○リレーで，競走や記録への挑戦をする** ・二人30mリレー 二人で30mを走るリレーで走りながらタイミングよくバトンの受渡しをして，他の二人組と競走をする（はじめは背中や手などへのタッチでもよい） ・周回リレー 一人が30m程度を走るリレーで，競走をしたり記録への挑戦をしたりする。 ※１トラック２チームで，スタートを半周ずらす。			**学習のまとめ** **○かけっこ・リレー大会** 30m走と周回リレーの自己やチームの最高記録への挑戦をする **○学習のまとめをする**
評価の重点	知識・技能				① 観察・学習カード			② 観察
	思考・判断・表現			① 観察・学習カード		③ 観察・学習カード		
	主体的に学習に取り組む態度	⑥ 観察・学習カード	② 観察・学習カード			④ 観察・学習カード	① 観察・学習カード	

【低学年「走の運動遊び」との円滑な接続を図るための工夫（例）】

●「いろいろな姿勢から，素早く走り始める」ために

低学年では，いろいろな形状の線上等を真っ直ぐに走ったり蛇行して走ったり，競走をしたりして遊びました。中学年では，いろいろな走り出しの姿勢から素早く走り始めることができるようにします。

そのため中学年のはじめは，立った姿勢だけでなく，地面に座った姿勢や手を着いた姿勢など，いろいろな走り出しの姿勢から素早く走り始めることができるように，短い距離での競走を繰り返し楽しむ活動をしましょう。

（例）いろいろな走り出しの姿勢からの 10 m走
・二人で，長座姿勢（前・後），伏臥姿勢（前・後），腕立て伏せ姿勢（前・後）などから姿勢を選び，10 m走の競走をする。勝った人は，次の競走はスタートラインを１m下げる。３回の姿勢で競走をしたら，相手を替える。

●「走りながらタイミングよくバトンの受渡しをする」ために

低学年では，手の平にタッチをしたりリング状のバトンなどの受渡しをしたりして折り返しリレーを楽しみました。中学年では，周回するレーンで，走りながらタイミングよくバトンの受渡しをできるようにします。

そのため中学年のはじめは，チームを決めて友達と何度もバトンの受渡しをすることができるよう，少人数で短い距離でのリレーやチームでの周回リレーで競走や記録への挑戦を楽しむ活動をしましょう。

（例）二人 30 mリレー
・前走者はスタート地点から走り出す。次走者は 10 m地点で待ち，前走者が来たら走り出して，走りながらバトンの受渡しをする。バトンを受けた次走者が，30 m地点まで走り，他の二人組との競走をする。（バトンの受渡しに慣れる前は，走りながら手や背中へタイミングよくタッチをして行うようにする。）

【第3学年において重点を置いて指導する内容（例）】

●知識及び技能

かけっこでは，いろいろな姿勢から素早く走り始めることができるようにしましょう。リレーでは，周回リレーで走りながらバトンの受渡しができるようにしましょう。30 m程度の短い距離で行うことで，素早く走り始めたことが競走の結果に表れやすくしたり，疲れを少なくしてバトンの受渡しをできるようにしたりしましょう。

●思考力，判断力，表現力等

いろいろな走り出しの姿勢に挑戦した後，自己に適した姿勢を選んだり，リレーでのバトンの受渡しで，走り出しのタイミングを見付ける練習の場を選んだりするなど，自己の能力に適した課題を見付け，活動や競走の仕方を工夫することができるようにしましょう。

●学びに向かう力，人間性等

みんなが競走を楽しむことができるように，勝敗を素直に受け入れようとする態度を育みましょう。また，走る場所の危険物を取り除くとともに用具の安全を確かめることができるようにしましょう。

小型ハードル走

小型ハードル走は，自己に合ったリズムで小型ハードルを調子よく走り越える楽しさや喜びに触れることができる運動です。本単元例は，単元前半はいろいろなインターバルの距離や小型ハードルの高さのレーンを走り越える時間，単元後半は自己に合ったレーンを選んで競走や記録への挑戦をする時間を設定することで，小型ハードルをいろいろなリズムで走り越えることと自己に合った一定のリズムで走り越えることに取り組むことができる授業を展開するようにしています。

単元の目標

(1) 小型ハードル走の行い方を知るとともに，小型ハードルを調子よく走り越えることができるようにする。
(2) 自己の能力に適した課題を見付け，動きを身に付けるための活動や競走の仕方を工夫するとともに，考えたことを友達に伝えることができるようにする。
(3) 小型ハードル走に進んで取り組み，きまりを守り誰とでも仲よく運動をしたり，勝敗を受け入れたり，友達の考えを認めたり，場や用具の安全に気を付けたりすることができるようにする。

指導と評価の計画（7 時間）

時間		1	2	3
ねらい		学習の見通しをもつ	小型ハードル走の行い方を知り，いろいろなリズムでの小型ハードル走をすることを楽しむ	
学習活動		オリエンテーション 1　集合，挨拶，健康観察をする 2　単元の学習の見通しをもつ ○単元の目標と学習の進め方を知る。 ○学習のきまりを知る。 3　本時のねらいを知り，目標を立てる 4　場や用具の準備をする ○場や用具の準備と片付けの仕方を知る。 5　準備運動，主運動につながる運動をする ○準備運動，主運動につながる運動の行い方を知る。 6　小型ハードル走をする ○いろいろなレーンで小型ハードル走をする。	1　集合，挨拶，健康観察をする　2　本時のねらい 4　準備運動，主運動につながる運動をする 5　いろいろなリズムでの小型ハードル走をする ○小型ハードル走の行い方を知る。 ○いろいろなレーンで小型ハードル走をする。 ○課題の解決のために考えたことを伝える。 6　競走の規則を工夫して，いろいろなリズムでの小型ハードル走をする ○小型ハードル走の競走の規則を知る。 ○競走の規則を選んで，自己やチームで競走をする。 ○課題の解決のために考えたことを伝える。	
		7　本時を振り返り，次時への見通しをもつ　8　整理運動，場や用具の片付けをする		
評価の重点	知識・技能		① 観察・学習カード	
	思考・判断・表現			
	主体的に学習に取り組む態度	⑥ 観察・学習カード	③ 観察・学習カード	④ 観察・学習カード

単元の評価規準

知識・技能	思考・判断・表現	主体的に学習に取り組む態度
①小型ハードル走の行い方について，言ったり書いたりしている。 ②小型ハードルを自己に合ったリズムで走り越えることができる。	①自己の課題を見付け，その課題の解決のための活動を選んでいる。 ②競走の規則や記録への挑戦の仕方を選んでいる。 ③友達のよい動きや変化を見付けたり，考えたりしたことを友達に伝えている。	①小型ハードル走に進んで取り組もうとしている。 ②きまりを守り，誰とでも仲よく励まし合おうとしている。 ③用具の準備や片付けを友達と一緒にしようとしている。 ④勝敗を受け入れようとしている。 ⑤友達の考えを認めようとしている。 ⑥場の危険物を取り除いているとともに，用具の安全を確かめている。

4	5	6	7
動きを身に付けるための活動や競走の仕方を工夫して，一定のリズムでの小型ハードル走で，競走や記録に挑戦することを楽しむ			学習のまとめをする
知り，目標を立てる　3　場や用具の準備をする			
5　一定のリズムでの小型ハードル走をする ○用具が一定の間隔に並べられたレーンで，走り越えたい用具とインターバルを選んで練習をする。 ○30m小型ハードル走の競走と計測をする。 ○課題の解決のために考えたことを伝える。 6　動きを身に付けるための練習をする ○自己の能力に適した用具とインターバルのレーンを選んで，練習をする。 ○課題の解決のために考えたことを伝える。			**学習のまとめ** 5　小型ハードル走大会をする ○記録への挑戦の仕方を選んで，30 m小型ハードル走の自己の記録への挑戦をする。 ○走るレーンで使用する用具と並べ方を選んで，チーム対抗で競走をする。 6　単元を振り返り，学習のまとめをする 7　整理運動，場や用具の片付けをする 8　集合，健康観察，挨拶をする
9　集合，健康観察，挨拶をする			
			② 観察
① 観察・学習カード	② 観察・学習カード	③ 観察・学習カード	
② 観察・学習カード		⑤ 観察・学習カード	① 観察・学習カード

本時の目標と展開①（1／7時間）

本時の目標

(1) 小型ハードル走の行い方を知ることができるようにする。
(2) 友達のよい動きを見付けたり，考えたりしたことを友達に伝えることができるようにする。
(3) 場の危険物を取り除くとともに，用具の安全を確かめることができるようにする。

本時の展開

時間	学習内容・活動	指導上の留意点
5分	1　**集合，挨拶，健康観察をする** 2　**単元の学習の見通しをもつ** ○単元の目標と学習の進め方を知る。 ○チームを確認する。 ○学習のきまりを知る。	●掲示物を活用するなどしながら，分かりやすく説明する。 ●どのチームも同じくらいの走力になるように配慮して，六人を基本としたチームを事前に決めておく。
	学習のきまりの例 ・運動前には，場の安全を確かめましょう。 ・レーンを横切るときは，走者を確認しましょう。 ・用具は正しく使いましょう。 ・友達と仲よく励まし合いましょう。 ・友達の考えを認めましょう。 ・競走の勝敗を受け入れましょう。 	
	3　**本時のねらいを知り，目標を立てる** **小型ハードル走の学習の進め方を知り，学習の見通しをもとう** ○本時のねらいを知り，自己の目標を立てる。	●学習カードを配り，使い方を説明する。
15分	4　**場や用具の準備をする** ○場や用具の準備と片付けの役割分担を理解する。 ○チームで協力して，準備をする。	●役割分担や安全な準備と片付けの仕方を説明する。 ●安全に気を配っている様子を取り上げて，称賛する。
	場や用具の準備と片付けのきまりの例 ・運動をする場所に危険物がないか確かめ，見付けたら取り除きましょう。 ・運動に使う用具などは，友達と一緒に，決まった場所から安全を確かめて運びましょう。 ・安全に運動ができるように，服装などが整っているか，確かめましょう。 	
	5　**準備運動，主運動につながる運動をする** ○準備運動，主運動につながる運動の行い方を理解する。 ○学級全体やチームで準備運動，主運動につながる運動をする。	●けがの防止のために適切な準備運動の行い方について，実際に動いて示しながら説明する。
	準備運動の例 ○かけ足　…　チームで並んで，無理のない速さで走る。 ○徒手での運動　…　肩，腕，手首，腿，膝，ふくらはぎ，足首などをほぐす運動をチームで行う。 **主運動につながる運動の例** ○いろいろな走り方で 10 m走 スキップ，大またで走るなどで，体を大きく使って走る。  ・上方に大きく弾むスキップ  ・大また走で前方に大きく進む。 ○輪を跳んで渡る スタートラインからゴールラインまで，決めた色の輪の中を跳んでいく。  ・いろいろな幅で置かれた輪を選んで選ぶ。 ・けが防止のため，輪は厚みのないものを使用する。	

20分

6　小型ハードル走をする

○小型ハードル走の場の設定について知る。

● 小型ハードル走の場の設定について，場や用具を示したり実際に動いて示したりしながら説明する。

小型ハードルで使用する用具の例

・市販のミニハードル

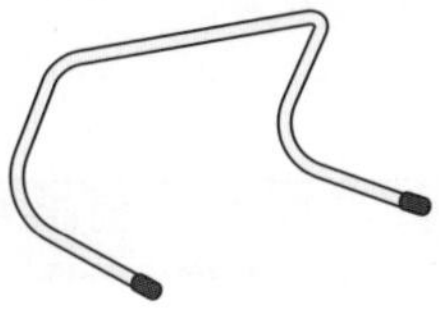

軽くて持ち運びやすい。

・ペットボトルを用いた用具

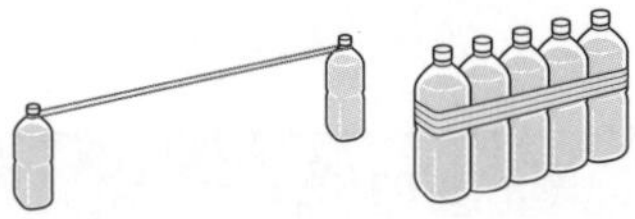

ゴムを張ったり，数本を横に連結したりする。
風などで倒れないように砂や水などを入れる。

・輪やフープ（厚みのないもの）

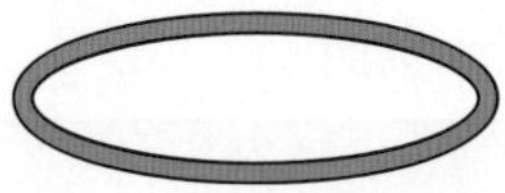

高さがないので安心して越えられる。
中に足を入れるのではなく走り越える。

・段ボール

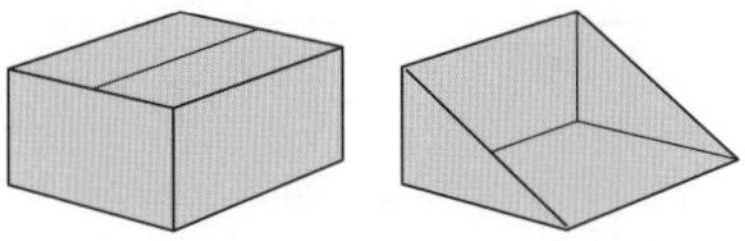

箱のまま使用したり，切って作ったりする。

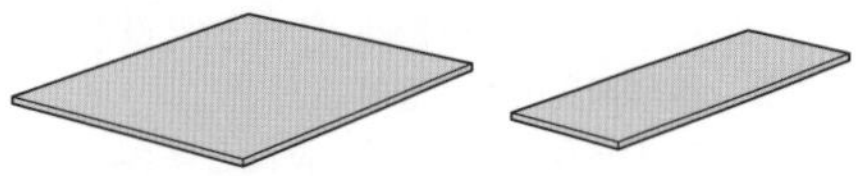

板のものはいろいろな幅で用意ができる。

小型ハードル走の場の設定の例

・使用する用具や並べ方が違うレーンをつくり，いろいろなレーンで走って楽しむようにする。

○いろいろなレーンで小型ハードル走をする。

● 安全に気を配っている様子を取り上げて，称賛する。

◆学習評価◆　主体的に学習に取り組む態度
⑥場や用具の安全を確かめている。

➡　場や用具の準備をする際や，小型ハードル走をする際などに，場の危険物や用具の安全を確かめている姿を評価する。（観察・学習カード）

○チームで用具や並べ方を変えたレーンをつくって，小型ハードル走をする。

◎安全を確かめることに意欲的でない児童への配慮の例

➡　走る前には周りを見る，これから走る場所を見るなどの声をかけたり，チームの友達と一緒に安全を確かめて，安全であることを伝え合ったりするなどの配慮をする。

5分

7　本時を振り返り，次時への見通しをもつ

本時の振り返り
・小型ハードル走をして，気付いたことや考えたことを書きましょう。
・安全を確かめることについて，気付いたことや考えたことを書きましょう。
・単元の学習で身に付けたいことや目指したい記録など，自己の目標を書きましょう。

○振り返りを発表して，友達に伝える。

● 振り返りを学習カードに記入するように伝えるとともに，気付きや考えのよさを取り上げて，称賛する。

8　整理運動，場や用具の片付けをする

● 整理運動の行い方について，実際に動いて示しながら説明するとともに，けががないかなどを確認する。

9　集合，健康観察，挨拶をする

本時の目標と展開②（2／7時間）

本時の目標

(1) 小型ハードル走の行い方を知ることができるようにする。
(2) 自己の課題を見付け，その課題の解決のための活動を選ぶことができるようにする。
(3) 用具の準備や片付けを友達と一緒にすることができるようにする。

本時の展開

時間	学習内容・活動	指導上の留意点
10分	1　集合，挨拶，健康観察をする 2　本時のねらいを知り，目標を立てる	
	小型ハードル走の行い方を知り，いろいろなリズムでの小型ハードル走をしよう	
	○本時のねらいを理解して，自己の目標を立てる。	●学習カードを配り，立てた目標を記入するように伝える。
	3　場や用具の準備をする ○チームで協力して，準備をする。	●場や用具の準備を友達と一緒にしようとしている様子を取り上げて，称賛する。 **◆学習評価◆　主体的に学習に取り組む態度** **③用具の準備や片付けを友達と一緒にしようとしている。** ➡　使用する用具などの準備や片付けを友達と一緒にしようとしている姿を評価する。（観察・学習カード） **◎用具の準備や片付けを友達と一緒にすることに意欲的でない児童への配慮の例** ➡　個別に関わり，準備や片付けの行い方を説明しながら一緒に行うことで，準備や片付けが短時間で効率的にできることを実感できるようにするなどの配慮をする。
	4　準備運動，主運動につながる運動をする ○学級全体やチームで準備運動，主運動につながる運動をする。	●けがの防止のために適切な準備運動を行うように伝える。
10分	5　いろいろなリズムでの小型ハードル走をする ○いろいろなレーンで小型ハードル走をする。	●自己の能力に適した用具を並べたレーンから始め，慣れてきたらいろいろなレーンに挑戦するように伝える。

小型ハードル走の場の設定の例

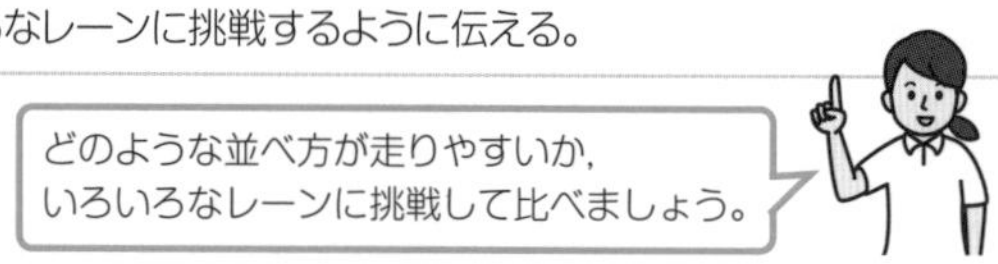
どのような並べ方が走りやすいか，
いろいろなレーンに挑戦して比べましょう。

○だんだん用具が高くなるように並べる

○狭い間隔で並べる

○いろいろな間隔で並べる

	○課題の解決のために考えたことを伝える。	●考えたことを伝えていることを取り上げて，称賛する。

20分

6 競走の規則を工夫して，いろいろなリズムでの小型ハードル走をする

○小型ハードル走の競走の規則を知る。

● 小型ハードル走の競走の規則について，学習資料やICT機器を活用したり，実際に動いて示したりしながら説明する。

小型ハードル走の競走の仕方の例

○使用する用具を選んで競走を楽しむ

・競走をする友達と相談して，30 mのレーンに並べる4つの用具を選び，自己の能力に適したインターバルで用具を並べて競走をする。

・走る能力に差がある友達と競走をする場合は，選ぶ用具や並べる数をそれぞれで決めて競走をする。

○チーム対抗で競走を楽しむ

・相手チームと相談して，30 mのレーンに並べる4つの用具を選び，チームの適したインターバルで用具を並べ，リレーをして競走をする。

・走る友達に適した用具の並べ方に変えながら1人ずつ順番に競走をして，勝敗の数でチームの勝敗を競う。

○競走の規則を選んで，自己やチームで競走をする。

○課題の解決のために考えたことを伝える。

● 楽しく競走をすることができる規則を選んでいることを取り上げて，称賛する。

● 考えたことを伝えていることを取り上げて，称賛する。

5分

7 本時を振り返り，次時への見通しをもつ

本時の振り返り

・小型ハードル走の行い方について，知ったことを書きましょう。

・いろいろなリズムでの小型ハードル走をして，気付いたことや考えたことを書きましょう。

・用具の準備や片付けを友達と一緒にすることについて，気付いたことや考えたことを書きましょう。

○振り返りを発表して，友達に伝える。

● 振り返りを学習カードに記入するように伝えるとともに，気付きや考えのよさを取り上げて，称賛する。

◆学習評価◆ 知識・技能
①小型ハードル走の行い方について，言ったり書いたりしている。

➡ 小型ハードルを調子よく走り越えるといった小型ハードル走の行い方について，発表したり学習カードに記入したりしていることを評価する。（観察・学習カード）

◎ハードル走の行い方を理解することが苦手な児童への配慮の例

➡ 個別に関わり，小型ハードル走の行い方のポイントについて対話をしながら確認をするなどの配慮をする。

8 整理運動，場や用具の片付けをする

● 適切な整理運動を行うように伝えるとともに，けががないかなどを確認する。

9 集合，健康観察，挨拶をする

本時の目標と展開③（4／7時間）

本時の目標

(1) 小型ハードルを自己に合ったリズムで走り越えることができるようにする。
(2) 自己の課題を見付け，その課題の解決のための活動を選ぶことができるようにする。
(3) きまりを守り，誰とでも仲よく励まし合うことができるようにする。

本時の展開

<table>
<tr><th>時 間</th><th>学習内容・活動</th><th>指導上の留意点</th></tr>
<tr><td rowspan="5">10
分</td><td>1　集合，挨拶，健康観察をする
2　本時のねらいを知り，目標を立てる</td><td></td></tr>
<tr><td colspan="2">一定のリズムでの小型ハードル走で，競走や自己の記録への挑戦をしよう</td></tr>
<tr><td>○本時のねらいを知り，自己の目標を立てる。</td><td>●学習カードを配り，立てた目標を記入するように伝える。</td></tr>
<tr><td>3　場や用具の準備をする
○チームで協力して，準備をする。</td><td>●安全な準備の仕方を確認する。</td></tr>
<tr><td>4　準備運動，主運動につながる運動をする
○学級全体やチームで準備運動，主運動につながる運動をする。</td><td>●けがの防止のために適切な準備運動を行うように伝える。</td></tr>
<tr><td rowspan="6">15
分</td><td>5　一定のリズムでの小型ハードル走をする
○小型ハードル走の計測の仕方を知る。</td><td>●小型ハードル走の計測の仕方を説明する。</td></tr>
<tr><td colspan="2">・二人で競走をして計測をするので，一緒に走る友達を決めておきましょう。
・走り越えたい用具とインターバルを選んで走るので，並び替える際はチームで協力しましょう。
・計測をしていないときは，走っている友達の応援をしましょう。
・計測した記録は，学習カードに記入しましょう。
</td></tr>
<tr><td>○用具が一定の間隔に並べられたレーンで，走り越えたい用具とインターバルを選んで，30 m小型ハードル走の練習をする。（一人1～2回）</td><td>●計測は教師が行い，スタート合図は児童が手分けをして行う。2レーンを計測し，その間に他のレーンは用具を並べ替えるなどの行い方を工夫する。</td></tr>
<tr><td colspan="2">小型ハードル走の計測の仕方の例
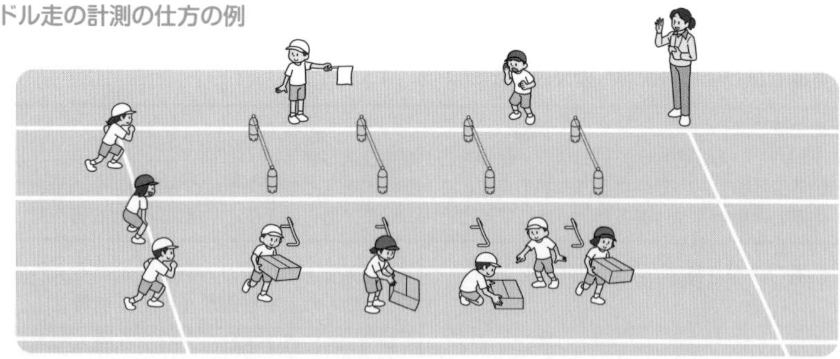</td></tr>
<tr><td>○ 30 m小型ハードル走の競走と計測をする。（一人1回）</td><td>●仲よく励まし合っている様子を取り上げて，称賛する。
◆学習評価◆　主体的に学習に取り組む態度
②きまりを守り，誰とでも仲よく励まし合おうとしている。
➡　競走や計測の順番を守り，走っている友達を応援するなど，誰とでも仲よく励まし合おうとしている姿を評価する。((観察・学習カード)
◎誰とでも仲よく励まし合うことに意欲的でない児童への配慮の例
➡　個別に関わり，なぜきまりを守ったり，誰とでも仲よく励まし合うことが大切なのか，その意味を理解できるように伝えるなどの配慮をする。</td></tr>
<tr><td>○課題の解決のために考えたことを伝える。</td><td>●考えたことを伝えていることを取り上げて，称賛する。</td></tr>
</table>

15分

6 **動きを身に付けるための練習をする**

○一定のリズムでの小型ハードル走の行い方を知る。

● 一定のリズムでの小型ハードル走の行い方について，学習資料やＩＣＴ機器を活用したり，実際に動いて示したりしながら説明する。

一定のリズムでの小型ハードル走の行い方の例

最後まで調子よく走り越えるために，いつも同じほうの足で踏み切るようにしましょう。
そのためには，インターバルを３歩または５歩で走るリズムを身に付けるようにしましょう。

・友達と「トン・ト・ト・トン」と声をかけ合いながら，３歩でインターバルを走るようにする。

○自己の能力に適した用具とインターバルのレーンを選んで，練習をする。

◎一定のリズムで小型ハードルを走り越えることが苦手な児童への配慮の例

➡ １台目を走り越える際に踏み切る足が合わない児童には，スタートの姿勢を工夫するなどの配慮をする。

・構えた左右の足の前後を逆にして試す。

➡ インターバルを一定のリズムで走り越えることが苦手な児童には，選んだ用具によって並べる間隔を工夫するなどの配慮する。

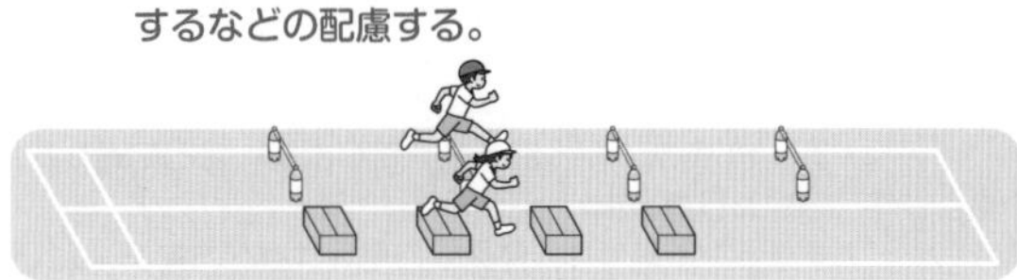

・早く走り越えることができるようになったら，インターバルの間隔を広くするように工夫する。

● 課題に応じた練習の場や段階を選んでいることを取り上げて，称賛する。

◆学習評価◆ 思考・判断・表現
①自己の課題を見付け，その課題の解決のための活動を選んでいる。

➡ 自己の課題を見付け，課題の解決のための活動を選んでいる姿を評価する。（観察・学習カード）

◎課題の解決のための活動を選ぶことが苦手な児童への配慮の例

➡ 個別に関わり，見付けた課題を解決しやすい練習や用具，インターバルを選ぶようにするなどの配慮をする。

○課題の解決のために考えたことを伝える。

● 考えたことを伝えていることを取り上げて，称賛する。

5分

7 **本時を振り返り，次時への見通しをもつ**

本時の振り返り

・小型ハードル走の記録と，選んだ競走や記録への挑戦の仕方を書きましょう。
・一定のリズムでの小型ハードル走で，見付けた課題と課題解決のために選んだ活動を書きましょう。
・きまりを守り仲よく励まし合うことについて，気付いたことや考えたことを書きましょう。

○振り返りを発表して，友達に伝える。

● 振り返りを学習カードに記入するように伝えるとともに，気付きや考えのよさを取り上げて，称賛する。

8 **整理運動，場や用具の片付けをする**

● 適切な整理運動を行うように伝えるとともに，けがかないかなどを確認する。

9 **集合，健康観察，挨拶をする**

本時の目標と展開④（7／7時間）

本時の目標

(1) 小型ハードルを自己に合ったリズムで走り越えることができるようにする。
(2) 友達のよい動きや変化を見付けたり考えたりしたことを友達に伝えることができるようにする。
(3) 小型ハードル走に進んで取り組むことができるようにする。

本時の展開

<table>
<tr><th>時 間</th><th>学習内容・活動</th><th>指導上の留意点</th></tr>
<tr><td rowspan="3">10
分</td><td>1　集合，挨拶，健康観察をする
2　本時のねらいを知り，目標を立てる</td><td></td></tr>
<tr><td colspan="2">小型ハードル走大会で競走や記録への挑戦をして，学習のまとめをしよう</td></tr>
<tr><td>○本時のねらいを知り，自己の目標を立てる。
3　場や用具の準備をする
○チームで協力して，準備をする。
4　準備運動，主運動につながる運動をする
○学級全体やチームで準備運動，主運動につながる運動をする。</td><td>● 学習カードを配り，立てた目標を記入するように伝える。
● 安全な準備の仕方を確認する。
● けがの防止のために適切な準備運動を行うように伝える。</td></tr>
<tr><td rowspan="5">25
分</td><td>5　小型ハードル走大会をする
○小型ハードル走大会の行い方を知る。</td><td>● 小型ハードル走大会の行い方を説明する。</td></tr>
<tr><td colspan="2">小型ハードル走大会の行い方やきまりの例
・30 m小型ハードル走を２回走ります。自己に適した用具とインターバルのレーンを選んで走って，最高記録を目指しましょう。
・チーム対抗戦では，使用する用具や並べ方をチームで決めたレーンで競走を楽しみましょう。
・全員が学習の成果を発揮して走ることができるように，全力で応援しましょう。
</td></tr>
<tr><td>○自己に適した用具とインターバルのレーンを選んで，30 m小型ハードル走の練習をする。</td><td>● 計測は教師，スタートの合図は児童が手分けをして行う。
● 進んで取り組もうとしている様子を取り上げて，称賛する。
◆学習評価◆　主体的に学習に取り組む態度
①小型ハードル走に進んで取り組もうとしている。
➡　小型ハードル走の競走や，課題の解決のための活動などに進んで取り組もうとしている姿を評価する。（観察）</td></tr>
<tr><td>○記録への挑戦の仕方を選んで，30 m小型ハードル走の自己の記録への挑戦をする。（一人２回）</td><td>◆学習評価◆　知識・技能
②小型ハードルを自己に合ったリズムで走り越えることができる。
➡　自己に合ったリズムで小型ハードルを走り越えることができているかどうかを評価する。（観察）</td></tr>
<tr><td>○競走をする相手チームを決める。
○走るレーンで使用する用具と並べ方を選んで，チーム対抗で競走をする。</td><td>● 誰とでも励まし合おうとしている様子を取り上げて，称賛する。</td></tr>
<tr><td rowspan="3">10
分</td><td>6　単元を振り返り，学習のまとめをする</td><td></td></tr>
<tr><td colspan="2">単元の学習の振り返り
・小型ハードル走大会の結果を書きましょう。
・単元の学習の自己やチームの目標で，達成したことを書きましょう。
・学習したことで，今後の学習や日常生活の中で取り組んでいきたいことを書きましょう。
</td></tr>
<tr><td>○振り返りを発表して，友達に伝える。
7　整理運動，場や用具の片付けをする
8　集合，健康観察，挨拶をする</td><td>● 振り返りを学習カードに記入するように伝えるとともに，気付きや考えのよさを取り上げて，称賛する。
● 適切な整理運動を行うように伝えるとともに，けががないかなどを確認する。</td></tr>
</table>

2学年間にわたって取り扱う場合

【第3学年における指導と評価の計画（例）】

時間		1	2	3	4	5	6	7
ねらい		学習の見通しをもつ	小型ハードル走の行い方を知り，いろいろなリズムでの小型ハードル走をすることを楽しむ		動きを身に付けるための活動や競走の仕方を工夫して楽しむ			学習のまとめをする
学習活動		**オリエンテーション** ○**学習の見通しをもつ** ・学習の進め方 ・学習のきまり ○**小型ハードル走** いろいろなインターバルのレーンで小型ハードル走をする	○**いろいろなリズムでの小型ハードル走をする** ・いろいろなインターバルの距離でいろいろな高さの小型ハードルが並べられたレーンを走る ・チームでいろいろなリズムのレーンをつくって走ったり，他のチームが作ったレーンを走ったりする		○**競走や練習の仕方を工夫して，いろいろなリズムでの小型ハードル走をする** ・競走のレーンや規則を選んで競走をする 走り越えやすい小型ハードルの高さや並べ方を選んで競走をしたり，チームの対抗で競走をしたりする ・動きを身に付けるための練習をする 自己の課題を見付け，その課題の解決のための活動を選んで練習をする			**学習のまとめ** ○**小型ハードル走大会** ・レーンを選んで競走をする ・チーム対抗で競走をする ○**学習のまとめをする**
評価の重点	知識・技能		① 観察・学習カード					② 観察
	思考・判断・表現				① 観察・学習カード	② 観察・学習カード		
	主体的に学習に取り組む態度	⑥ 観察・学習カード		③ 観察・学習カード			① 観察・学習カード	

【低学年「走の運動遊び」との円滑な接続を図るための工夫（例）】

●「**インターバルの距離や小型ハードルの高さに応じたいろいろなリズムで走り越える」ために**

低学年では，走の運動遊びの中で，いろいろな間隔に並べられた低い障害物を走り越えることを楽しみました。中学年では，走り越える用具を，高さがある小型ハードルに替えて，その高さに応じたいろいろなリズムで走り越すことができるようにします。

そのため中学年のはじめは，ゴムを張った小型ハードルや段ボールを用いた小型ハードルなど，あまり高さがなく不安感をもたずに走り越すことができる用具を準備してレーンに並べて，インターバルの距離やそれぞれの小型ハードルの高さに応じたいろいろなリズムで走り越えることができるような活動をするようにしましょう。

（例）いろいろな高さの小型ハードルが並べられたレーンで小型ハードル走をする
・ペットボトル２本の間にゴムを張った用具，ペットボトルを横に連結した用具，段ボールで作成した用具など，足などが当たることに不安感をもたずに走り越えることができる用具を並べる。
・高さがある用具を走り越えることが苦手な児童には，輪や線などの高さがない障害物を並べたレーンで，並べ方に応じたリズムで走り越えるようにするなどの配慮をする。

【第3学年において重点を置いて指導する内容（例）】

●**知識及び技能**

小型ハードル走の行い方を知るとともに，いろいろなリズムでの小型ハードル走ができるようにしましょう。そのためには，いろいろなインターバルの距離でいろいろな高さの小型ハードルが並べられたレーンを試し，自己に適したレーンを見付けて繰り返し取り組むことができるようにしましょう。

●**思考力，判断力，表現力等**

自己の能力に適した高さの小型ハードルを選んだり，インターバルの距離を工夫したりすることができるようにしましょう。また，友達と競走したりチーム対抗で競走したりする際に，使用する小型ハードルやその並べ方などで規則を工夫して競走を楽しむことができるようにしましょう。

●**学びに向かう力，人間性等**

いろいろな小型ハードルを並べたレーンで運動をするため，使用する用具の準備や片付けを友達と一緒にすることができるようにしましょう。また，その際，小型ハードルをする場所の危険物を取り除くとともに用具の安全を確かめることができるようにしましょう。

幅跳び

幅跳びは，短い助走から強く踏み切って遠くへ跳ぶ楽しさや喜びに触れることができる運動です。本単元例は，単元前半は運動の行い方を知り自己の記録への挑戦をする時間，単元後半は規則を選んで競争をする時間を設定することで，自己の課題の応じた練習に取り組んで記録に挑戦したり，自己の能力に適した規則で競争を楽しんだりすることができる授業を展開するようにしています。

単元の目標

(1) 幅跳びの行い方を知るとともに，短い助走から踏み切って遠くへ跳ぶことができるようにする。
(2) 自己の能力に適した課題を見付け，動きを身に付けるための活動や競争の仕方を工夫するとともに，考えたことを友達に伝えることができるようにする。
(3) 幅跳びに進んで取り組み，きまりを守り誰とでも仲よく運動をしたり，勝敗を受け入れたり，友達の考えを認めたり，場や用具の安全に気を付けたりすることができるようにする。

指導と評価の計画（7 時間）

時間		1	2	3
ねらい		学習の見通しをもつ	幅跳びの行い方を知り， 自己の記録に挑戦することを楽しむ	
学習活動		**オリエンテーション** 1　集合，挨拶，健康観察をする 2　単元の学習の見通しをもつ ○単元の目標と学習の進め方を知る。 ○チームを確認する。 ○学習のきまりを知る。 3　本時のねらい知り，目標を立てる 4　場や用具の準備をする ○場や用具の準備と片付けの仕方を知る。 5　準備運動，主運動につながる運動をする ○準備運動，主運動につながる運動の行い方を知る。 6　幅跳びをする	1　集合，挨拶，健康観察をする　2　本時のねらい 4　準備運動，主運動につながる運動をする 5　幅跳びで，記録への挑戦をする ○幅跳びの行い方と計測の仕方を知る。 ○チームで協力して，計測をする。 ○課題の解決のために考えたことを伝える。 6　動きを身に付けるための練習をする ○幅跳びの動きを身に付けるための練習の仕方を知 ○自己の課題の解決のための活動を選んで，練習を ○課題の解決のために考えたことを伝える。	
		7　本時を振り返り，次時への見通しをもつ　8　整理運動，場や用具の片付けをする		
評価の重点	知識・技能		① 観察・学習カード	
	思考・判断・表現			
	主体的に学習に取り組む態度	⑥ 観察・学習カード	③ 観察・学習カード	② 観察・学習カード

単元の評価規準

知識・技能	思考・判断・表現	主体的に学習に取り組む態度
①幅跳びの行い方について，言ったり書いたりしている。 ②短い助走から強く踏み切って遠くへ跳ぶことができる。	①自己の課題を見付け，その課題の解決のための活動を選んでいる。 ②友達との競争の仕方を考え，競争の規則や記録への挑戦の仕方を選んでいる。 ③友達のよい動きや変化を見付けたり，考えたりしたことを友達に伝えている。	①幅跳びに進んで取り組もうとしている。 ②きまりを守り，誰とでも仲よく励まし合おうとしている。 ③用具の準備や片付けを友達と一緒にしようとしている。 ④勝敗を受け入れようとしている。 ⑤友達の考えを認めようとしている。 ⑥場や用具の安全を確かめている。

4	5	6	7
動きを身に付けるための活動や競争の仕方を工夫して，競争や記録に挑戦することを楽しむ			学習のまとめをする
知り，目標を立てる　3　場や用具の準備をする			
5　幅跳びで，競争をする ○幅跳びの競争の規則を知る。 ○自己やチームに適した規則を選んで，競争をする。 ○課題の解決のために考えたことを伝える。 る。 する。 9　集合，健康観察，挨拶をする			学習のまとめ 5　幅跳び大会をする ○幅跳びの自己の記録への挑戦をする。 ○競争の規則を選んで，チーム対抗で競争をする。 6　単元を振り返り，学習のまとめをする 7　整理運動，場や用具の片付けをする 8　集合，健康観察，挨拶をする
			② 観察
① 観察・学習カード	② 観察・学習カード	③ 観察・学習カード	
④ 観察・学習カード		⑤ 観察・学習カード	① 観察・学習カード

本時の目標と展開①（1／7時間）

本時の目標

(1) 幅跳びの行い方を知ることができるようにする。
(2) 友達のよい動きを見付けたり，考えたりしたことを友達に伝えることができるようにする。
(3) 場や用具の安全を確かめることができるようにする。

本時の展開

時 間	学習内容・活動	指導上の留意点
5分	1　集合，挨拶，健康観察をする 2　単元の学習の見通しをもつ ○単元の目標と学習の進め方を知る。 ○チームを確認する。 ○学習のきまりを知る。	● 掲示物を活用するなどしながら，分かりやすく説明する。 ● どのチームも同じくらいの走力になるように配慮して，六人を基本としたチームを事前に決めておく。
	学習のきまりの例 ・運動前には，場の安全を確かめましょう。 ・チームで分担して場の整備をしましょう。 ・用具は正しく使いましょう。 ・友達と仲よく励まし合いましょう。 ・友達の考えを認めましょう。 ・競争の勝敗を受け入れましょう。	
	3　本時のねらいを知り，目標を立てる **幅跳びの学習の進め方を知り，学習の見通しをもとう** ○本時のねらいを知り，自己の目標を立てる。	● 学習カードを配り，使い方を説明する。
15分	4　場や用具の準備をする ○場や用具の準備と片付けの仕方を知る。 ○チームで協力して，準備をする。	● 安全な準備と片付けの仕方を説明する。 ● 安全を確かめている様子を取り上げて，称賛する。
	場や用具の準備と片付けのきまりの例 ・運動をする場所に危険物がないか確かめ，見付けたら取り除きましょう。 ・運動に使う用具などは，友達と一緒に，決まった場所から安全を確かめて運びましょう。 ・安全に運動ができるように，服装などが整っているか，確かめましょう。	
	5　準備運動，主運動につながる運動をする ○準備運動，主運動につながる運動の行い方を知る。 ○学級全体やチームで準備運動，主運動につながる運動をする。	● けがの防止のために適切な準備運動の行い方について，実際に動いて示しながら説明する。

準備運動の例
○徒手での運動　…　肩，腕，手首，腿，膝，ふくらはぎ，足首などをほぐす運動をチームで行う。

主運動につながる運動の例
○いろいろな走り方で 10 m走
スキップ，大またで走るなどで，体を大きく使って走る。

・上方に大きく弾むスキップ

・大また走で前方に大きく進む。

○じゃんけんの結果で大また走で進む

・じゃんけんの結果で進める歩数の規則を決めて，二人でじゃんけんをする。
・じゃんけんの結果に応じて，大またで連続して跳んで進む。
・ゴールの場所を決めて，どちらが先に到着できるかを楽しむ。

20分

6 幅跳びをする

○学級全体で川跳びをする。

● 踏切り足を決めることができるように，左右のどちらの足で踏み切るほうが跳びやすいかを考えながら取り組むように伝える。

川跳びの行い方の例

・徐々に幅が広くなる２線を引いて川をつくる。
・自己が跳び越えられそうな幅の場所を選び，助走を付けて片足で踏み切って跳んで片足や両足で着地する。
・一方向に走って跳ぶようにするために，跳ぶ側の岸と着地する側の岸を決めておく。

○立ち幅跳びの行い方と計測の仕方を知る。
○立ち幅跳びの練習をする。

● 立ち幅跳びの行い方と計測の仕方について，学習資料やＩＣＴ機器を活用したり，実際に動いて示したりしながら説明する。

立ち幅跳びの行い方の例

○立ち幅跳び

・両手を前方に振り出す勢いと合わせて両足で踏み切る。　・前方に出した両足の膝を柔らかく曲げて着地する。

立ち幅跳びの計測の仕方の例

・着地の踏切りに最も近い位置と踏切り前の両足の中央位置とを結ぶ直線の距離を計測する。

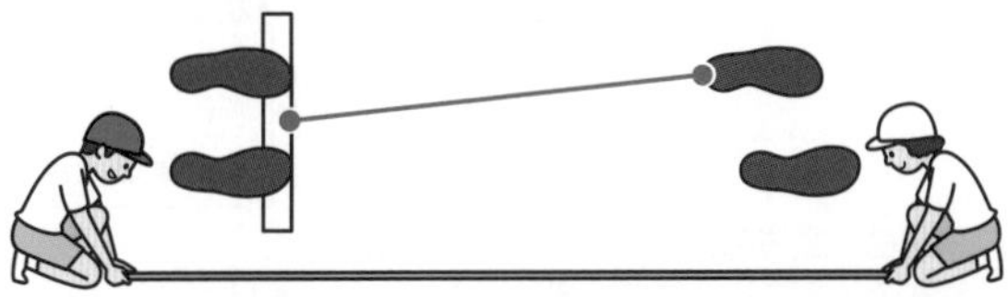

○チームで協力して，立ち幅跳びの計測をする。（一人２回）

● 安全を確かめている様子を取り上げて，称賛する。

◆学習評価◆　主体的に学習に取り組む態度
⑥場や用具の安全を確かめている。

➡ 場や用具の準備をする際や，幅跳びをする際などに，場の危険物や用具の安全を確かめている姿を評価する。（観察・学習カード）

◎安全を確かめることに意欲的でない児童への配慮の例

➡ 運動をする前には周りを見る，踏切や着地の場所を見るなどの声をかけたり，チームの友達と一緒に安全を確かめて，安全であることを伝え合ったりするなどの配慮をする。

5分

7 本時を振り返り，次時への見通しをもつ

本時の振り返り
・幅跳びをして，気付いたことや考えたことを書きましょう。
・安全を確かめることについて，気付いたことや考えたことを書きましょう。
・単元の学習で身に付けたいことや目指したい記録など，自己の目標を書きましょう。

○振り返りを発表して，友達に伝える。

● 振り返りを学習カードに記入するように伝えるとともに，気付きや考えのよさを取り上げて，称賛する。

8 整理運動，場や用具の片付けをする

● 整理運動の行い方について，実際に動いて示しながら説明するとともに，けがないかなどを確認する。

9 集合，健康観察，挨拶をする

本時の目標と展開②（2／7時間）

本時の目標

(1) 幅跳びの行い方を知ることができるようにする。
(2) 自己の課題を見付け，その課題の解決のための活動を選ぶことができるようにする。
(3) 用具の準備や片付けを友達と一緒にすることができるようにする。

本時の展開

時 間	学習内容・活動	指導上の留意点
10分	1　集合，挨拶，健康観察をする 2　本時のねらいを知り，目標を立てる	
	幅跳びの行い方を知り，自己の記録への挑戦をしよう	
	○本時のねらいを理解して，自己の目標を立てる。	●学習カードを配り，立てた目標を記入するように伝える。
	3　場や用具の準備をする ○チームで協力して，準備をする。	●場や用具の準備を友達と一緒にしようとしている様子を取り上げて，称賛する。 **◆学習評価◆　主体的に学習に取り組む態度** **③用具の準備や片付けを友達と一緒にしようとしている。** ➡　使用する用具などの準備や片付けを友達と一緒にしようとしている姿を評価する。（観察・学習カード） **◎用具の準備や片付けを友達と一緒にすることに意欲的でない児童への配慮の例** **➡　個別に関わり，準備や片付けの行い方を説明しながら一緒に行うことで，準備や片付けが短時間で効率的にできることを実感できるようにするなどの配慮をする。**
	4　準備運動，主運動につながる運動をする ○学級全体やチームで準備運動，主運動につながる運動をする。	●けがの防止のために適切な準備運動を行うように伝える。
15分	5　幅跳びで，記録への挑戦をする ○幅跳びの行い方と計測の仕方を知る。 ○チームで協力して，計測をする。	●幅跳びの行い方と計測の仕方について，学習資料やＩＣＴ機器を活用したり，実際に動いて示したりしながら説明する。

幅跳びの行い方の例

・5～7歩程度の助走から決めた足で強く踏み切る。
・前方に出した両足の膝を柔らかく曲げて着地する。

幅跳びの計測の仕方の例

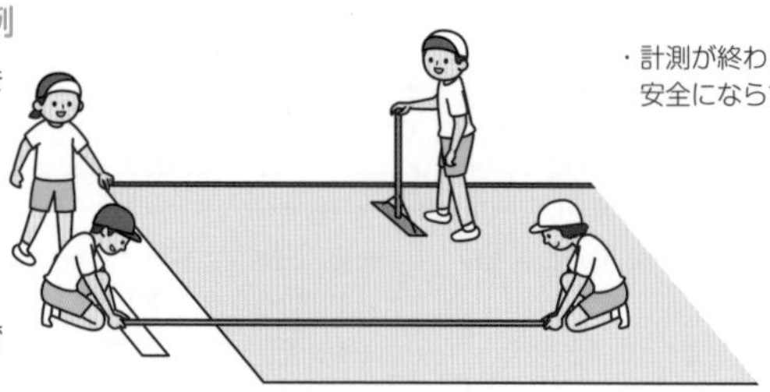
・踏切り足のつま先の位置を見て確認する。
・踏切り足のつま先の位置で記録を読み取る。
・計測が終わったら，場を安全にならす。
・着地の踏切りに最も近い位置から計測をする。

時 間	学習内容・活動	指導上の留意点
15分	○課題の解決のために考えたことを伝える。	●考えたことを伝えていることを取り上げて，称賛する。

15分

6　動きを身に付けるための練習をする

○幅跳びの動きを身に付けるための練習の仕方を知る。

● 幅跳びの練習の仕方について，学習資料やICT機器を活用したり，実際に動いて示したりしながら説明する。

幅跳びの練習の仕方の例

○短い助走から踏み切る練習

・３歩の助走で踏み切る

小刻みに「ト・ト・トン」のリズムで走って踏み切る。

・５歩の助走で踏み切る

はじめの２歩は勢いよく走り，踏切りまでの３歩は小刻みに「ト・ト・トン」のリズムで走って踏み切る。

○強く踏み切る練習

大きな音がするように踏み切り，膝や手を高く上げる。

○両足で着地する練習

踏み切った足をしっかりと前に出す。

○自己の課題の解決のための活動を選んで，練習をする。

● 課題に応じた活動を選んでいることを取り上げて，称賛する。

○課題の解決のために考えたことを伝える。

● 考えたことを伝えていることを取り上げて，称賛する。

5分

7　本時を振り返り，次時への見通しをもつ

本時の振り返り

・幅跳びの行い方について，知ったことを書きましょう。
・幅跳びの自己の記録と，課題の解決のために選んだ活動を書きましょう。
・用具の準備や片付けを友達と一緒にすることについて，気付いたことや考えたことを書きましょう。

○振り返りを発表して，友達に伝える。

● 振り返りを学習カードに記入するように伝えるとともに，気付きや考えのよさを取り上げて，称賛する。

◆学習評価◆　知識・技能
①幅跳びの行い方について，言ったり書いたりしている。

➡　短い助走から強く踏み切って遠くへ跳ぶといった幅跳びの行い方について，発表したり学習カードに記入したりしていることを評価する。（観察・学習カード）

◎幅跳びの行い方を知ることが苦手な児童への配慮の例

➡　個別に関わり，幅跳びの行い方のポイントについて対話をしながら確認をするなどの配慮をする。

8　整理運動，場や用具の片付けをする

● 適切な整理運動を行うように伝えるとともに，けががないかなどを確認する。

9　集合，健康観察，挨拶をする

本時の目標と展開③（6／7時間）

本時の目標

(1) 短い助走から強く踏み切って遠くへ跳ぶことができるようにする。
(2) 友達のよい動きを見付けたり，考えたりしたことを友達に伝えることができるようにする。
(3) 友達の考えを認めることができるようにする。

本時の展開

<table>
<tr><th>時 間</th><th>学習内容・活動</th><th>指導上の留意点</th></tr>
<tr><td rowspan="4">10
分</td><td>1　集合，挨拶，健康観察をする
2　本時のねらいを知り，目標を立てる</td><td></td></tr>
<tr><td colspan="2">競争の規則や動きを身に付けるための活動を工夫して，幅跳びをしよう</td></tr>
<tr><td>○本時のねらいを知り，自己の目標を立てる。
3　場や用具の準備をする
○チームで協力して，準備をする。</td><td>●学習カードを配り，立てた目標を記入するように伝える。

●安全な準備の仕方を確認する。</td></tr>
<tr><td>4　準備運動，主運動につながる運動をする
○学級全体やチームで準備運動，主運動につながる運動をする。</td><td>●けがの防止のために適切な準備運動を行うように伝える。</td></tr>
<tr><td rowspan="4">15
分</td><td>5　幅跳びで，競争をする
○幅跳びの競争の規則を知る。</td><td>●幅跳びの競争の規則について，学習資料やＩＣＴ機器を活用したり，実際に動いて示したりしながら説明する。</td></tr>
<tr><td colspan="2">幅跳びの競争の規則の例
○着地した場所で得点を付けて競争をする

・砂場にゴムひもを張るなどして区切って得点ゾーンをつくる。着地した距離によって得点を付ける。
（踏切りゾーンから１ｍまでは１点，そこから30㎝毎に２点，３点，４点とする　など）
○得点の仕方を工夫する
・能力に差があっても競争を楽しめるように，幅跳びで着地した得点ゾーンと立ち幅跳びの自己記録の得点ゾーンとの差を得点化する。
・踏切り板を使って跳ぶことも選ぶことができることとし，使わないときとの得点の工夫をする。
・２回跳んでよいほうの得点にする，２回とも得点として合計するなど，得点の仕方を工夫する。
○得点を合計して，チーム対抗で競争を楽しむ</td></tr>
<tr><td>○自己やチームに適した規則を選んで，競争をする。</td><td>●自己やチームに適した規則を選んでいる様子を取り上げて，称賛する。
◎規則を選ぶことが苦手な児童への配慮の例
➡　それぞれの規則のよさを伝えてどの規則も肯定できるようにしたり，いろいろな規則を試したりして，自己やチームに適した規則を見付けるようにするなどの配慮をする。</td></tr>
<tr><td>○課題の解決のために考えたことを伝える。</td><td>●考えたことを伝えていることを取り上げて，称賛する。</td></tr>
</table>

15分

6　動きを身に付けるための練習をする

○自己の課題の解決のための活動を選んで，練習をする。

● 課題に応じた活動を選んでいることを取り上げて，称賛する。

一定のリズムでの幅跳びの行い方の例

○7歩の助走での幅跳び

短い助走から力強く踏み切り，膝を曲げて両足で着地することができたら，7歩の助走での幅跳びの練習をする。

はじめの4歩は勢いよく走る

踏切りまでの3歩は小刻みに走って踏み切る

○課題の解決のために考えたことを伝える。

● 友達の考えを認めようとしている様子を取り上げて，称賛する。

◆学習評価◆　主体的に学習に取り組む態度
⑤友達の考えを認めようとしている。

➡　動きのポイントについて見合ったり教え合ったりする際などに，友達の考えを認めようとしている姿を評価する。（観察・学習カード）

◎友達の考えを認めることに意欲的でない児童への配慮の例

➡　友達の話を聞こうとしなかったり友達の考えを否定することを言ったりする児童には，人はそれぞれに考えに違いがあり，それを認めることが大切であることを伝えるとともに，それぞれの考えのよさを取り上げて，気付くようにするなどの配慮をする。

5分

7　本時を振り返り，次時への見通しをもつ

本時の振り返り

・幅跳びの記録と，選んだ競争や記録への挑戦の仕方を書きましょう。
・幅跳びの動きについて，見付けた課題と課題解決のために選んだ活動を書きましょう。
・きまりを守り仲よく励まし合うことについて，気付いたことや考えたことを書きましょう。

○振り返りを発表して，仲間に伝える。

● 振り返りを学習カードに記入するように伝えるとともに，気付きや考えのよさを取り上げて，称賛する。

◆学習評価◆　思考・判断・表現
①友達のよい動きを見付けたり，考えたりしたことを友達に伝えている。

➡　一緒に運動をしている友達のよい動きを見付けたり，運動をして考えたりしたことを友達に伝えている姿を評価する。（観察・学習カード）

◎見付けたり考えたりしたことを伝えることが苦手な児童への配慮の例

➡　個別に関わり，見付けたり考えたりしたことを聞き取って友達に伝えることを支援したり，友達と二人で伝え合う場面を設けたりするなどの配慮をする。

8　整理運動，場や用具の片付けをする

● 適切な整理運動を行うように伝えるとともに，けががないかなどを確認する。

9　集合，健康観察，挨拶をする

本時の目標と展開④（7／7時間）

本時の目標

(1) 短い助走から強く踏み切って遠くへ跳ぶことができるようにする。
(2) 友達のよい動きや変化を見付けたり考えたりしたことを友達に伝えることができるようにする。
(3) 幅跳びに進んで取り組むことができるようにする。

本時の展開

時間	学習内容・活動	指導上の留意点
10分	1　**集合，挨拶，健康観察をする** 2　**本時のねらいを知り，目標を立てる**	
	幅跳び大会で競争や記録への挑戦をして，学習のまとめをしよう	
	○本時のねらいを知り，自己の目標を立てる。	● 学習カードを配り，立てた目標を記入するように伝える。
	3　**場や用具の準備をする** ○チームで協力して，準備をする。	● 安全な準備の仕方を確認する。
	4　**準備運動，主運動につながる運動をする** ○学級全体やチームで準備運動，主運動につながる運動をする。	● けがの防止のために適切な準備運動を行うように伝える。
25分	5　**幅跳び大会をする** ○幅跳び大会の行い方を知る。	● 幅跳び大会の行い方を説明する。
	幅跳び大会の行い方やきまりの例 ・幅跳びは２回計測をします。自己に適した助走で跳んで，最高記録を目指しましょう。 ・チームの対抗戦では，みんなが楽しく競争をできる規則を選んで取り組みましょう。 ・全員が学習の成果を発揮して運動をすることができるように，全力で応援しましょう。	
	○自己に適した助走や踏切りの場で，幅跳びの練習をする。	● 進んで取り組もうとしている様子を取り上げて，称賛する。 **◆学習評価◆　主体的に学習に取り組む態度** **①幅跳びに進んで取り組もうとしている。** ➡　幅跳びの競争や記録への挑戦，課題の解決のための活動などに，進んで取り組もうとしている姿を評価する。（観察・学習カード）
	○幅跳びの自己の記録への挑戦をする。（一人２回）	**◆学習評価◆　知識・技能** **②短い助走から強く踏み切って遠くへ跳ぶことができる。** ➡　５～７歩程度の助走から踏切り足を決めて強く踏み切り，遠くへ跳んで競争や記録への挑戦をしている姿を評価する。（観察）
	○競争をする相手チームを決める。 ○競争の規則を選んで，チーム対抗で競争をする。	● 誰とでも励まし合おうとしている様子を取り上げて，称賛する。
10分	6　**単元を振り返り，学習のまとめをする**	
	単元の学習の振り返り ・幅跳び大会の結果を書きましょう。 ・単元の学習の自己やチームの目標で，達成したことを書きましょう。 ・学習したことで，今後の学習や日常生活の中で取り組んでいきたいことを書きましょう。	
	○振り返りを発表して，友達に伝える。	● 振り返りを学習カードに記入するように伝えるとともに，気付きや考えのよさを取り上げて，称賛する。
	7　**整理運動，場や用具の片付けをする**	● 適切な整理運動を行うように伝えるとともに，けががないかなどを確認する。
	8　**集合，健康観察，挨拶をする**	

2学年間にわたって取り扱う場合

【第3学年における指導と評価の計画（例）】

時間		1	2	3	4	5	6	7
ねらい		学習の見通しをもつ	幅跳びの行い方を知り，自己の記録に挑戦することを楽しむ			動きを身に付けるための活動や競争の仕方を工夫して，競争や記録に挑戦することを楽しむ		学習のまとめをする
学習活動		オリエンテーション ○学習の見通しをもつ ・学習の進め方 ・学習のきまり ○幅跳びをする ・計測の仕方を知り，友達と協力して立ち幅跳びの計測をする	○幅跳びで，記録への挑戦をする ・５歩の助走から，踏切り足を決めて幅跳びをする ・友達と協力して計測をする ○動きを身に付けるための練習をする ・膝を柔らかく曲げて，両足で着地をする ・助走から，決めた踏切り足で踏み切る ・強く踏み切り，遠くへ跳ぶ			○幅跳びで，競争をする ・砂場をゴムひもなどで区切って得点ゾーンをつくり，着地した距離の得点で競争をする ・チーム対抗での競争をする ○動きを身に付けるための練習をする		学習のまとめ ○幅跳び大会 ・自己の記録への挑戦をする ・チーム対抗での競争をする ○学習のまとめをする
評価の重点	知識・技能		① 観察・学習カード					② 観察
	思考・判断・表現				① 観察・学習カード		② 観察・学習カード	
	主体的に学習に取り組む態度	⑥ 観察・学習カード	② 観察・学習カード	③ 観察・学習カード		④ 観察・学習カード		① 観察・学習カード

【低学年「跳の運動遊び」との円滑な接続を図るための工夫（例）】

● 「短い助走から前方に強く踏み切り，遠くへ跳ぶ」ために

低学年では，いろいろな幅の場で，助走を付けて片足でしっかり地面を蹴って前方に跳んで，自己が選んだ幅を跳び越して遊びました。中学年では，遠くへ跳ぶことを目指して運動ができるようにします。

そのため中学年のはじめは，自己の記録を知ることができるように，友達と協力して幅跳びの記録を計測することができるようにしましょう。また，より遠くへ跳ぶことができるように，幅跳びの動きを身に付けるための練習に取り組むことができるようにしましょう。

（例）幅跳びで，自己の記録に挑戦をする
- 友達と協力して，幅跳びの計測をする。計測の際は，踏切りの位置を見る役割，巻き尺で跳んだ距離を計測する役割，砂場をならして安全を確かめる役割などを友達と一緒に行う。

（例）動きを身に付けるための練習をする
- 立ち幅跳びで，膝を柔らかく曲げて，両足で着地をする。できるようになったら，踏切り板など少し高い位置から両足で踏み切ったり，３歩程度の短い助走から片足で踏み切ったりして行う。
- 短い助走から，決めた踏切り足で踏み切る。はじめは３歩の助走から決めた踏切り足で踏み切ることができるように練習する。その際，踏切足とは反対の足を前にして構えた姿勢から走り出すようにすると，３歩目に決めて踏切り足で踏み切ることができる。できるようになったら，助走を５歩に増やして行う。
- 遠くへ跳ぶことができるように強く踏み切る。踏切りまでの３歩の助走を「ト・ト・トン」のリズムで素早く走るとともに，踏切りの「トン」は地面を強く蹴るようにする。踏切りの位置に踏切り板を置き，大きな音が出るように踏み切る練習などをする。

【第3学年において重点を置いて指導する内容（例）】

● 知識及び技能

まず，安全に運動ができるように，膝を柔らかく曲げて，両足で着地することができるようにしましょう。短い助走からの踏切りは，いつも決めた踏切り足で踏み切ることができるように，短い助走で何度も練習できるようにしましょう。できるようになってきたら，踏切りまでの３歩の助走を「ト・ト・トン」のリズムで素早く走るようにして強く踏み切り，より遠くへ跳ぶことを目指しましょう。

● 思考力，判断力，表現力等

幅跳びの記録への挑戦や競争をする中で，自己の能力に適した課題を見付け，動きを身に付けるための練習を選んで取り組むことができるようにしましょう。

● 学びに向かう力，人間性等

計測や用具の準備や片付けを友達と一緒にしようとすることができるようにしましょう。また，幅跳びをする砂場などの危険物を取り除くとともに，用具の安全を確かめることができるようにしましょう。

C 走・跳の運動　高跳び

高跳びは，短い助走から強く踏み切って高く跳ぶ楽しさや喜びに触れることができる運動です。本単元例は，単元前半は運動の行い方を知り自己の記録への挑戦をする時間，単元後半は規則を選んで競争をする時間を設定することで，自己の課題に応じた練習に取り組んで記録に挑戦したり，自己の能力に適した規則で競争を楽しんだりすることができる授業を展開するようにしています。

単元の目標

(1) 高跳びの行い方を知るとともに，短い助走から踏み切って高く跳ぶことができるようにする。
(2) 自己の能力に適した課題を見付け，動きを身に付けるための活動や競争の仕方を工夫するとともに，考えたことを友達に伝えることができるようにする。
(3) 高跳びに進んで取り組み，きまりを守り誰とでも仲よく運動をしたり，勝敗を受け入れたり，友達の考えを認めたり，場や用具の安全に気を付けたりすることができるようにする。

指導と評価の計画（7 時間）

時　間	1	2	3
ね ら い	学習の見通しをもつ	高跳びの行い方を知り， 自己の記録に挑戦することを楽しむ	
学 習 活 動	**オリエンテーション** 1　集合，挨拶，健康観察をする 2　単元の学習の見通しをもつ ○単元の目標と学習の進め方を知る。 ○チームを確認する。 ○学習のきまりを知る。 3　本時のねらいを知り，目標を立てる 4　場や用具の準備をする ○場や用具の準備と片付けの仕方を知る。 5　準備運動，主運動につながる運動をする ○準備運動，主運動につながる運動の行い方を知る。 6　高跳びをする	1　集合，挨拶，健康観察をする　2　本時のねらい 4　準備運動，主運動につながる運動をする 5　高跳びで，記録への挑戦をする ○高跳びの行い方と計測の仕方を知る。 ○チームで協力して，計測をする。 ○課題の解決のために考えたことを伝える。 6　動きを身に付けるための練習をする ○高跳びの競争の規則を知る。 ○自己やチームに適した規則を選んで，競争をする。 ○課題の解決のために考えたことを伝える。	
	7　本時を振り返り，次時への見通しをもつ　8　整理運動，場や用具の片付けをする		
評価の重点　知識・技能		① 観察・学習カード	
評価の重点　思考・判断・表現			
評価の重点　主体的に学習に取り組む態度	⑥ 観察・学習カード	③ 観察・学習カード	② 観察・学習カード

単元の評価規準

知識・技能	思考・判断・表現	主体的に学習に取り組む態度
①高跳びの行い方について，言ったり書いたりしている。 ②短い助走から強く踏み切って高く跳ぶことができる。	①自己の課題を見付け，その課題の解決のための活動を選んでいる。 ②競争の規則や記録への挑戦の仕方を選んでいる。 ③友達のよい動きや変化を見付けたり，考えたりしたことを友達に伝えている。	①高跳びに進んで取り組もうとしている。 ②きまりを守り，誰とでも仲よく励まし合おうとしている。 ③用具の準備や片付けを友達と一緒にしようとしている。 ④勝敗を受け入れようとしている。 ⑤友達の考えを認めようとしている。 ⑥場や用具の安全を確かめている。

4	5	6	7
動きを身に付けるための活動や競争の仕方を工夫して， 競争や記録に挑戦することを楽しむ			学習のまとめをする
を知り，目標を立てる　3　場や用具の準備をする			
5　**高跳びで，競争をする** ○高跳びの競争の規則を知る。 ○自己やチームに適した規則を選んで，競争をする。 ○課題の解決のために考えたことを伝える。			**学習のまとめ** 5　**高跳び大会をする** ○高跳びの自己の記録への挑戦をする。 ○競争の規則を選んで，チーム対抗で競争をする。 6　**単元を振り返り，学習のまとめをする** 7　**整理運動，場や用具の片付けをする** 8　**集合，健康観察，挨拶をする**
9　**集合，健康観察，挨拶をする**			
			② 観察
① 観察・学習カード	② 観察・学習カード	③ 観察・学習カード	
④ 観察・学習カード		⑤ 観察・学習カード	① 観察・学習カード

本時の目標と展開①（1／7時間）

本時の目標

(1) 高跳びの行い方を知ることができるようにする。
(2) 友達のよい動きを見付けたり，考えたりしたことを友達に伝えることができるようにする。
(3) 場や用具の安全を確かめることができるようにする。

本時の展開

時 間	学習内容・活動	指導上の留意点
5 分	1　**集合，挨拶，健康観察をする** 2　**単元の学習の見通しをもつ** ○単元の目標と学習の進め方を知る。 ○チームを確認する。 ○学習のきまりを知る。	●**掲示物を活用するなどしながら，分かりやすく説明する。** ●**どのチームも同じくらいの力になるように配慮して，六人を基本としたチームを事前に決めておく。**
	学習のきまりの例 ・運動前には，場の安全を確かめましょう。 ・チームで分担して場の設定をしましょう。 ・用具は正しく使いましょう。 ・友達と仲よく励まし合いましょう。 ・友達の考えを認めましょう。 ・競争の勝敗を受け入れましょう。 	
	3　**本時のねらいを知り，目標を立てる**	
	高跳びの学習の進め方を知り，学習の見通しをもとう	
	○本時のねらいを知り, 自己の目標を立てる。	●**学習カードを配り，使い方を説明する。**
15 分	4　**場や用具の準備をする** ○場や用具の準備と片付けの仕方を知る。 ○チームで協力して，準備をする。	●**安全な準備と片付けの仕方を説明する。** ●**安全を確かめている様子を取り上げて，称賛する。**
	場や用具の準備と片付けのきまりの例 ・運動をする場所に危険物がないか確かめ，見付けたら取り除きましょう。 ・運動に使う用具などは，友達と一緒に，決まった場所から安全を確かめて運びましょう。 ・安全に運動ができるように，服装などが整っているか，確かめましょう。 	
	5　**準備運動，主運動につながる運動をする** ○準備運動，主運動につながる運動の行い方を知る。 ○学級全体やチームで準備運動，主運動につながる運動をする。	●**けがの防止のために適切な準備運動の行い方について，実際に動いて示しながら説明する。**
	準備運動の例 ○徒手での運動　…　肩，腕，手首，腿，膝，ふくらはぎ，足首などをほぐす運動をチームで行う。 **主運動につながる運動の例** ○いろいろな走り方で 10 m走 スキップ，大またで走るなどで，体を大きく使って走る。  ・上方に大きく弾むスキップ  ・大また走で前方に大きく進む。 ○ジグザグにゴムひもをまたいで進む。  ・2本のゴムひもをまたぎながらジグザグに進む。	

20分

6 高跳びをする

○チームでゴム跳びをして，自己の踏切り足を確認する。

● **踏切り足を決めることができるように，左右のどちらの足で踏み切るほうが跳びやすいかを考えながら取り組むように伝える。**

ゴム跳びの行い方の例

・二人がゴムひもを持つ。ゴムひもの高さは，持っている人のすね，膝，腿，腰の高さなどから跳ぶ人が選ぶ。
・跳ぶ人は，2～3歩の助走を付けて片足で踏み切って跳び，ゴムひもを跳び越えて片足や両足で着地する。
・左右どちらの足でも踏み切って跳んでみたり，いろいろな高さに挑戦したりする。

○高跳びの行い方を知る。

○チームでゴム跳びをして，高跳びの行い方をつかむ。

● **高跳びの行い方について，学習資料やＩＣＴ機器を活用したり，実際に動いて示したりしながら説明する。**

高跳びの行い方の例

○３歩の助走での高跳び

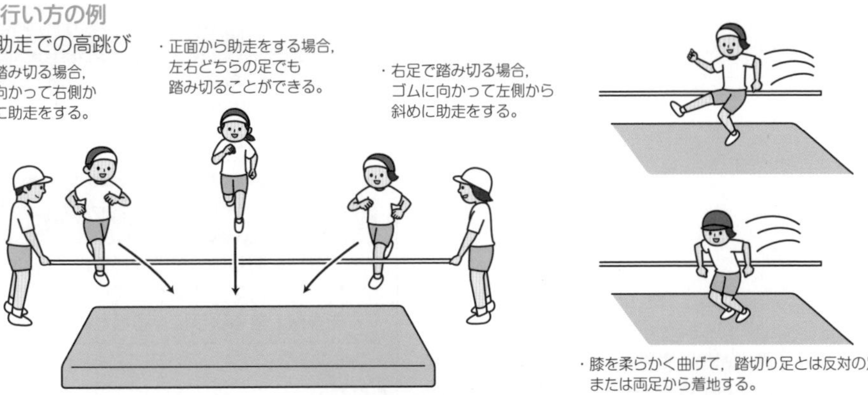
・左足で踏み切る場合，ゴムに向かって右側から斜めに助走をする。
・正面から助走をする場合，左右どちらの足でも踏み切ることができる。
・右足で踏み切る場合，ゴムに向かって左側から斜めに助走をする。
・膝を柔らかく曲げて，踏切り足とは反対の足または両足から着地する。

○チームで協力して，高跳びの計測をする。（一人２回）

● **安全を確かめている様子を取り上げて，称賛する。**

◆学習評価◆　主体的に学習に取り組む態度
⑥場や用具の安全を確かめている。

➡ 場や用具の準備をする際や，高跳びをする際などに，場の危険物や用具の安全を確かめている姿を評価する。（観察・学習カード）

◎安全を確かめることに意欲的でない児童への配慮の例

➡ 運動をする前には周りを見る，踏切や着地の場所を見るなどの声をかけたり，チームの友達と一緒に安全を確かめて，安全であることを伝え合ったりするなどの配慮をする。

5分

7 本時を振り返り，次時への見通しをもつ

本時の振り返り
・高跳びをして，気付いたことや考えたことを書きましょう。
・安全を確かめることについて，気付いたことや考えたことを書きましょう。
・単元の学習で身に付けたいことや目指したい記録など，自己の目標を書きましょう。

○振り返りを発表して，友達に伝える。

● **振り返りを学習カードに記入するように伝えるとともに，気付きや考えのよさを取り上げて，称賛する。**

8 整理運動，場や用具の片付けをする

● **適切な整理運動の行い方について，実際に動いて示しながら説明するとともに，けがないかなどを確認する。**

9 集合，健康観察，挨拶をする

本時の目標と展開②（2／7時間）

本時の目標

(1) 高跳びの行い方を知ることができるようにする。
(2) 自己の課題を見付け，その課題の解決のための活動を選ぶことができるようにする。
(3) 用具の準備や片付けを友達と一緒にすることができるようにする。

本時の展開

<table>
<tr><th>時間</th><th>学習内容・活動</th><th>指導上の留意点</th></tr>
<tr><td rowspan="3">10分</td><td>1　集合，挨拶，健康観察をする
2　本時のねらいを知り，目標を立てる</td><td></td></tr>
<tr><td colspan="2">高跳びの行い方を知り，自己の記録への挑戦をしよう</td></tr>
<tr><td>○本時のねらいを理解して，自己の目標を立てる。
3　場や用具の準備をする
○チームで協力して，準備をする。

4　準備運動，主運動につながる運動をする
○学級全体やチームで準備運動，主運動につながる運動をする。</td><td>●学習カードを配り，立てた目標を記入するように伝える。
●場や用具の準備を友達と一緒にしようとしている様子を取り上げて，称賛する。

◆学習評価◆　主体的に学習に取り組む態度
③用具の準備や片付けを友達と一緒にしようとしている。
➡　使用する用具などの準備や片付けを友達と一緒にしようとしている姿を評価する。（観察・学習カード）

◎用具の準備や片付けを友達と一緒にすることに意欲的でない児童への配慮の例
➡　個別に関わり，準備や片付けの行い方を説明しながら一緒に行うことで，準備や片付けが短時間で効率的にできることを実感できるようにするなどの配慮をする。

●けがの防止のために適切な準備運動を行うように伝える。</td></tr>
<tr><td rowspan="3">15分</td><td>5　高跳びで，記録への挑戦をする
○高跳びの行い方と計測の仕方を知る。</td><td>●高跳びの行い方と計測の仕方について，学習資料やＩＣＴ機器を活用したり，実際に動いて示したりしながら説明する。</td></tr>
<tr><td colspan="2">高跳びの計測の仕方の例

・ゴム跳びでの高さを参考に，余裕をもって跳ぶことができる高さからはじめて，５㎝ごとなど高さを上げていく。
・同じ高さを２回跳ぶことができなかったら，その前に跳べた高さを自己の記録とする。
・跳ぶ順番やバーやマットの位置を直す役割の順番を決めて，チームで協力して計測をする。
・跳んだ人の足がかかるとバーが飛ぶ場合があるので，バーを直す役割などで待つ際はスタンドより手前に立つようにする。</td></tr>
<tr><td>○課題の解決のために考えたことを伝える。</td><td>●考えたことを伝えていることを取り上げて，称賛する。</td></tr>
</table>

15分

6 動きを身に付けるための練習をする

○高跳びの動きを身に付けるための練習の仕方を知る。

● **高跳びの練習の仕方について，学習資料やICT機器を活用したり，実際に動いて示したりしながら説明する。**

高跳びの練習の仕方の例

○短い助走から踏み切る練習

・３歩の助走で踏み切る。

小刻みに「ト・ト・トン」のリズムで走って踏み切る。

○強く踏み切る練習

・大きな音がするように踏み切り，膝や手を高く上げる。

○足から着地する練習

・足の裏でしっかりと着地する。

◎恐怖心があり運動に意欲的でない児童への配慮の例

➡ 高跳びのスタンドやバーが当たることへの恐怖心がある児童には，友達が持つゴムひもを跳ぶようにするなどの配慮をする。

○自己の課題の解決のための活動を選んで，練習をする。

● **課題に応じた活動を選んでいることを取り上げて，称賛する。**

○課題の解決のために考えたことを伝える。

● **考えたことを伝えていることを取り上げて，称賛する。**

5分

7 本時を振り返り，次時への見通しをもつ

本時の振り返り

・高跳びの行い方について，知ったことを書きましょう。
・高跳びの自己の記録と，課題の解決のために選んだ活動を書きましょう。
・用具の準備や片付けを友達と一緒にすることについて，気付いたことや考えたことを書きましょう。

○振り返りを発表して，友達に伝える。

● **振り返りを学習カードに記入するように伝えるとともに，気付きや考えのよさを取り上げて，称賛する。**

◆学習評価◆ 知識・技能
①高跳びの行い方について，言ったり書いたりしている。

➡ 短い助走から強く踏み切って高く跳ぶといった高跳びの行い方について，発表したり学習カードに記入したりしていることを評価する。（観察・学習カード）

◎高跳びの行い方を知ることが苦手な児童への配慮の例

➡ 個別に関わり，高跳びの行い方のポイントについて対話をしながら確認をするなどの配慮をする。

8 整理運動，場や用具の片付けをする

● **適切な整理運動を行うように伝えるとともに，けががないかなどを確認する。**

9 集合，健康観察，挨拶をする

本時の目標と展開③（6／7時間）

本時の目標

(1) 短い助走から強く踏み切って高く跳ぶことができるようにする。
(2) 友達との競争の仕方を考え，競争の規則や記録への挑戦の仕方を選ぶことができるようにする。
(3) 友達の考えを認めることができるようにする。

本時の展開

時間	学習内容・活動	指導上の留意点
10分	1　集合，挨拶，健康観察をする 2　本時のねらいを知り，目標を立てる	
	競争の規則や動きを身に付けるための活動を工夫して，高跳びをしよう	
	○本時のねらいを知り，自己の目標を立てる。	●学習カードを配り，立てた目標を記入するように伝える。
	3　場や用具の準備をする ○チームで協力して，準備をする。	●安全な準備の仕方を確認する。
	4　準備運動，主運動につながる運動をする ○学級全体やチームで準備運動，主運動につながる運動をする。	●けがの防止のために適切な準備運動を行うように伝える。
15分	5　高跳びで，競争をする ○高跳びの競争の規則を知る。	●高跳びの競争の規則について，学習資料やＩＣＴ機器を活用したり，実際に動いて示したりしながら説明する。
	高跳びの競争の規則の例 ○跳ぶことができた記録に得点を付けて競争をする ・跳ぶ回数（成功しても失敗しても一人３回など）を決め，跳んだ記録を得点化して競う。  ○得点の仕方を工夫する ・能力に差があっても競争を楽しめるように，自己記録と競争で跳んだ記録との差を得点化する。 ・踏切り板を使って跳ぶことも選ぶことができることとし，使わないときとの得点の工夫をする。 ・３回跳んで一番よい記録の得点にする，３回とも得点として合計するなど，得点の仕方を工夫する。 ○得点を合計して，チーム対抗で競争を楽しむ	
	○自己やチームに適した規則を選んで，競争をする。	●自己やチームに適した規則を選んでいる様子を取り上げて，称賛する。 ◆学習評価◆　思考・判断・表現 ②友達との競争の仕方を考え，競争の規則や記録への挑戦の仕方を選んでいる。 ➡　競争をする際に，自己やチームに適したり相手と楽しく競争をすることができたりする規則や選んでいる姿を評価する。（観察・学習カード） ◎規則を選ぶことが苦手な児童への配慮の例 ➡　それぞれの規則のよさを伝えてどの規則も肯定できるようにしたり，いろいろな規則を試したりして，自己やチームに適した規則を見付けるようにするなどの配慮をする。
	○課題の解決のために考えたことを伝える。	●考えたことを伝えていることを取り上げて，称賛する。

15分

6 動きを身に付けるための練習をする

○自己の課題の解決のための活動を選んで，練習をする。

● **課題に応じた活動を選んでいることを取り上げて，称賛する。**

一定のリズムでの高跳びの行い方の例

○5歩の助走での高跳び

3歩の助走から力強く踏み切り，膝を曲げて両足で着地することができたら，5歩の助走での高跳びの練習をする。

・はじめの2歩は弾んで走る。

・踏切りまでの3歩は小刻みに走って踏み切る。

○課題の解決のために考えたことを伝える。

● **友達の考えを認めようとしている様子を取り上げて，称賛する。**

◎友達の考えを認めることに意欲的でない児童への配慮の例

➡ **友達の話を聞こうとしなかったり友達の考えを否定することを言ったりする児童には，人はそれぞれに考えに違いがあり，それを認めることが大切であることを伝えるとともに，それぞれの考えのよさを取り上げて，気付くようにするなどの配慮をする。**

5分

7 本時を振り返り，次時への見通しをもつ

本時の振り返り

・高跳びの記録と，選んだ競争や記録への挑戦の仕方を書きましょう。
・高跳びの動きについて，見付けた課題と課題解決のために選んだ活動を書きましょう。
・きまりを守り仲よく励まし合うことについて，気付いたことや考えたことを書きましょう。

○振り返りを発表して，仲間に伝える。

● **振り返りを学習カードに記入するように伝えるとともに，気付きや考えのよさを取り上げて，称賛する。**

8 整理運動，場や用具の片付けをする

● **適切な整理運動を行うように伝えるとともに，けががないかなどを確認する。**

9 集合，健康観察，挨拶をする

本時の目標と展開④（7／7時間）

本時の目標

(1) 短い助走から強く踏み切って高く跳ぶことができるようにする。
(2) 友達のよい動きや変化を見付けたり考えたりしたことを友達に伝えることができるようにする。
(3) 高跳びに進んで取り組むことができるようにする。

本時の展開

時 間	学習内容・活動	指導上の留意点
10分	1　集合，挨拶，健康観察をする 2　本時のねらいを知り，目標を立てる	
	高跳び大会で競争や記録への挑戦をして，学習のまとめをしよう	
	○本時のねらいを知り，自己の目標を立てる。	●学習カードを配り，立てた目標を記入するように伝える。
	3　場や用具の準備をする ○チームで協力して，準備をする。	●安全な準備の仕方を確認する。
	4　準備運動，主運動につながる運動をする ○学級全体やチームで準備運動，主運動につながる運動をする。	●けがの防止のために適切な準備運動を行うように伝える。
25分	5　高跳び大会をする ○高跳び大会の行い方を知る。	●高跳び大会の行い方を説明する。
	高跳び大会の行い方やきまりの例 ・記録への挑戦では，バーは低いところから順番に高さを上げていきます。同じ高さを2回跳べなかったら終了です。無理のない高さから挑戦をして，最高記録を目指しましょう。 ・チームの対抗戦では，みんなが楽しく競争をできる規則を選んで取り組みましょう。 ・全員が学習の成果を発揮して運動をすることができるように，全力で応援しましょう。 	
	○自己に適したバーの高さで，高跳びの練習をする。	●進んで取り組もうとしている様子を取り上げて，称賛する。 **◆学習評価◆　主体的に学習に取り組む態度** **①高跳びに進んで取り組もうとしている。** ➡　高跳びの競争や記録への挑戦，課題の解決のための活動などに，進んで取り組もうとしている姿を評価する。（観察・学習カード）
	○高跳びの自己の記録への挑戦をする。	**◆学習評価◆　知識・技能** **②短い助走から強く踏み切って高く跳ぶことができる。** ➡　3～5歩程度の助走から踏切り足を決めて強く踏み切り，高く跳んで競争や記録への挑戦をしている姿を評価する。（観察）
	○競争をする相手チームを決める。 ○競争の規則を選んで，チーム対抗で競争をする。	●誰とでも励まし合おうとしている様子を取り上げて，称賛する。
10分	6　単元を振り返り，学習のまとめをする	
	単元の学習の振り返り ・高跳び大会の結果を書きましょう。 ・単元の学習の自己やチームの目標で，達成したことを書きましょう。 ・学習したことで，今後の学習や日常生活の中で取り組んでいきたいことを書きましょう。 	
	○振り返りを発表して，友達に伝える。	●振り返りを学習カードに記入するように伝えるとともに，気付きや考えのよさを取り上げて，称賛する。
	7　整理運動，場や用具の片付けをする	●適切な整理運動を行うように伝えるとともに，けががないかなどを確認する。
	8　集合，健康観察，挨拶をする	

2学年間にわたって取り扱う場合

【第3学年における指導と評価の計画（例）】

時間		1	2	3	4	5	6	7
ねらい		学習の見通しをもつ	高跳びの行い方を知り、自己の記録に挑戦することを楽しむ			動きを身に付けるための活動や競争の仕方を工夫して、競争や記録に挑戦することを楽しむ		学習のまとめをする
学習活動		オリエンテーション ○学習の見通しをもつ ・学習の進め方 ・学習のきまり ○高跳びをする ・友達と協力してゴムを用いた高跳びをする	○高跳びで、記録への挑戦をする ・３歩の助走から、踏切り足を決めて高跳びをする ・友達と協力して計測をする ○動きを身に付けるための練習をする ・膝を柔らかく曲げて、足から着地をする ・助走から、決めた踏切り足で踏み切る ・強く踏み切って高く跳ぶ			○高跳びで，競争をする ・跳ぶことができた高さと自己の記録とを比べるなどして付けた得点で競争をする ・チーム対抗での競争をする ○動きを身に付けるための練習をする		学習のまとめ ○高跳び大会 ・自己の記録への挑戦をする ・チーム対抗での競争をする ○学習のまとめをする
評価の重点	知識・技能		① 観察・学習カード					② 観察
	思考・判断・表現				① 観察・学習カード		② 観察・学習カード	
	主体的に学習に取り組む態度	⑥ 観察・学習カード	② 観察・学習カード	③ 観察・学習カード		④ 観察・学習カード		① 観察・学習カード

【低学年「跳の運動遊び」との円滑な接続を図るための工夫（例）】

● 「短い助走から前方に強く踏み切り，遠くへ跳ぶ」ために

低学年では，ゴム跳び遊びで，助走を付けて片足でしっかり地面を蹴って上方に跳んだり，片足や両足で連続して上方に跳んだりして，ゴムを跳び越して遊びました。中学年では，短い助走から強く踏み切って高く跳ぶことを目指して運動ができるようにします。

そのため中学年のはじめは，自己の記録を知ることができるように，友達と協力して高跳びの記録を計測することができるようにしましょう。また，より高く跳ぶことができるように，高跳びの動きを身に付けるための練習に取り組むことができるようにしましょう。

（例）高跳びで、自己の記録に挑戦をする
- ・友達と協力して、高跳びの計測をする。計測の際は、落としてしまったバーを直したり挑戦する高さに合わせたりする役割、場の安全を確かめる役割などを友達と一緒に行う。

（例）動きを身に付けるための練習をする
- ・踏み切ってバーを跳び越し、膝を柔らかく曲げて、足から着地をする。はじめは、１、２歩の短い助走で低いバーを跳び越して着地をする練習をする。慣れてきて高さを上げて行う際も、足から着地できるようにする。
- ・短い助走から、決めた踏切り足で踏み切る。はじめは３歩の助走から決めた踏切り足で踏み切ることができるように練習する。その際、踏切足とは反対の足を前にして構えた姿勢から走り出すようにすると、３歩目に決めて踏切り足で踏み切ることができる。できるようになったら、助走を５歩に増やして行う。
- ・高く跳ぶことができるように強く踏み切る。踏切りまでの３歩の助走を「ト・ト・トン」のリズムで素早く走るとともに、踏切りの「トン」は地面を強く蹴るようにする。踏切りの位置に踏切り板を置き、大きな音が出るように踏み切る練習などをする。

【第3学年において重点を置いて指導する内容（例）】

● 知識及び技能

まず，安全に運動ができるように，膝を柔らかく曲げて，足から着地することができるようにしましょう。短い助走からの踏切りは，いつも決めた踏切り足で踏み切ることができるように，短い助走で何度も練習できるようにしましょう。できるようになってきたら，踏切りまでの３歩の助走を「ト・ト・トン」のリズムで素早く走るようにして強く踏み切り，より高く跳ぶことを目指しましょう。

● 思考力，判断力，表現力等

高跳びの記録への挑戦や競争をする中で，自己の能力に適した課題を見付け，動きを身に付けるための練習を選んで取り組むことができるようにしましょう。

● 学びに向かう力，人間性等

計測や用具の準備や片付けを友達と一緒にしようとすることができるようにしましょう。また，高跳びをする場などの危険物を取り除くとともに，用具の安全を確かめることができるようにしましょう。

投の運動

投の運動は，横向きの姿勢から足を踏み出して，腕を強く振って遠くに投げる楽しさや喜びに触れることができる運動です。本単元例は，ボールなどを遠くに向かって投げたり大きく弾むように地面に向かって投げたりして競争や記録への挑戦をする活動を設定することで，投げるときの体の使い方を知り，腕を強く振って遠くに投げる動きを身に付けて投の運動を楽しむことができる授業を展開するようにしています。

単元の目標

(1) 投の運動の行い方を知るとともに，横向きの姿勢から足を踏み出して投げることができるようにする。
(2) 自己の能力に適した課題を見付け，動きを身に付けるための活動や競争の仕方を工夫するとともに，考えたことを友達に伝えることができるようにする。
(3) 投の運動に進んで取り組み，きまりを守り誰とでも仲よく運動をしたり，勝敗を受け入れたり，友達の考えを認めたり，場や用具の安全に気を付けたりすることができるようにする。

指導と評価の計画（3時間）

時間		1
ねらい		学習の見通しをもつ
学習活動		オリエンテーション 1　集合，挨拶，健康観察をする 2　単元の学習の見通しをもつ ○単元の目標と学習の進め方を知る。 ○学習のきまりを知る。 ○チームを確認する。 3　本時のねらいを知り，目標を立てる 4　場や用具の準備をする ○場や用具の準備と片付けの仕方を知る。 5　準備運動，主運動につながる運動をする ○準備運動，主運動につながる運動の行い方を知る。 6　投の運動をする。 ○投の運動の行い方を知る。 ○いろいろな用具を投げる。 7　本時を振り返り，次時への見通しをもつ　8　整理運動，場や用具の片付けをする
評価の重点	知識・技能	① 観察・学習カード
	思考・判断・表現	
	主体的に学習に取り組む態度	② 観察・学習カード

単元の評価規準

知識・技能	思考・判断・表現	主体的に学習に取り組む態度
①投の運動の行い方について，言ったり書いたりしている。 ②横向きの姿勢から足を踏み出して，腕を強く振って遠くへ投げることができる。	①自己の課題を見付け，その課題の解決のための活動を選んでいる。 ②友達のよい動きや変化を見付けたり，考えたりしたことを友達に伝えている。	①投の運動に進んで取り組もうとしている。 ②場や用具の安全を確かめている。

2	3
動きを身に付けるための活動を工夫して，遠くへ投げることを楽しむ	学習のまとめをする
1　集合，挨拶，健康観察をする　2　本時のねらいを知り，目標を立てる　3　場や用具の準備をする	
4　準備運動，主運動につながる運動をする	
5　投の運動で，自己の記録への挑戦をする ○投げる用具を選んで，投げた距離の計測をする。 ○課題解決のために考えたことを伝える。 **6　投の運動で，自己の課題に応じた練習をする** ○投の運動の課題の解決の仕方を知る。 ○自己の課題の解決のための活動を選んで，投の運動の練習をする。 ○課題解決のために自己や仲間が考えたことを伝える。 **9　集合，健康観察，挨拶をする**	学習のまとめ **5　投の運動記録会をする** ○用具を選んで，投げる練習をする。 ○投げた距離の計測をする。 **6　単元を振り返り，学習のまとめをする** **7　整理運動，場や用具の片付けをする** **8　集合，健康観察，挨拶をする**
	② 観察
① 観察・学習カード	② 観察・学習カード
① 観察・学習カード	

本時の目標と展開①（1／3時間）

本時の目標

(1) 投の運動の行い方を知ることができるようにする。
(2) 自己の課題を見付け，その課題の解決のための活動を選ぶことができるようにする。
(3) 場や用具の安全を確かめることができるようにする。

本時の展開

時間	学習内容・活動	指導上の留意点
5分	1　**集合，挨拶，健康観察をする** 2　**単元の学習の見通しをもつ** ○単元の目標と学習の進め方を知る。 ○学習をするグループを確認する。 ○学習のきまりを知る	●掲示物を活用するなどしながら，分かりやすく説明する。 ●学習をするグループを事前に決めておく。

学習のきまりの例
・用具は正しく使いましょう。
・運動前には，場の安全を確かめましょう。
・ボールを投げる時には，前方に友達がいないかを確認しましょう。
・友達と仲よく励まし合いましょう。
・友達の考えを認めましょう。

時間	学習内容・活動	指導上の留意点
5分	3　**本時のねらいを知り，目標を立てる**	
	投の運動の学習の進め方を知り，学習の見通しをもとう	
	○本時のねらいを知り，自己の目標を立てる。	●学習カードを配り，使い方を説明する。
15分	4　**場や用具の準備をする** ○場や用具の準備と片付けの仕方を知る。 ○チームで協力して，準備をする。	●安全な準備と片付けの仕方を説明する。 ●安全を確かめている様子を取り上げて，称賛する。

場や用具の準備と片付けのきまりの例
・運動をする場所に危険物がないか確かめ，見付けたら取り除きましょう。
・運動に使う用具などは，友達と一緒に，決まった場所から安全を確かめて運びましょう。
・安全に運動ができるように，服装などが整っているか，確かめましょう。

時間	学習内容・活動	指導上の留意点
15分	5　**準備運動，主運動につながる運動をする** ○準備運動，主運動につながる運動の行い方を知る。 ○学級全体やチームで準備運動，主運動につながる運動をする。	●けがの防止のために適切な準備運動の行い方について，実際に動いて示しながら説明する。

準備運動の例
肩，首，腕，腰，手首，腿，膝，ふくらはぎ，足首などをほぐす運動を行う。

主運動につながる運動の例
○投げる運動の動作を確認して投げる

先生や友達のかけ声に合わせて投げてみましょう。

・低学年で学習した「ひらいて・パタン・とんで・いけ！」のかけ声と動作で投げる。

○横向きの姿勢のまま移動してから投げる

・「パタン」の動きの後に2，3回サイドステップをして投げる。

20分

6　投の運動をする

○ソフトボール投げの行い方と計測の仕方を知る。

● ソフトボール投げの行い方と計測の仕方を説明する。

ソフトボール投げの計測の役割分担の例

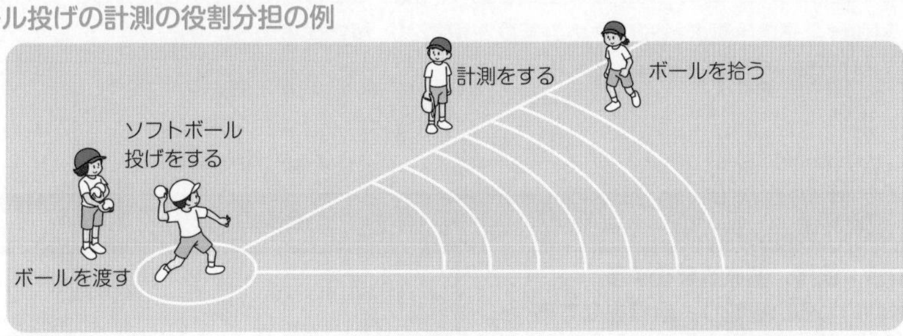

○投の運動の行い方を知る。

● 投の運動の行い方について，学習資料やＩＣＴ機器を活用したり，実際に動いて示したりしながら説明する。

投の運動の行い方の例

・横向きに立ち，肘を上げる。

・足を踏み出すとき，しっかりと体重を移動させて投げる。

○学級全体やチームで，投動作の練習をする。

○ソフトボール投げの練習をする。（一人２回程度投げる）

○ソフトボール投げの計測をする。（一人２回投げる）

● 安全を確かめている様子を取り上げて，称賛する。

◆学習評価◆　主体的に学習に取り組む態度
②場や用具の安全を確かめている。

➡　運動をする際などに，場の危険物を取り除くとともに用具の安全を確かめている姿を評価する。（観察・学習カード）

◎安全に気を配ることに意欲的でない児童への配慮の例

➡　**投げる前には周りや投げるほうの安全を確かめるように声をかけたり，チームの友達と一緒に安全を確かめて，安全であることを伝え合ったりするなどの配慮をする。**

5分

7　本時を振り返り，次時への見通しをもつ

本時の振り返り

・投の運動の行い方について，知ったことを書きましょう。
・安全を確かめることについて，気付いたことや考えたことを書きましょう。
・ソフトボール投げの記録と，投の運動をして気付いたことや考えたことを書きましょう。
・単元の学習で身に付けたいことや目指したい記録など，自己の目標を書きましょう。

○振り返りを発表して，友達に伝える。

● 振り返りを学習カードに記入するように伝えるとともに，気付きや考えのよさを取り上げて，称賛する。

◆学習評価◆　知識・技能
①投の運動の行い方について，言ったり書いたりしている。

➡　横向きの姿勢から足を踏み出して，腕を強く振って遠くへ投げるといった投の運動の行い方について，発表したり学習カードに記入したりしていることを評価する。（観察・学習カード）

◎投の運動の行い方を知ることが苦手な児童への配慮の例

➡　**個別に関わり，投の運動の行い方のポイントについて対話をしながら確認するなどの配慮をする。**

8　整理運動，場や用具の片付けをする

● 整理運動の行い方について，実際に動いて示しながら説明するとともに，けががないかなどを確認する。

9　集合，健康観察，挨拶をする

本時の目標と展開②（2／3時間）

本時の目標

(1) 横向きの姿勢から足を踏み出して，腕を強く振って遠くへ投げることができるようにする。
(2) 自己の課題を見付け，その課題の解決のための活動を選ぶことができるようにする。
(3) 投の運動に進んで取り組むことができるようにする。

本時の展開

<table>
<tr><th>時間</th><th>学習内容・活動</th><th>指導上の留意点</th></tr>
<tr><td rowspan="3">10
分</td><td>1　集合，挨拶，健康観察をする
2　本時のねらいを知り，目標を立てる</td><td></td></tr>
<tr><td colspan="2">動きを身に付けるための活動を工夫して，遠くへ投げよう</td></tr>
<tr><td>○本時のねらいを知り，自己の目標を立てる。
3　場や用具の準備をする
○チームで協力して，準備をする。

4　準備運動，主運動につながる運動をする
○学級全体やチームで準備運動，主運動につながる運動をする。</td><td>● 学習カードを配り，立てた目標を記入するように伝える。

● 友達と一緒に準備をしようとしている様子を取り上げて，称賛する。
◎場や用具の準備や片付けを友達と一緒することに意欲的でない児童への配慮の例
➡　個別に関わり，準備や片付けの仕方を確認したり，グループの友達や教師が誘って一緒に行ったりするなどの配慮をする。

● けがの防止のために適切な準備運動を行うように伝える。</td></tr>
<tr><td></td><td colspan="2">主運動につながる運動の例
○くるくるボールを投げる
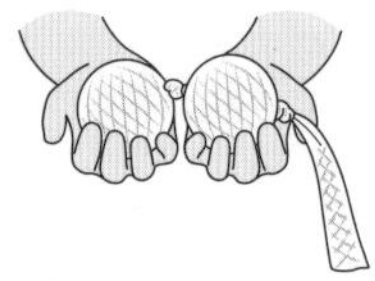  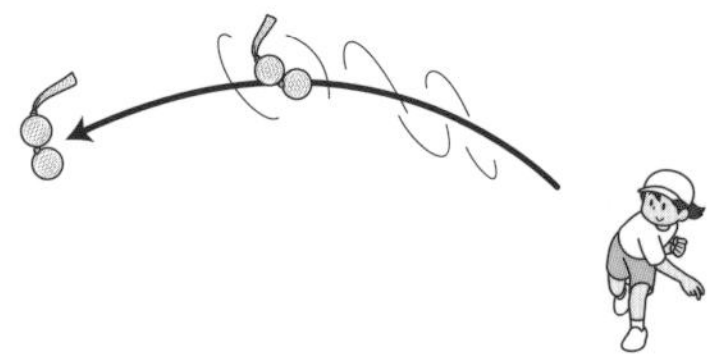
・テニスボール２つをミカンなどのネットに入れ，端や間を結んで固定した用具。　・そのうち１つを握る。　・くるくるボールが回転するように投げる。
○新聞紙棒を投げる
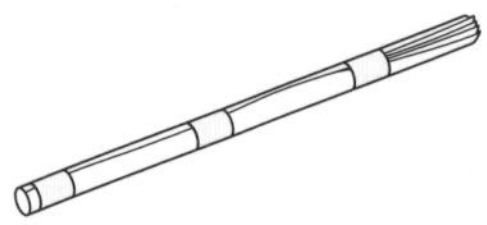  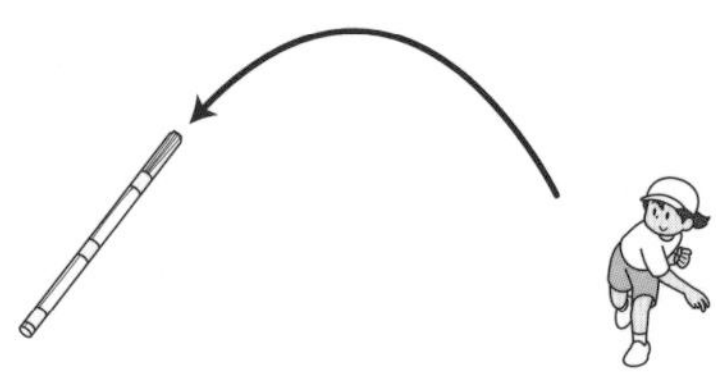
・１回分の新聞紙を棒状に丸めた用具。後ろ端は 20cm程度の切れ目を入れ，３か所程度をテープなどで止める。　・棒の中央を握る。　・腕を大きく振って，山なりに投げる</td></tr>
<tr><td>15
分</td><td>5　投の運動で，自己の記録への挑戦をする
○チームで協力して，計測の準備をする。

○投げる用具を選んで，投げた距離の計測をする。（一人２回投げる）
・くるくるボール
・新聞紙棒

○課題解決のために考えたことを伝える。</td><td>● 安全な準備の仕方を確認する。
◎投の運動が苦手な児童への配慮の例
➡　用具が変わっても，横向きの姿勢から足を踏み出して投げることができるように，「ひらいて・パタン・とんで・いけ！」のかけ声に合わせて投げるようにするなどの配慮をする。
➡　地面に叩きつけるような動きをしている児童には，投げる際に目線を高い位置にするように伝えるとともに，用具を手から離すタイミングを早めるように助言するなどの配慮をする。

● 考えたことを伝えていることを取り上げて，称賛する。</td></tr>
</table>

時間	学習活動	指導上の留意点
15分	**6　投の運動で，自己の課題に応じた練習をする** ○投の運動の課題の解決の仕方を知る。	● 投の運動の課題の解決の仕方について，学習資料やＩＣＴ機器を活用したり，実際の場を示したりしながら説明する。

投の運動の練習の場や段階などの例

○投げる角度を高くする

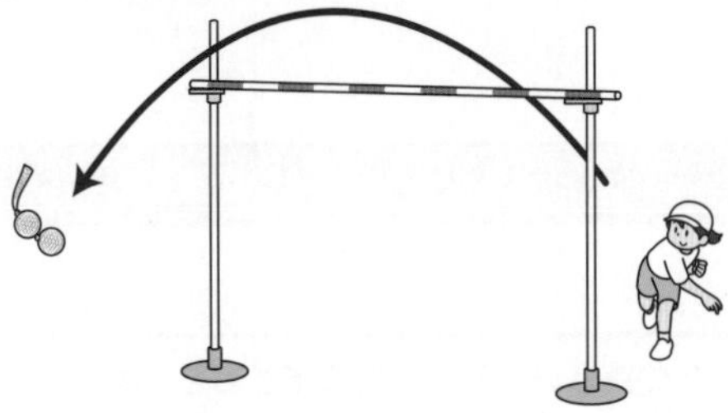

・高さのある目標物を設置してくるくるボールを投げる。
・ボールがくるくる回転するように投げる。

○投動作を確認する

・ＩＣＴ機器を活用して撮影した動画で，自己の動きを確認する。

○横向きの姿勢のまま移動してから投げる

・新聞紙棒をサイドステップをして投げる。腕を大きく振り，押し出すようにする。

時間	学習活動	指導上の留意点
15分	○自己の課題の解決のための活動を選んで，投の運動の練習をする。	● 課題に応じた練習の活動を選んでいることを取り上げて，称賛する。 **◆学習評価◆　思考・判断・表現** **①自己の課題を見付け，その課題の解決のための活動を選んでいる。** ➡　記録への挑戦をして見付けた自己の課題に応じた活動を選んでいる姿を評価する。（観察・学習カード） **◎課題の解決のための活動を選ぶことが苦手な児童への配慮の例** ➡　個別に関わり，投げ方を確かめたり動作を撮影した動画を一緒に見たりして課題を確認して，その課題に応じた活動を選ぶようにするなどの配慮をする。 ● 進んで取り組もうとしている様子を取り上げて，称賛する。 **◆学習評価◆　主体的に学習に取り組む態度** **①投の運動に進んで取り組もうとしている。** ➡　投の運動での記録への挑戦や練習などに進んで取り組もうとしている姿を評価する。（観察・学習カード）
	○課題解決のために自己や友達が考えたことを伝える。	● 考えたことを伝えていることを取り上げて，称賛する。
5分	**7　本時を振り返り，次時への見通しをもつ**	

本時の振り返り
・選んだ用具を投げた記録と，見付けた自己の課題と練習で選んだ活動を書きましょう。
・友達のよい動きの変化を見付けたり，考えたりしたことを書きましょう。

時間	学習活動	指導上の留意点
5分	○振り返りを発表して，友達に伝える。	● 振り返りを学習カードに記入するように伝えるとともに，気付きや考えのよさを取り上げて，称賛する。
	8　整理運動，場や用具の片付けをする	● 適切な整理運動を行うように伝えるとともに，けががないかなどを確認する。
	9　集合，健康観察，挨拶をする	

本時の目標と展開③（3／3時間）

本時の目標

(1) 横向きの姿勢から足を踏み出して，腕を強く振って遠くへ投げることができるようにする。
(2) 友達のよい動きを見付けたり，考えたりしたことを友達に伝えることができるようにする。
(3) 投の運動に進んで取り組むことができるようにする。

本時の展開

時間	学習内容・活動	指導上の留意点
10分	1　**集合，挨拶，健康観察をする** 2　**本時のねらいを知り，目標を立てる**	
	投の運動記録会で自己の記録への挑戦をして，学習のまとめをしよう	
	○本時のねらいを知り，自己の目標を立てる。	●学習カードを配り，立てた目標を記入するように伝える。
	3　**場や用具の準備をする** ○チームで協力して，準備をする。	●安全な準備の仕方を確認する。
	4　**準備運動，主運動につながる運動をする** ○学級全体やチームで準備運動，主運動につながる運動をする。	●けがの防止のために適切な準備運動を行うように伝える。
25分	5　**投の運動記録会をする** ○投の運動記録会の行い方を知る。	●投の運動記録会の行い方を説明する。
	投の運動記録会の行い方や約束の例 ・これまでのように，チームで協力して計測をします。自己の最高記録を目指しましょう。 ・これまでの学習で使った用具の中から，投げたい用具を選んで計測をしましょう。 ・全員が学習の成果を発揮できるように，元気よく気持ちのよい応援をしましょう。	
	○用具を選んで，投げる練習をする。（一人２回程度投げる）	●進んで取り組もうとしている様子を取り上げて，称賛する。 **◆学習評価◆　知識・技能** **②横向きの姿勢から足を踏み出して，腕を強く振って遠くへ投げることができる。** ➡　練習や記録会で，選んだ用具を横向きの姿勢から足を踏み出して遠くへ投げている姿を評価する。（観察・学習カード）
	○投げた距離の計測をする。（一人２回投げる）	
10分	6　**単元を振り返り，学習のまとめをする**	
	単元の学習の振り返り ・投の運動記録会での記録を書きましょう。 ・単元の学習の目標で，達成したことを書きましょう。 ・学習したことで，今後の学習や日常生活の中で取り組んでいきたいことを書きましょう。	
	○振り返りを発表して，友達に伝える。	●振り返りを学習カードに記入するように伝えるとともに，気付きや考えのよさを取り上げて，称賛する。 **◆学習評価◆　思考・判断・表現** **②友達のよい動きや変化を見付けたり，考えたりしたことを友達に伝えている。** ➡　練習や記録会で，友達のよい動きや変化を見付けたり，考えたりしたことを友達に伝えている姿を評価する。（観察・学習カード） **◎考えたことを伝えることが苦手な児童への配慮の例** ➡　**個別に関わり，友達のよい動きを見付けたり，友達のよい考えに気付いたりしたことを聞き取って，仲間に伝えることを支援するなどの配慮をする。**
	7　**整理運動，場や用具の片付けをする**	●適切な整理運動を行うように伝えるとともに，けががないかなどを確認する。
	8　**集合，健康観察，挨拶をする**	

2学年間にわたって取り扱う場合

【第3学年における指導と評価の計画（例）】

時間		1	2	3
ねらい		学習の見通しをもつ	投の運動の動きを身に付けるための活動を工夫して，遠くへ投げることを楽しむ	学習のまとめをする
学習活動		オリエンテーション ○学習の見通しをもつ ・学習の進め方 ・学習のきまり ○投の運動 計測の仕方を知り，友達と協力してソフトボール投げの計測をする	○自己の課題に応じた練習をする ・くるくるボールを投げる 高さのある目標物を設置して，その上を越すようにくるくるボールを投げる ・新聞紙棒を投げる 横向きの姿勢のままサイドステップをして移動してから，腕を強く振って新聞紙棒を投げる	学習のまとめ ○投の運動記録会 ・ソフトボール投げ ○学習のまとめをする
評価の重点	知識・技能	① 観察・学習カード		② 観察
	思考・判断・表現		① 観察・学習カード	
	主体的に学習に取り組む態度	② 観察・学習カード	① 観察・学習カード	

【低学年「投の運動遊び」との円滑な接続を図るための工夫（例）】

● 「横向きの姿勢から足を踏み出して投げる」ために

低学年では，「ひらいて・パタン・とんで・いけ！」のかけ声に合わせて，ボールなどの用具を片手で持って，前方に投げて遊ぶことを楽しみました．中学年では，横向きの姿勢から足を踏み出して，腕を強く振って遠くへ投げることができるようにします。

そのため中学年の活動では，いろいろな用具を横向きの姿勢から足を踏み出して，腕を強く振って遠くへ投げることを楽しむ活動をしましょう。

（例）くるくるボールを投げる
・手首のスナップを使って投げるとくるくると回って飛ぶくるくるボールを投げる。
・地面に叩きつけるような投げ方にならないように，高さのある目標物を設置してその上を越すように投げる。
（例）新聞紙棒を投げる
・新聞紙を丸めて作成する棒を横向き姿勢で担ぐように持ち，その姿勢のままサイドステップで数歩移動してから腕を強く振って押し出すようにして投げる。

【第3学年において重点を置いて指導する内容（例）】

● 知識及び技能

中学年では，いろいろな用具を持ち，投げる方向に対して体を横に向けて構えたところから，投げる手と反対の足を一歩前に踏み出して，腕を強く振って投げることができるようにしましょう。

● 思考力，判断力，表現力等

いろいろな用具を投げる活動をした後，自己に適した用具を選んで遠くに投げる練習をしたり，ＩＣＴ機器で投げる動きを撮影して，自己の課題を見付けたりすることができるようにしましょう。

● 学びに向かう力，人間性等

中学年の単元計画例では，ソフトボール投げで計測をする活動を取り入れましたので，どの場でも安全に計測をすることができるように，投げるほうに人がいないか，場に危険物がないかなど，自己やグループで安全を確かめることができるようにしましょう。また，児童の遠投能力の向上を図るためには，体育の授業だけでなく日常生活の中でも投げる運動を楽しむ機会を増やしていくことが大切であることから，投の運動に進んで取り組もうとする態度を育むことができるようにしましょう。

D 水泳運動 浮いて進む運動，もぐる・浮く運動

浮いて進む運動は，け伸びや初歩的な泳ぎをすること，もぐる・浮く運動は，息を止めたり吐いたりしながらいろいろなもぐり方や浮き方をすることにより，浮いて進んだり，もぐったり浮いたりする楽しさや喜びに触れることができる運動です。本単元例は，もぐる・浮く運動に取り組む時間を多く設定した単元前半から，徐々に浮いて進む運動に取り組む時間を多く設定した単元後半に進むようにすることで，もぐる・浮く運動で身に付けた呼吸の調整の仕方をけ伸びや初歩的な泳ぎの学習に生かす授業を展開するようにしています。

単元の目標

(1) 浮いて進む運動，もぐる・浮く運動の行い方を知るとともに，け伸びや初歩的な泳ぎをすること，息を止めたり吐いたりしながらいろいろなもぐり方や浮き方をすることができるようにする。
(2) 自己の能力に適した課題を見付け，水の中での動きを身に付けるための活動を工夫するとともに，考えたことを友達に伝えることができるようにする。
(3) 浮いて進む運動やもぐる・浮く運動に進んで取り組み，きまりを守り誰とでも仲よく運動をしたり，友達の考えを認めたり，水泳運動の心得を守って安全に気を付けたりすることができるようにする。

指導と評価の計画（10 時間）

時　間		1	2	3	4	5
ねらい		学習の見通しをもつ	浮いて進む運動，もぐる・浮く運動の行い方を知り， いろいろなもぐり方や浮き方，初歩的な泳ぎをすることを楽しむ			
学習活動		**オリエンテーション** 1　集合，挨拶，健康観察をする 2　単元の学習の見通しをもつ ○単元の目標と学習の進め方を知る。 ○バディシステムを確認する。 ○水泳運動の心得と学習のきまりを知る。 3　本時のねらいを知り，目標を立てる 4　用具の準備をする ○用具の準備と片付けの仕方を知る。 5　準備運動をしてシャワーを浴びる 6　水慣れをする ○水慣れの行い方を知る。 7　浮いて進む運動をする ○これまでに学習した初歩的な泳ぎをする。	1　集合，挨拶，健康観察をする　2　本時のねらいを知り， 4　準備運動をして，シャワーを浴びる 5　水慣れをする **もぐる・浮く運動** 6　もぐる・浮く運動をする ○もぐる・浮く運動の行い方を知る。 ○いろいろなもぐる・浮く運動をする。 ○課題解決のために考えたことを伝える。 **浮いて進む運動**			
		8　本時を振り返り，次時への見通しをもつ　9　整理運動，用具の片付けをしてシャワーを浴び				
評価の重点	知識・技能			② 観察・学習カード		④ 観察
	思考・判断・表現					① 観察・学習カード
	主体的に学習に取り組む態度	⑤ 観察・学習カード	③ 観察・学習カード		② 観察・学習カード	

単元の評価規準

知識・技能	思考・判断・表現	主体的に学習に取り組む態度
①浮いて進む運動の行い方について，言ったり書いたりしている。 ②もぐる・浮く運動の行い方について，言ったり書いたりしている。 ③け伸びをしたり，浮いて呼吸をしながら手や足を使って進む初歩的な泳ぎをしたりすることができる。 ④呼吸を調整しながら，いろいろなもぐり方をしたり，背浮きの姿勢で浮いたり，簡単な浮き沈みをしたりすることができる。	①自己の能力に適した課題を見付け，その課題の解決のための活動を選んでいる。 ②課題の解決のために考えたことを友達に伝えている。	①水泳運動に進んで取り組もうとしている。 ②きまりを守り，誰とでも仲よく励まし合おうとしている。 ③用具の準備や片付けを，友達と一緒にしようとしている。 ④友達の考えを認めようとしている。 ⑤水泳運動の心得を守って安全を確かめている。

6	7	8	9	10
課題の解決のための活動を工夫して，自己の能力に適したもぐり方や浮き方，初歩的な泳ぎをすることを楽しむ				学習のまとめをする
目標を立てる　3　用具の準備をする				
7　**浮いて進む運動をする** ○浮いて進む運動の行い方を知る。 ○もぐる・浮く運動で身に付けた呼吸の調整の仕方を生かして浮いて進む運動をする。 ○手や足をバランスよく動かし，呼吸をしながら初歩的な泳ぎをする。 ○課題解決のために考えたことを伝える。				学習のまとめ 6　**もぐる・浮く運動をする** ○できるようになったもぐり方や浮き方をバディで見せ合う。 7　**浮いて進む運動をする** ○できるようになった初歩的な泳ぎをバディで見せ合う。 8　**単元を振り返り，学習のまとめをする** 9　**整理運動，用具の片付けをしてシャワーを浴びる** 10　**集合，健康観察，挨拶をする**
る　10　集合，健康観察，挨拶をする				
① 観察・学習カード			③ 観察	
		② 観察・学習カード		
	④ 観察・学習カード			① 観察・学習カード

本時の目標と展開①（1／10時間）

本時の目標

(1) 浮いて進む運動，もぐる・浮く運動の行い方を知ることができるようにする。
(2) 自己の能力に適した課題を見付け，その課題の解決のための活動を選ぶことができるようにする。
(3) 水泳運動の心得を守って，安全を確かめることができるようにする。

本時の展開

時間	学習内容・活動	指導上の留意点
5分	1　**集合，挨拶，健康観察をする** 2　**単元の学習の見通しをもつ** ○単元の目標と学習の進め方を知る。 ○バディシステムを確認する。 ○水泳運動の心得を知る。	 ●掲示物を活用するなどしながら，分かりやすく説明する。 ●バディ（二人一組）の組み合わせを事前に決めておく。 ●体（爪，耳，鼻，頭髪等）を清潔にしておくことを事前に伝えるとともに，授業前に確認する。

水泳運動の心得の例
・準備運動や整理運動は正しく行いましょう。　・バディで互いに安全を確認しながら活動しましょう。
・シャワーを浴びてからゆっくりと水の中に入りましょう。
・プールサイドは走らない，プールに飛び込まないなど，プールでの安全の約束を守りましょう。
運動の約束の例
・順番や場所などのきまりを守り，誰とでも仲良く励まし合いましょう。
・用具の準備や片付けを，友達と一緒にしましょう。
・友達の考えを認めましょう。

時間	学習内容・活動	指導上の留意点
	3　**本時のねらいを知り，目標を立てる**	

水泳運動の学習の進め方を知り，学習の見通しをもとう

時間	学習内容・活動	指導上の留意点
	○本時のねらいを知り，自己の目標を立てる。	●学習カードを配り，使い方を説明する。（濡れないようにするため，教室で配って記入することも考えられる。）
10分	4　**用具の準備をする** ○用具の準備と片付けの仕方を知る。 ○学級全体で協力して，準備をする。	 ●安全な準備と片付けの仕方を説明する。 ●安全を確かめている様子を取り上げて，称賛する。

用具の準備の仕方の例
・プールサイドや水面に危険物がないか確かめて，見付けたら先生に知らせましょう。
・運動に使う用具は，決まった場所から使うものだけを取り，使い終わったら片付けましょう。
・水着などは正しく身に付らけれているか確かめましょう。タオルの置き場所を確かめましょう。

時間	学習内容・活動	指導上の留意点
	5　**準備運動をしてシャワーを浴びる** ○準備運動の行い方を知る。 ○学級全体で準備運動をする。	 ●けがの防止のために適切な準備運動の行い方について，実際に動いて示しながら説明する。

準備運動の例
○徒手での運動　…肩，腕，膝，ふくらはぎ，首などをほぐす運動をする。

時間	学習内容・活動	指導上の留意点
	○シャワーの浴び方を知る。 ○順番にシャワーを浴びる。	●衛生と安全に配慮したシャワーの浴び方を説明する。
10分	6　**水慣れをする** ○水慣れの行い方を知る。 ○ゆっくりと水に入る。 ○バディで水に慣れ，主運動につながる動きをする。	 ●体に水をかけてから，ゆっくりと水に入るようにする。 ●水慣れの行い方について，学習資料やＩＣＴ機器を活用したり，実際に動きで示したりしながら説明する。

水慣れの運動の例
○お尻でプールの底にタッチ

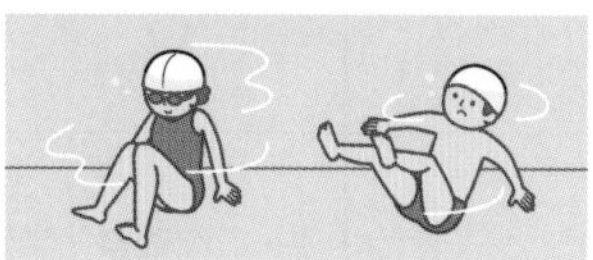

○くらげ浮き，伏し浮き，大の字浮き

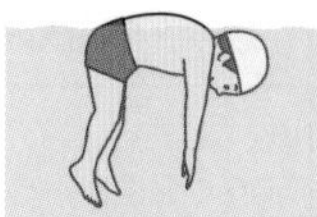

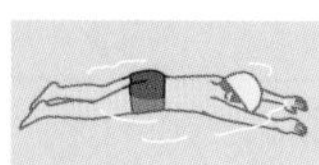

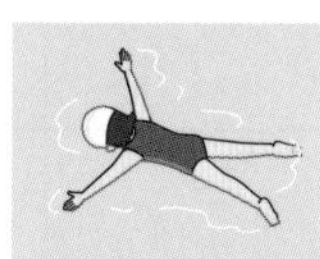

○連続水中じゃんけん
（動きと呼吸のリズムを合わせる）

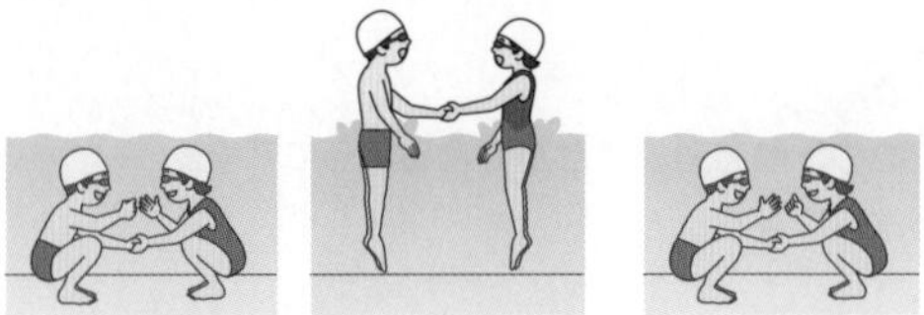

○プールの底に座る（息を吐き切る）

15分

7 浮いて進む運動をする

○これまでに学習した初歩的な泳ぎの行い方を確認する。

○補助具を用いた初歩的な泳ぎをする。

補助具を用いた初歩的な泳ぎの例

○補助具を用いた背浮きでの泳ぎ

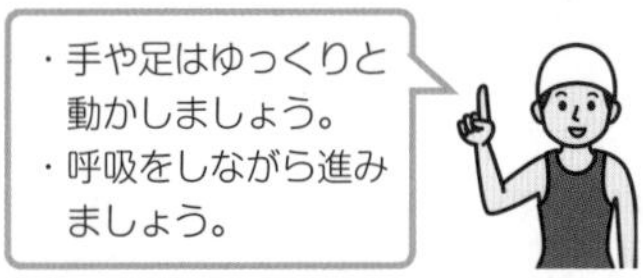
・手や足はゆっくりと動かしましょう。
・呼吸をしながら進みましょう。

● これまでに学習した初歩的な泳ぎの行い方について，学習資料やICT機器を活用したり，実際に動いて示したりしながら説明する。

● 水泳運動の心得を守っている様子を取り上げて，称賛する。

◆学習評価◆　主体的に学習に取り組む態度
⑤水泳運動の心得を守って，場の安全を確かめている。

➡ バディで互いに安全を確認しながら活動する，プールには飛び込まずにゆっくりと水に入るなど，安全を確かめようとしている姿を評価する。（観察・学習カード）

◎安全を確かめることに意欲的でない児童への配慮（例）

➡ プールサイドでは急がない，これから泳ぐ場所を見るなどの声をかけたり，バディで一緒に安全を確かめて，安全であることを伝え合ったりするなどの配慮をする。

○呼吸を伴わない初歩的な泳ぎをする。

呼吸を伴わない初歩的な泳ぎの例

○面かぶりクロール

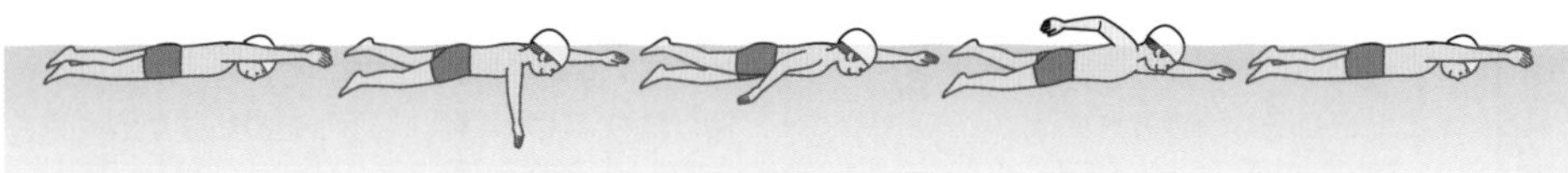

○かえる足泳ぎ

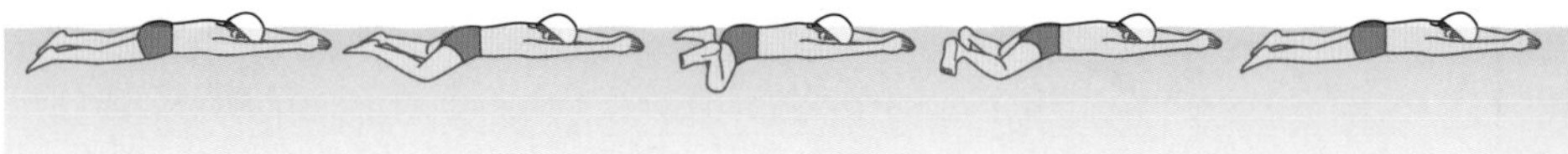

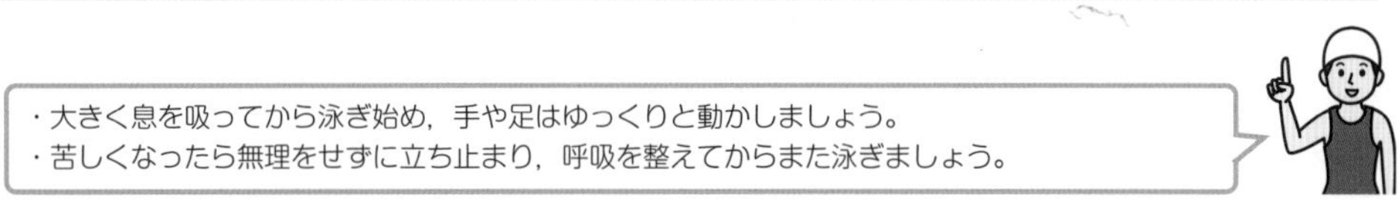
・大きく息を吸ってから泳ぎ始め，手や足はゆっくりと動かしましょう。
・苦しくなったら無理をせずに立ち止まり，呼吸を整えてからまた泳ぎましょう。

5分

8 本時を振り返り，次時への見通しをもつ

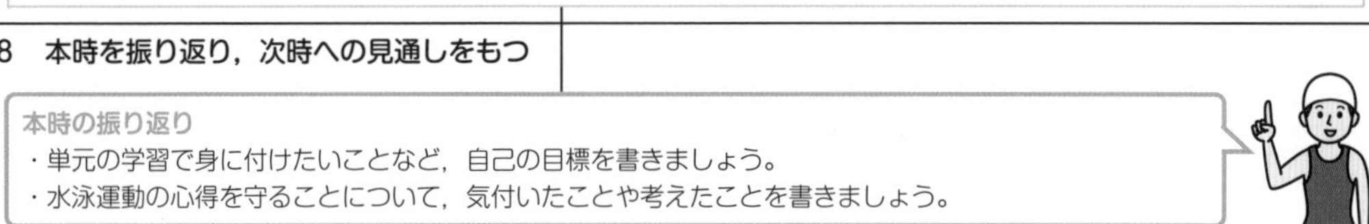
本時の振り返り
・単元の学習で身に付けたいことなど，自己の目標を書きましょう。
・水泳運動の心得を守ることについて，気付いたことや考えたことを書きましょう。

○振り返りを発表して，友達に伝える。

● 振り返りを学習カードに記入するように伝えるとともに，気付きや考えのよさを取り上げて，称賛する。（濡れないようにするため，教室で記入することも考えられる。）

9 整理運動，用具の片付けをしてシャワーを浴びる

10 集合，健康観察，挨拶をする

● 整理運動の行い方について，実際に動いて示しながら説明するとともに，けがないかなどを確認する。

本時の目標と展開②（3／10時間）

本時の目標

(1) もぐる・浮く運動の行い方を知ることができるようにする。
(2) 自己の能力に適した課題を見付け，その課題の解決のための活動を選ぶことができるようにする。
(3) きまりを守り，誰とでも仲よく励まし合うことができるようにする。

本時の展開

時間	学習内容・活動	指導上の留意点
5 分	1　**集合，挨拶，健康観察をする** 2　**本時のねらいを知り，目標を立てる**	
	運動の行い方を知り，いろいろなもぐり方や浮き方，初歩的な泳ぎをしよう	
	○本時のねらいを知り，自己の目標を立てる。	● 学習カードを配り，立てた目標を記入するように伝える。（濡れないようにするため，教室で配って記入することも考えられる。）
	3　**用具の準備をする** ○学級全体で協力して，準備をする。	● 安全な準備の仕方を確認する。
	4　**準備運動をしてシャワーを浴びる** ○学級全体で準備運動をする。 ○学級全体で順番に，シャワーを浴びる。	● けがを防止するための適切な準備運動を行うように伝える。 ● 衛生と安全に気を付けたシャワーの浴び方を確認する。
20 分	5　**水慣れをする** ○ゆっくりと水に入る。 ○バディで水に慣れ，主運動につながる動きをする。	● 体に水をかけてから，ゆっくりと水に入るようにする。 **◎水に対する恐怖心や違和感を抱くことから，水中での活動に意欲的でない児童への配慮の例** **➡　低学年で学習した水遊びを水慣れの運動に取り入れたり，音楽に合わせて運動をしたり，ゲーム的な要素がある運動をしたりするなどの配慮をする。**
	6　**もぐる・浮く運動をする** ○もぐる・浮く運動の行い方を知る。 ○いろいろな浮き方をする。	● もぐる・浮く運動の行い方について，学習資料やＩＣＴ機器を活用したり，実際に動いて示したりしながら説明する。

浮く運動の行い方の例

○背浮き

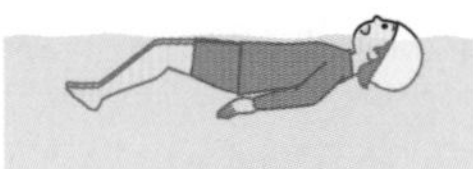

○ビート板を使った背浮き

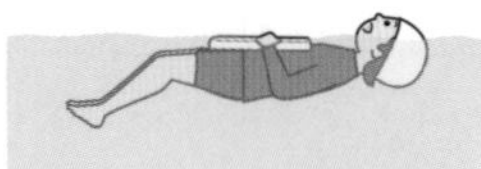

○だるま浮き

・大きく息を吸ってから始めましょう。
・体の力を抜いて，呼吸を整えたり息を止めてみたりしましょう。

● 誰とでも仲よく励まし合おうとしている様子を取り上げて，称賛する。

◎背浮きが苦手な児童への配慮の例

➡　腰が沈まないようにして浮くことが苦手な児童には，補助具が体から離れないようにしっかり抱えて浮くように助言したり，友達に背中や腰を支えてもらう場を設定したりするなどの配慮をする。

◎だるま浮きが苦手な児童への配慮の例

➡　体を小さく縮めることが苦手な児童には，両膝を抱え込まずに持つ程度にした簡単な方法から挑戦することや，膝を抱えると一度は沈むがゆっくり浮いてくることを助言するなどの配慮をする。

○変身浮き（背浮きから伏し浮き）をする。

変身浮きの行い方の例

○背浮き　➡　右手を伸ばす　➡　右肩を下げながら横に回転　➡　左手も頭上に伸ばす　➡　伏し浮き

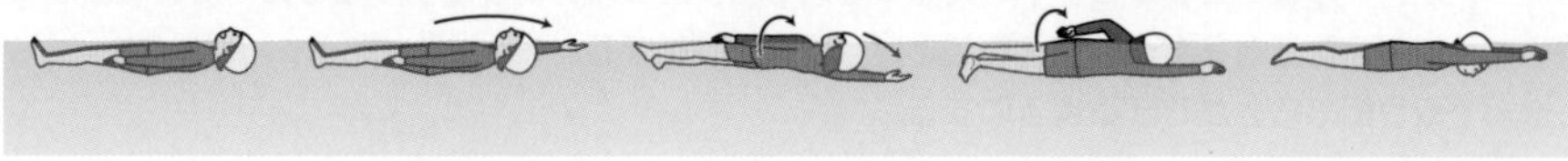

○背浮き　➡　おへそを見るように体を丸める　➡　膝を抱えて縦に回転　➡　だるま浮き　➡　伏し浮き

・呼吸を調整（息を止めたり少しずつ吐いたり）しながら，できるだけゆっくり動くようにしましょう。
・手や足の動きよりも，肩や首の使い方を工夫しましょう。

◎変身浮きで浮き方を変えることが苦手な児童への配慮の例

➡　バディの友達が体を支えながら行うようにして恐怖心を和らげるようにしたり，補助具を用いた背浮きで呼吸を整えてから始めたりするなどの配慮をする。

15分

7　浮いて進む運動をする

○浮いて進む運動の行い方を知る。

○変身浮きで伏し浮きになり，そこから手と足を動かして進む運動をする。

● 浮いて進む運動の行い方について，学習資料やＩＣＴ機器を活用したり，実際に動いて示したりしながら説明する。

変身浮きから初歩的な泳ぎをする行い方の例

○背浮き　➡　右手を伸ばす　➡　右肩を下げながら横に回転　右手を伸ばした伏し浮き　➡　伏し浮き
　➡　一連の手や肩の動きに足の動きを加えて，初歩的な泳ぎ（面かぶりクロール）をする

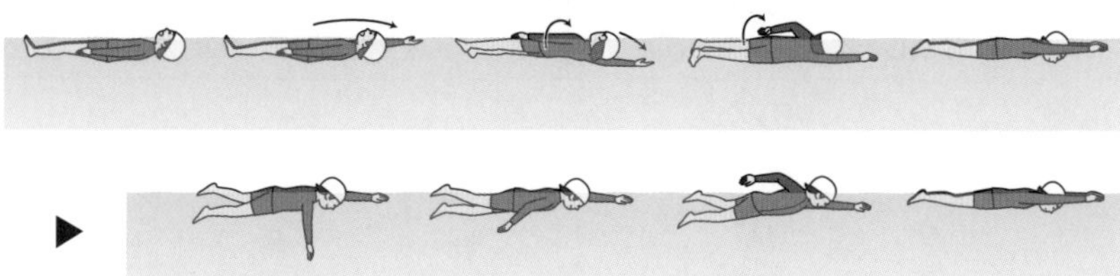

5分

8　本時を振り返り，次時への見通しをもつ

本時の振り返り
・もぐる・浮く運動の行い方について，知ったことを書きましょう。
・バディで動きを見合ったり補助をし合ったりして，見付けたり考えたりしたことを書きましょう。

○振り返りを発表して，友達に伝える。

● 振り返りを学習カードに記入するように伝えるとともに，気付きや考えのよさを取り上げて，称賛する。（濡れないようにするため，教室で記入することも考えられる。）

◆学習評価◆　知識・技能
②もぐる・浮く運動の行い方について，言ったり書いたりしている。

➡　いろいろなもぐり方や浮き方の呼吸の調整の仕方や体の使い方について，発表したり学習カードに記入したりしていることを評価する。（観察・学習カード）

◎もぐる・浮く運動の行い方を知ることが苦手な児童への配慮の例

➡　個別に関わり，行い方のポイントについて対話しながら確認をするなどの配慮をする。

9　整理運動，用具の片付けをしてシャワーを浴びる

10　集合，健康観察，挨拶をする

● 適切な整理運動を行うように伝えるとともに，けががないかなどを確認する。

本時の目標と展開③（8／10時間）

本時の目標

(1) け伸びをしたり，浮いて呼吸をしながら手や足を使って進む初歩的な泳ぎをしたりすることができるようにする。
(2) 課題の解決のために考えたことを友達に伝えることができるようにする。
(3) 水泳運動に進んで取り組むことができるようにする。

本時の展開

時間	学習内容・活動	指導上の留意点
5分	1　集合，挨拶，健康観察をする 2　本時のねらいを知り，目標を立てる	
	課題の解決のための活動を工夫して，自己の能力に適したもぐり方や浮き方，初歩的な泳ぎをしよう	
	○本時のねらいを知り，自己の目標を立てる。	●学習カードを配り，立てた目標を記入するように伝える。（濡れないようにするため，教室で配って記入することも考えられる。）
	3　用具の準備をする ○学級全体で協力して，準備をする。	●安全な準備の仕方を確認する。
	4　準備運動をしてシャワーを浴びる ○学級全体で準備運動をする。 ○学級全体で順番に，シャワーを浴びる。	●けがを防止するための適切な準備運動を行うように伝える。 ●衛生と安全に気を付けたシャワーの浴び方を確認する。
10分	5　水慣れをする ○ゆっくりと水に入る。 ○バディで水に慣れ，主運動につながる動きをする。	●体に水をかけてから，ゆっくりと水に入るようにする。
	6　もぐる・浮く運動をする ○連続したボビングの行い方を知る。 ○バディで連続したボビングをする。	●連続したボビングの行い方について，学習資料やＩＣＴ機器を活用したり，実際に動いて示したりしながら説明する。

連続したボビングの行い方の例

○ボビング

○二人で交互に

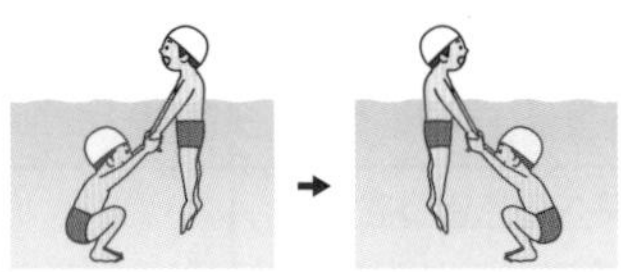

○四人で順番に

慣れてきたら，水の中にいる時間を長くするようにしましょう。
（水の中：水面上＝３：１程度を目安とする）

○ボビングをしながらジャンプをして移動をする。

ボビングをしながらジャンプをして移動をする運動の行い方の例

◎ボビングが苦手な児童への配慮の例

➡　水面上で呼吸のリズムを確認してから運動を始めたり，数え方を自己の能力に適した速さから始めたりするようにするなどの配慮をする。

	○課題の解決のために考えたことを伝える。	●考えたことを伝えていることを取り上げて，称賛する。

25分

7　浮いて進む運動をする

○ボビングをしながらジャンプをして移動をし，そこから手と足を動かして呼吸をしながら進む運動をする。

●浮いて進む運動の行い方について，学習資料やＩＣＴ機器を活用したり，実際に動いて示したりしながら説明する。

ボビングから初歩的な泳ぎをする行い方の例

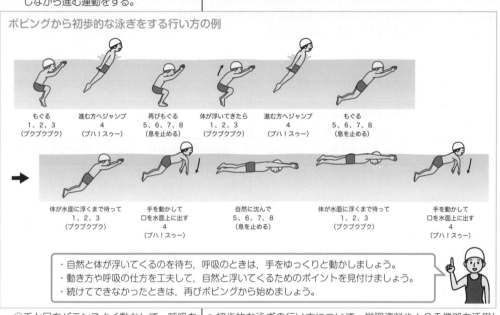

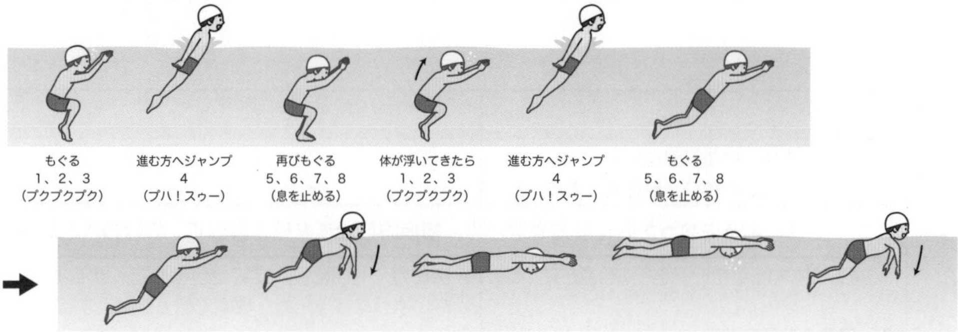

・自然と体が浮いてくるのを待ち，呼吸のときは，手をゆっくりと動かしましょう。
・動き方や呼吸の仕方を工夫して，自然と浮いてくるためのポイントを見付けましょう。
・続けてできなかったときは，再びボビングから始めましょう。

○手と足をバランスよく動かして，呼吸をしながら初歩的な泳ぎをする。

●初歩的な泳ぎの行い方について，学習資料やＩＣＴ機器を活用したり，実際に動いて示したりしながら説明する。

呼吸をしながら手や足を動かして進む初歩的な泳ぎの行い方の例

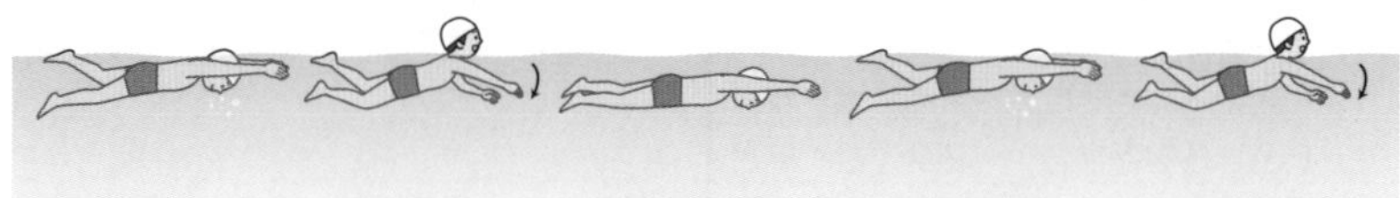

○課題の解決のために考えたことを伝える。

●考えたことを伝えていることを取り上げて，称賛する。

◆学習評価◆　思考・判断・表現
②課題の解決のために考えたことを友達に伝えている。

➡　自己や友達の初歩的な泳ぎを見て，泳ぎ方のポイントとして考えたことを，発表したり学習カードに記入したりしていることを評価する。（観察・学習カード）

◎考えたことを伝えることが苦手な児童への配慮の例

➡　友達の初歩的な泳ぎを見て考えたことを聞き取り，学習カードに書くことを支援するなどの配慮をする。

5分

8　本時を振り返り，次時への見通しをもつ

本時の振り返り
・連続したボビングや呼吸をしながら進む初歩的な泳ぎで，できたことを書きましょう。
・自己や友達の初歩的な泳ぎについて，見付けたことや考えたことを書きましょう。

○振り返りを発表して，友達に伝える。

●振り返りを学習カードに記入するように伝えるとともに，気付きや考えのよさを取り上げて，称賛する。（濡れないようにするため，教室で記入することも考えられる。）

9　整理運動，用具の片付けをしてシャワーを浴びる

●適切な整理運動を行うように伝えるとともに，けががないかなどを確認する。

10　集合，健康観察，挨拶をする

本時の目標と展開④（10／10時間）

本時の目標

(1) け伸びをしたり，浮いて呼吸をしながら手や足を使って進む初歩的な泳ぎをしたりすることができるようにする。
(2) 課題の解決のために考えたことを友達に伝えることができるようにする。
(3) 水泳運動に進んで取り組むことができるようにする。

本時の展開

時間	学習内容・活動	指導上の留意点
5分	1　集合，挨拶，健康観察をする 2　本時のねらいを知り，目標を立てる **できるようになったもぐり方や浮き方，初歩的な泳ぎを見せ合って，学習のまとめをしよう** ○本時のねらいを知り，自己の目標を立てる。 3　用具の準備をする ○学級全体で協力して，準備をする。 4　準備運動をしてシャワーを浴びる ○学級全体で準備運動をする。 ○学級全体で順番に，シャワーを浴びる。	●学習カードを配り，立てた目標を記入するように伝える。（濡れないようにするため，教室で配って記入することも考えられる。） ●安全な準備の仕方を確認する。 ●けがを防止するための適切な準備運動を行うように伝える。 ●衛生と安全に気を付けたシャワーの浴び方を確認する。
15分	5　水慣れをする ○ゆっくりと水に入る。 ○バディで水に慣れ，主運動につながる動きをする。 6　もぐる・浮く運動をする ○できるようになったもぐり方や浮き方をバディで見せ合う。 ・いろいろなもぐり方　・連続ボビング ・いろいろな浮き方　・変身浮き　など ○課題の解決のために考えたことを伝える。	●体に水をかけてから，ゆっくりと水に入るようにする。 ●回数に挑戦したり，バディで一緒にいろいろなもぐり方や浮き方をしたりして，学習の成果を確かめるように伝える。 ●考えたことを伝えていることを取り上げて，称賛する。
15分	7　浮いて進む運動をする ○できるようになった初歩的な泳ぎをバディで見せ合う。 ・補助具を用いた初歩的な泳ぎ ・呼吸を伴わない初歩的な泳ぎ ・呼吸をしながら進む初歩的な泳ぎ　など ○課題の解決のために考えたことを伝える。	●考えたことを伝えていることを取り上げて，称賛する。 **◆学習評価◆　主体的に学習に取り組む態度** **①水泳運動に進んで取り組もうとしている。** ➡　もぐる・浮く運動や浮いて進む運動をしたり，できるようになるために練習したりすることなどに進んで取り組もうとしている姿を評価する。（観察・学習カード）
10分	8　単元を振り返り，学習のまとめをする 単元の学習の振り返り ・もぐる・浮く運動や浮いて進む運動で，できたことを書きましょう。 ・単元の学習の自己の目標で，達成したことを書きましょう。 ・学習したことで，今後の学習や日常生活の中で取り組んでいきたいことを書きましょう。 ○振り返りを発表して，友達に伝える。 9　整理運動，用具の片付けをしてシャワーを浴びる 10　集合，健康観察，挨拶をする	 ●振り返りを学習カードに記入するように伝えるとともに，気付きや考えのよさを取り上げて，称賛する。（濡れないようにするため，教室で記入することも考えられる。） ●適切な整理運動を行うように伝えるとともに，けがなどがないかを確認する。

2学年間にわたって取り扱う場合

【第3学年における指導と評価の計画（例）】

時間		1	2～4	5～6	7～9	10
ねらい		学習の見通しをもつ	いろいろなもぐり方や浮き方，け伸びの行い方を知り，自己の能力に適した運動を楽しむ		課題解決のための活動を工夫して，いろいろなもぐり方や浮き方，け伸びをすることを楽しむ	学習のまとめをする
学習活動		オリエンテーション ○学習の見通しをもつ ・学習の進め方 ・学習のきまり ・水泳運動の心得 ○もぐる・浮く運動 ・水中にらめっこ ・伏し浮き ・大の字浮き ・ボビング	もぐる・浮く運動 ○いろいろなもぐり方 ・手，尻，腹などでプールの底にタッチ ○いろいろな浮き方 ・背浮き ・だるま浮き ○連続ボビング	浮いて進む運動 ○いろいろなけ伸び ・手を引かれて ・足を押されて ・底や壁を蹴って ・股くぐり ○呼吸を伴わない初歩的な泳ぎ ・水面に顔を付け，手足をゆっくりと動かして進む	もぐる・浮く運動 浮いて進む運動 ○もぐる・浮く運動 ・自己に適したもぐる時間，浮く時間に挑戦する ・ボビングの回数に挑戦する ○浮いて進む運動 ・け伸びで進む距離に挑戦する	学習のまとめ ○もぐる・浮く運動をバディで見せ合う ○浮いて進む運動をバディで見せ合う ○学習のまとめをする
評価の重点	知識・技能		② 観察・学習カード	① 観察・学習カード	③・④ 観察	
	思考・判断・表現			① 観察・学習カード	② 観察・学習カード	
	主体的に学習に取り組む態度	⑤ 観察・学習カード				① 観察・学習カード

【低学年「水遊び」との円滑な接続を図るための工夫（例）】

● **「プールの底や壁を蹴った勢いを利用して進むけ伸びをする」ために**

低学年では，まねっこ遊び（ワニ）などで足をプールの底から離して体を伸ばした姿勢になったり，伏し浮きをしたりする活動を楽しみました。中学年では，け伸びで進むことができるようにします。

そのため中学年のはじめは，水の抵抗が少ないけ伸びの姿勢のポイントを陸上で確認したり，け伸びで進む心地よさや進む距離が伸びる喜びに触れたりすることができる活動を工夫したりしましょう。

（例）いろいろなけ伸びをする
・友達に手を引かれたり足を押されたりした勢いを利用して，伏し浮き姿勢で続けて進む。
・プールの底を両足で蹴った勢いを利用して，伏し浮き姿勢で目印や線など自己が決めた場所まで進む。
・プールの壁を蹴り出した勢いを利用して，できるだけ長く進み，友達と競争をしたり自己の距離を伸ばしたりする。

● **「息を止めたり吐いたりすること」から「呼吸を調整すること」につなげるために**

低学年では，水中で息を止めたり吐いたりしながら，いろいろな姿勢でもぐったり浮いたりすることを楽しみました。中学年では，呼吸を調整しながら，浮いた姿勢を変える変身浮きや連続ボビングなどをします。

そのため中学年のはじめは，体の動かし方と呼吸の調整の仕方を関連付けて知り，動きに合わせて呼吸をどのように調整するとよいか，安定した動きで実感できる活動をしましょう。

（例）呼吸を調整しながらもぐる・浮く運動をする
・伏し浮きから大の字浮き，伏し浮きからだるま浮きなど，呼吸を調整しながら浮いた姿勢を変える変身浮きに挑戦する。
・連続ボビングやボビングをしながらのジャンプ移動で，水中で息を吐くことと水から顔を出して呼吸をすることとが3：1程度の比率となるように挑戦する。

【第3学年において重点を置いて指導する内容（例）】

● **知識及び技能**

浮いて進む運動では，初歩的な泳ぎにつながる水の抵抗が少ないけ伸びの姿勢ができるようにしましょう。その際，いっぱい息を吸って止め正しい姿勢で行うと，よく進むことを実感できるようにしましょう。また，もぐる・浮く運動では呼吸を調整しながらもぐったり浮いたりする中で水の中に留まる動きにつなげていくようにしましょう。

● **思考力，判断力，表現力等**

時間や距離など自己の目標に挑戦したり友達と励まし合って運動したりするなど，見付けた自己の課題を解決するための活動を選ぶことができるようにしましょう。

● **学びに向かう力，人間性等**

水泳運動の心得を守って安全を確かめることを徹底するとともに，順番に運動することや友達を補助することなど，誰とでも仲よく励まし合おうとする姿勢を育みましょう。また，水に対する恐怖心がある児童には低学年の水遊びを参考に易しく楽しい運動を取り入れるなどして，児童が運動に進んで取り組むことができるようにしましょう。

E ゲーム ゴール型ゲーム「ハンドボールを基にした易しいゲーム」

ゴール型ゲームは，基本的なボール操作とボールを持たないときの動きによって易しいゲームをして，集団対集団で競い合う楽しさや喜びに触れることのできる運動です。本単元例は，ハンドボールを基にした易しいゲームを取り上げて，単元前半は規則を選んでゲームをする時間，単元後半は作戦を選んでゲームをする時間を設定することで，ゲームの行い方を工夫することにより，身に付けた基本的なボール操作とボールを持たないときの動きでゲームを楽しむことができる授業を展開するようにしています。

単元の目標

(1) ゴール型ゲーム（ハンドボール）の行い方を知るとともに，基本的なボール操作とボールを持たないときの動きによって，易しいゲームをすることができるようにする。
(2) 規則を工夫したり，簡単な作戦を選んだりするとともに，考えたことを友達に伝えることができるようにする。
(3) ゴール型ゲーム（ハンドボール）に進んで取り組み，規則を守り誰とでも仲よく運動をしたり，勝敗を受け入れたり，友達の考えを認めたり，場や用具の安全に気を付けたりすることができるようにする。

指導と評価の計画（8時間）

時間		1	2	3	4
ねらい		学習の見通しをもつ	ハンドボールの行い方を知り，規則を工夫して， いろいろなチームとゲームをして楽しむ		
学習活動		**オリエンテーション** 1　集合，挨拶，健康観察をする 2　単元の学習の見通しをもつ ○単元の目標と学習の進め方を知る。 ○学習のきまりを知る。 3　本時のねらいを知り，目標を立てる 4　場や用具の準備をする ○場や用具の準備と片付けの仕方を知る。 5　準備運動，ゲームにつながる運動をする ○準備運動，ゲームにつながる運動の行い方を知る。 6　ゲームをする ○易しいゲームの行い方を知る。 ○相手チームを確認して，ゲームをする。	1　集合，挨拶，健康観察をする　　2　本時のねらいを知り， 4　準備運動をする 5　ゲームにつながる運動をする **規則を工夫してゲームをする** （相手チームを替えて，1時間に2ゲーム） 6　ゲームをする ○ハンドボールの規則の工夫の仕方を知る。 ○相手チームを決め，規則を選んでゲームをする。 ○チームでゲーム1を振り返り，選んだ規則について考えたことを伝える。 ○相手チームを替え，規則を選んでゲーム2をする。		
		7　本時を振り返り，次時の見通しをもつ　　8　整理運動，場や用具の片付けをする　　9　集合，			
評価の重点	知識・技能		① 観察・学習カード		
	思考・判断・表現			① 観察・学習カード	
	主体的に学習に取り組む態度	⑥ 観察・学習カード	④ 観察・学習カード		② 観察・学習カード

単元の評価規準

知識・技能	思考・判断・表現	主体的に学習に取り組む態度
①ゴール型ゲーム（ハンドボール）の行い方について，言ったり書いたりしている。 ②パスを出したり，シュートをしたりして，ゲームをすることができる。 ③空いている場所に素早く動いて，ゲームをすることができる。	①規則を工夫している。 ②簡単な作戦を選んでいる。 ③課題の解決のために考えたことを友達に伝えている。	①ゴール型ゲーム（ハンドボール）に進んで取り組もうとしている。 ②ゲームの規則を守り，誰とでも仲よくしようとしている。 ③用具などの準備や片付けを，友達と一緒にしようとしている。 ④勝敗を受け入れようとしている。 ⑤友達の考えを認めようとしている。 ⑥周囲を見て場や用具の安全を確かめている。

5	6	7	8
相手チームを決め，簡単な作戦を選んでゲームを楽しむ			学習のまとめをする
目標を立てる　3　場や用具の準備をする			
作戦を選んでゲームをする （相手チームを替えずに，1時間に2ゲーム） 6　ゲームをする ○ハンドボールの簡単な作戦を知る。 ○チームで簡単な作戦を選んで，ゲーム1をする。 ○チームでゲーム1を振り返り，選んだ作戦について考えたことを伝える。 ○チームで選んだ作戦を確認して，ゲーム2をする。 健康観察，挨拶をする			学習のまとめ ハンドボール大会をする （相手チームを替えて3ゲーム） 5　ゲームにつながる運動をする 6　ハンドボール大会をする 7　単元を振り返り，学習のまとめをする 8　整理運動，場や用具の片付けをする 9　集合，健康観察，挨拶をする
		② 観察	③ 観察
	② 観察・学習カード	③ 観察・学習カード	
③ 観察・学習カード	⑤ 観察・学習カード		① 観察・学習カード

本時の目標と展開①（1／8時間）

本時の目標

(1) ゴール型ゲーム（ハンドボール）の行い方を知ることができるようにする。
(2) 規則を工夫することができるようにする。
(3) 周囲を見て場や用具の安全を確かめることができるようにする。

本時の展開

時間	学習内容・活動	指導上の留意点
5分	1　**集合，挨拶，健康観察をする** 2　**単元の学習の見通しをもつ** ○単元の目標と学習の進め方を知る。 ○チームを確認する。 ○学習のきまりを知る。	●掲示物を活用するなどしながら，分かりやすく説明する。 ●どのチームも同じくらいの力になるように配慮して，五人を基本としたチームを事前に決めておく。
	学習のきまりの例 ・用具は正しく使いましょう。 ・運動前には場の安全を確かめましょう。 ・審判の判定に従い，フェアなプレイを大切にしましょう。 ・チームで協力して学習をしましょう。 ・チームの友達の考えを認めましょう。 	
	3　**本時のねらいを知り，目標を立てる** **ハンドボールの学習の進め方を知り，学習の見通しをもとう** ○本時のねらいを知り，自己の目標を立てる。	●学習カードを配り，使い方を説明する。
15分	4　**場や用具の準備をする** ○場や用具の準備と片付けの仕方を知る。 ○チームで協力して，準備をする。	●安全な準備と片付けの仕方を説明する。 ●安全を確かめている様子を取り上げて，称賛する。
	場や用具の準備と片付けのきまりの例 ・運動をする場所に危険物がないか確かめ、見付けたら取り除きましょう。 ・運動に使う用具などは、友達と一緒に、決まった場所から安全を確かめて運びましょう。 ・安全に運動ができるように、服装などが整っているか、確かめましょう。 	
	5　**準備運動，ゲームにつながる運動をする** ○準備運動，ゲームにつながる運動の行い方を知る。 ○学級全体やチームで準備運動，ゲームにつながる運動をする。	●けがの防止のために適切な準備運動の行い方について，実際に動いて示しながら説明する。
	準備運動の例 肩，腕，手首，もも，膝，ふくらはぎ，足首などをほぐす運動を行う。 ゲームにつながる運動の例 ○二人組でパス・パスキャッチ 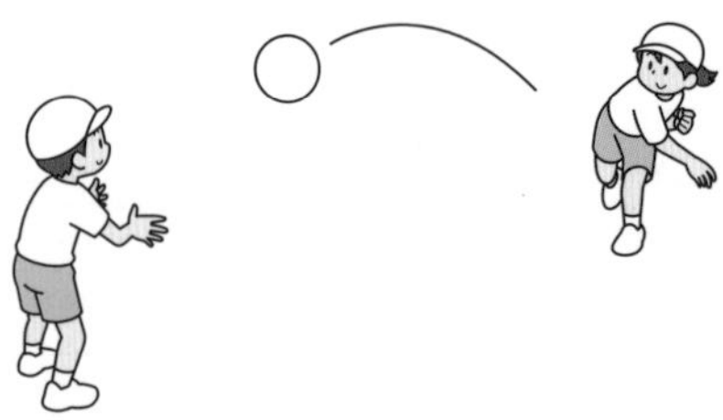 ・二人組で向き合ってパスを出す。パスを出すときに投げる手と反対の足（両手で投げるときはどちらかの足）を一歩前に踏み出して投げる。 ○チームでパス・パスキャッチからのシュート  ・シュートをできる位置まで走って止まり，パスを受ける。 ・ボールを捕ったらゴールに体を向けて，シュートをする。	

20分

6　ゲームをする

○易しいゲームの行い方を知る。

- 易しいゲームの行い方について，学習資料やＩＣＴ機器を活用したり，実際に動いて示したりしながら説明する。

ハンドボールの行い方の例

○攻守を交代し，攻める側のプレイヤーの人数が守る側のプレイヤーの人数を上回るゲーム
（攻め方や守り方に慣れるための規則の例。次時からはゲームにつながる運動として行うこともできる。）

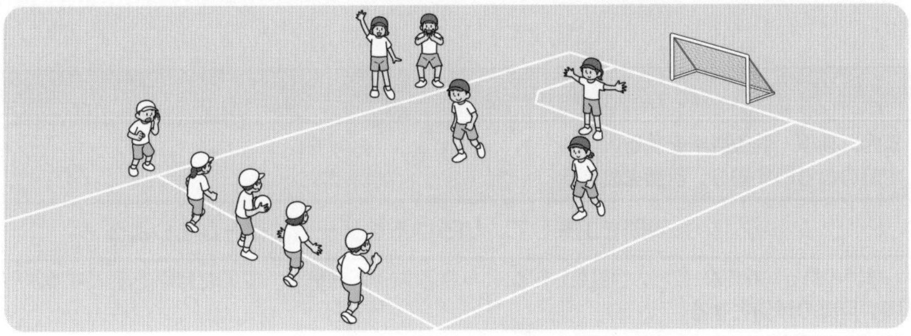

チームの全員がパスを受けたりシュートをしたりすることができるように，声をかけ合いながらゲームをしましょう。

・コートの半分を使い，一方のチームは続けて攻める。攻めが５回終了したら，攻守を交代する。
・攻める側は四人，守る側は三人（そのうち一人はゴールキーパー）とし，攻めの終了ごとに見ている人と入れ替わる。
（得点が入ったとき，ボールがコートの外に出たとき，守りがボールを捕ったときが攻めの終了とする）
・攻めは，ドリブルは使わずパスで攻める。守りは，攻めが持っているボールには触れずパスなどを防いでボールを捕る。
・ゴール前のゴールエリアは，ゴールキーパーしか入れない。ゴールキーパーはゴールエリア内しか動けない。

○相手チームを確認して，ゲームをする。

- 対戦をするチームと使用するコートを伝える。
- 安全を確かめている様子を取り上げ，称賛する。

◆学習評価◆　主体的に学習に取り組む態度
⑥周囲を見て場や用具の安全を確かめている。

➡　練習やゲームをする際に，コートやその周辺に危険物がないかなど，安全を確かめている姿を評価する。（観察・学習カード）

◎安全を確かめることに意欲的でない児童への配慮の例

➡　使わないボールを置く場所やゲームを見る位置などを決めたり，チームの友達と一緒に安全を確かめて，安全であることを伝え合ったりするなどの配慮をする。

- パスでボールをつないで，シュートをしている動きを取り上げて，称賛する。

◎パスを出したり，シュートをしたりすることが苦手な児童への配慮の例

➡　ボールを保持する条件を易しくするとともに，ボールを保持した際に周囲の状況が確認できるように言葉がけを工夫するなどの配慮をする。

5分

7　本時を振り返り，次時への見通しをもつ

本時の振り返り

・ゲームをして楽しかったことや難しかったことなど，気付いたことや考えたことを書きましょう。
・安全を確かめることについて，気付いたことや考えたことを書きましょう。
・単元の学習で身に付けたいことや楽しみたいことなど，自己の目標を書きましょう。

○振り返りを発表して，友達に伝える。

- 振り返りを学習カードに記入するように伝えるとともに，気付きや考えのよさを取り上げて，称賛する。

8　整理運動，場や用具の片付けをする

- 整理運動の行い方について，実際に動いて示しながら説明するとともに，けががないかなどを確認する。

9　集合，健康観察，挨拶をする

本時の目標と展開②（3／8時間）

本時の目標

(1) パスを出したりシュートをしたりして，ゲームをすることができるようにする。
(2) 規則を工夫することができるようにする。
(3) ゲームで使用する用具などの準備や片付けを，友達と一緒にすることができるようにする。

本時の展開

時 間	学習内容・活動	指導上の留意点
10 分	**1　集合，挨拶，健康観察をする** **2　本時のねらいを知り，目標を立てる** **規則を工夫して，いろいろなチームとゲームをしよう** ○本時のねらいを知り，自己の目標を立てる。 **3　場や用具の準備をする** ○チームで協力して，準備をする。 **4　準備運動をする** ○チームで準備運動をする。	 ●学習カードを配り，立てた目標を記入するように伝える。 ●安全な準備の仕方を確認する。 ●けがの防止のために適切な準備運動を行うように伝える。
10 分	**5　ゲームにつながる運動をする** ○自己やチームに適した行い方を選んで，チームでゲームにつながる運動をする。	●全員が基本的なボール操作とボールを操作できる位置に体を移動する動きに慣れることができるように，十分な時間を確保する。

ゲームにつながる運動の例

○二人組でパス・パスキャッチ

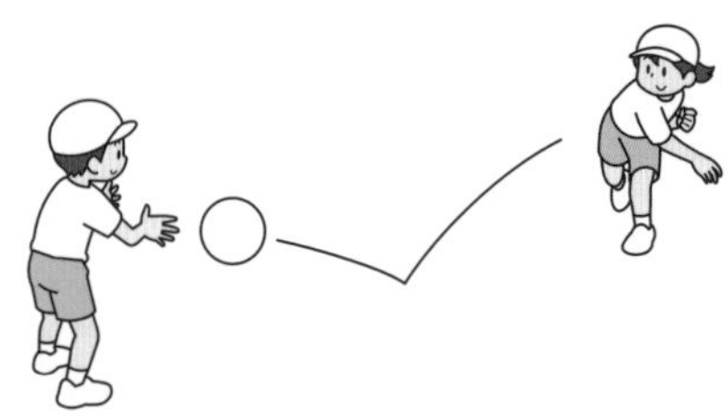

・自己に適した距離で行い，少しずつ離していく。
・慣れてきたら，バウンドのパスもする。

○チームでパス・パスキャッチからのシュート，ドリブルからのシュート

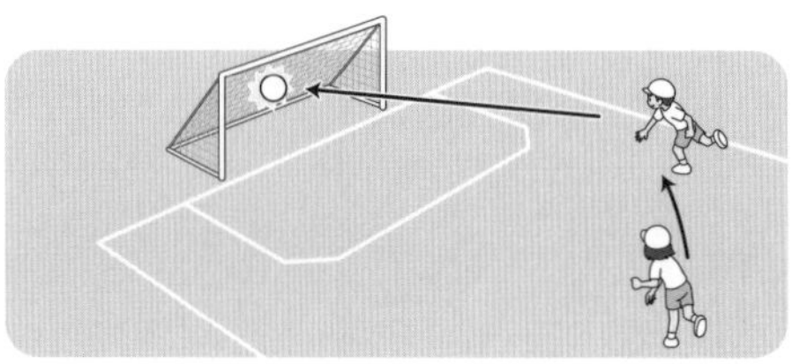

・いろいろな場所でパスを受けて，シュートができる位置を増やす。
・パスを受けた場所ではシュートができないときは，ドリブルでシュートができる位置に移動してからシュートをする。

○チームでハーフコートゲーム

・チーム五人が攻め側三人，守り側二人（ゴールキーパーなし）に分かれて，ゲームをする。
・攻めが終了するごとに攻め・守りがローテーションの要領で一人入れ替わるようにする。
・パスやシュートをするのが難しいときは，ドリブルで移動できるようにする。

チームの全員の練習になるように考えたことを伝え合うなど，攻め・守りに分かれても励まし合って運動をしましょう。

時 間	学習内容・活動	指導上の留意点
		◎守りがいない場所に移動することが苦手な児童への配慮の例 **➡　守り側の人の位置を見るようにしたり，自分の位置からはボール持っている友達が守り側の人に防がれずによく見えるかを確認したりするなどの配慮をする。**
	○課題解決のために考えたことを伝える。	●考えたことを伝えていることを取り上げて，称賛する。

20分

全てのチームとゲームをする
相手チームを替えてゲームをして，2～4時間で全てのチームと対戦できるようにする

6　ゲームをする

学習活動	指導上の留意点
○ハンドボールの規則の工夫の仕方を知る。	●ハンドボールの規則の工夫の仕方について，学習資料やＩＣＴ機器を活用したり，実際に動いて示したりしながら説明する。

ハンドボールのゲームの行い方の例
○攻める側のプレイヤーの人数が守る側のプレイヤーの人数を上回る状況で，攻守が入り交じるゲーム

・前半３分・後半３分の合計６分のゲームをする。
・チームから四人がゲームに出る。そのうち一人はゴールキーパーになる。ゲームに出ない人は応援やアドバイスをする。
・ゴールキーパーは，味方チームがボールを持ったらゴールエリアから出て攻めに加わる。相手チームがボールを持ったら急いでゴールエリアに戻る。（ゴールエリア以外では守らないことで，攻める側のプレイヤーの人数が上回る）

○使用するボールを，柔らかいボール，大きなボール，軽いボールなどをチームで選ぶ。
○ドリブルはあり・なし，ダブルドリブルはあり・なしなどをチームで選ぶ。

学習活動	指導上の留意点
○相手チームを決め，規則を選んでゲーム１をする。（６分程度のゲーム）	●対戦をするチームと使用するコートを伝える。 **◎勝敗を受け入れることに意欲的でない児童への配慮の例** **➡　ゲームの前後に挨拶や握手を交わすことや，相手でも味方でもよいプレイや取組は称賛することが大切であることを伝えるなどの配慮をする。**
○チームでゲーム１を振り返り，選んだ規則について考えたことを伝える。 ○相手チームを替え，規則を選んでゲーム２をする。（６分程度のゲーム）	●チームに適した規則を選んでいることを取り上げて，称賛する。 **◆学習評価◆　思考・判断・表現** **①規則を工夫している。** **➡　自己やチームの友達が楽しくゲームに参加できる規則を選んでいる姿を評価する。（観察・学習カード）** **◎規則を工夫することが苦手な児童への配慮の例** **➡　それぞれの規則のよさを伝えてどの規則も肯定できるようにしたり，いろいろな規則を試したりして，自己やチームに適した規則を見付けるようにするなどの配慮をする。**

5分

7　本時を振り返り，次時への見通しをもつ

本時の振り返り
・ゲーム１・ゲーム２の相手チームとゲーム結果を書きましょう。
・選んだゲームの規則と，その規則でゲームをして気付いたことや考えたことを書きましょう。

学習活動	指導上の留意点
○振り返りを発表して，友達に伝える。	●振り返りを学習カードに記入するように伝えるとともに，気付きや考えのよさを取り上げて，称賛する。
8　整理運動，場や用具の片付けをする	●適切な整理運動を行うように伝えるとともに，けががないかなどを確認する。
9　集合，健康観察，挨拶をする	

本時の目標と展開③（6／8時間）

本時の目標

(1) パスを出したりシュートをしたりして，ゲームをすることができるようにする。
(2) 簡単な作戦を選ぶことができるようにする。
(3) 友達の考えを認めることができるようにする。

本時の展開

<table>
<tr><th>時間</th><th>学習内容・活動</th><th>指導上の留意点</th></tr>
<tr><td rowspan="3">10
分</td><td>1　集合，挨拶，健康観察をする
2　本時のねらいを知り，目標を立てる</td><td></td></tr>
<tr><td colspan="2">簡単な作戦を選んでゲームをしよう</td></tr>
<tr><td>○本時のねらいを知り，自己の目標を立てる。
3　場や用具の準備をする
○チームで協力して，準備をする。
4　準備運動をする
○チームで準備運動をする。</td><td>● 学習カードを配り，立てた目標を記入するように伝える。
● 安全な準備の仕方を確認する。
● けがの防止のために適切な準備運動を行うように伝える。</td></tr>
<tr><td rowspan="3">10
分</td><td>5　ゲームにつながる運動をする
○自己やチームに適した行い方を選んで，チームでゲームにつながる運動をする。</td><td>● 各チームの取組を観察し，必要に応じて運動の行い方について実際に動いて示しながら説明する。</td></tr>
<tr><td colspan="2">ゲームにつながる運動の行い方の工夫の例
○二人組でパス・パスキャッチ

・ゴールラインからもう一方のゴールラインまで二人で走りながらパスをする。
○チームでパス・パスキャッチからのシュート，ドリブルからのシュート
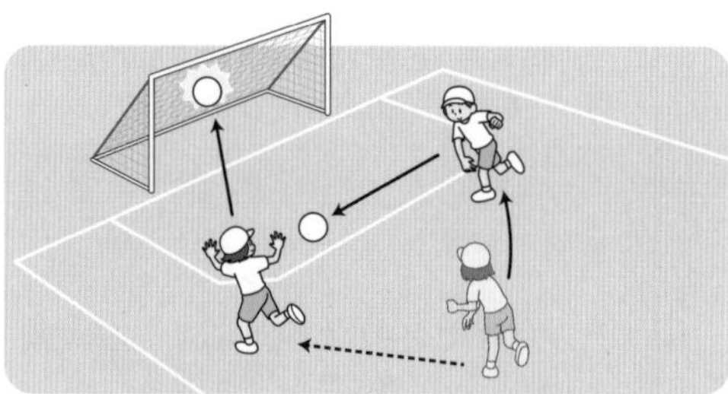
・パスを受ける位置をあらかじめ決めておき，パスを出してもらう。
・走り込んでボールを捕り，シュートをする。
・必要に応じてドリブルで移動してからシュートをする。
・前時のゲームの様子を思い出して，攻め方や守り方を相談しながらチームでゲームをする。</td></tr>
<tr><td>○課題解決のために考えたことを伝える。</td><td>● 友達の考えを認めようとしている様子を取り上げて，称賛する。

◆学習評価◆　主体的に学習に取り組む態度
⑤友達の考えを認めようとしている。
➡　ゲームの振り返りや自己の考えを発表し合う際などに，発表された友達の考えを認めようとしている姿を評価する。（観察・学習カード）

◎友達の考えを認めることに意欲的でない児童への配慮の例
➡　発表を聞こうとしなかったり友達の考えを否定することを言ったりする児童には，人はそれぞれに考えに違いがあり，それを認めることが大切であることを伝えるとともに，それぞれの考えのよさを取り上げて，気付くようにするなどの配慮をする。</td></tr>
</table>

相手チームを決めてゲームをする
5～7時間は1時間で対戦する相手チームは替えずに，作戦を選んでゲームをする。

20分

6　ゲームをする

○本時の相手チームを決める。
○ハンドボールの簡単な作戦を知る。

● 対戦をするチームと使用するコートを伝える。
● ハンドボールの簡単な作戦について，学習資料やＩＣＴ機器を活用したり，実際に動いて示したりしながら説明する。

ハンドボールの簡単な作戦の例

○ロングパス作戦

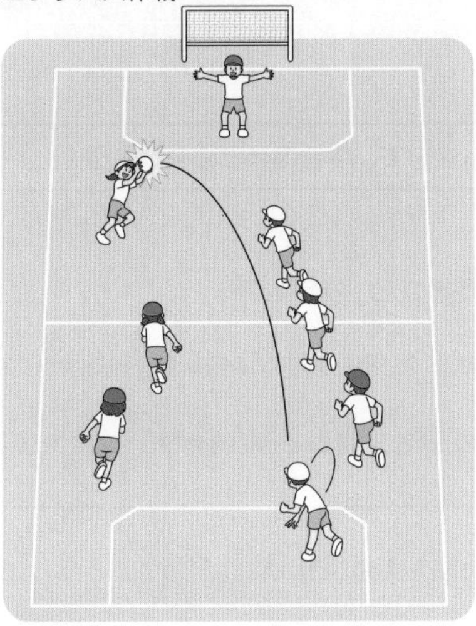

・味方がボールを持ったら，シュートができる位置まで走る。
・ロングパスでボールを受けたらすぐにシュートをする。

○サイドパス作戦

・ゴール近くの左右どちらにも味方がいるようにする。
・パスがしやすい味方を見付けてパスをする。

○手助けパス作戦

・ボールを持った味方がパスをできなかったり，ボールをとられそうになったりしたら，助けられる位置に移動する。

○チームで簡単な作戦を選んで，ゲーム1をする。（6分程度のゲーム）

◆学習評価◆　思考・判断・表現
②簡単な作戦を選んでいる。
➡　ゲームをする際の簡単な作戦を選んでいる姿を評価する。（観察・学習カード）

◎簡単な作戦を選ぶことが苦手な児童への配慮の例
➡　自己や友達がどんな動きをしながらゲームをするのかを考えて話し合うように助言して，チームの全員が楽しくゲームができる作戦を選ぶようにするなどの配慮をする。

○チームでゲーム1を振り返り，選んだ作戦について考えたことを伝える。
○必要に応じて作戦を選び直すなど，チームで選んだ作戦を確認して，ゲーム2をする。（6分程度のゲーム）

5分

7　本時を振り返り，次時への見通しをもつ

本時の振り返り
・本時の相手チームとゲーム1・ゲーム2の結果を書きましょう。
・選んだ簡単な作戦と，その作戦でゲームをして気付いたことや考えたことを書きましょう。
・友達の考えを認めることについて，気付いたことや考えたことを書きましょう。

○振り返りを発表して，友達に伝える。

● 振り返りを学習カードに記入するように伝えるとともに，気付きや考えのよさを取り上げて，称賛する。

8　整理運動，場や用具の片付けをする

● 適切な整理運動を行うように伝えるとともに，けががないかなどを確認する。

9　集合，健康観察，挨拶をする

本時の目標と展開④（8／8時間）

本時の目標

(1) 空いている場所に素早く動いてゲームをすることができるようにする。
(2) 課題の解決のために考えたことを友達に伝えることができるようにする。
(3) ゴール型ゲーム（ハンドボール）に進んで取り組むことができるようにする。

本時の展開

時間	学習内容・活動	指導上の留意点
15分	1　**集合，挨拶，健康観察をする** 2　**本時のねらいを確認する**	
	ハンドボール大会で楽しくゲームをして，学習のまとめをしよう	
	○本時のねらいを知り，自己の目標を立てる。	●学習カードを配り，立てた目標を記入するように伝える。
	3　**場や用具の準備をする** ○チームで協力して，準備をする。	●安全な準備の仕方を確認する。
	4　**準備運動をする** ○チームで準備運動をする。	●けがの防止のために適切な準備運動を行うように伝える。
	5　**ゲームにつながる運動をする** ○自己やチームに適した行い方を選んで，チームでゲームにつながる運動をする。	●チームの作戦につながる行い方を選ぶように伝える。
20分	6　**ハンドボール大会をする** ○ハンドボール大会の行い方を知る。	●ハンドボール大会の行い方を説明する。
	ハンドボール大会の行い方やきまり ・各チーム３回ゲームをします。ゲームの間にチームの話合いの時間を十分に取ることができないので，ゲームの前にはチームで手短かに考えを確認し合うようにしましょう。 ・全員が楽しくゲームができるように，元気よく気持ちのよい応援をしましょう。	
	○ゲーム１・ゲーム２・ゲーム３の相手チームを確認する。	●対戦をするチームと使用するコートを伝える。
	○チームで簡単な作戦を選んで，ゲーム１をする。（６分程度のゲーム）	**◆学習評価◆　主体的に学習に取り組む態度** **①ゴール型ゲーム（ハンドボール）に進んで取り組もうとしている。** ➡　ハンドボールのゲームやゲームにつながる運動，チームでの話合いなどに進んで取り組もうとしている姿を評価する。（観察・学習カード）
	○チームで選んだ作戦を確認して，ゲーム２をする。（６分程度のゲーム）	**◆学習評価◆　知識・技能** **③空いている場所に素早く動いてゲームをすることができる。** ➡　選んだ作戦に応じて，ボールを持たないときは空いている場所に素早く動いてゲームをしている姿を評価する。（観察）
	○チームで選んだ作戦を確認して，ゲーム３をする。（６分程度のゲーム）	
	○課題解決のために考えたことを伝える。	●考えたことを伝えていることを取り上げて，称賛する。
10分	7　**単元を振り返り，学習のまとめをする**	
	単元の学習の振り返り ・ハンドボール大会をして，気付いたことや考えたことを書きましょう。 ・単元の学習で，できるようになったことを書きましょう。 ・学習したことで，今後の学習や日常生活の中で取り組んでいきたいとことを書きましょう。	
	○振り返りを発表して，友達に伝える。	●振り返りを学習カードに記入するように伝えるとともに，気付きや考えのよさを取り上げて，称賛する。
	8　**整理運動，場や用具の片付けをする**	●適切な整理運動を行うように伝えるとともに，けががないかなどを確認する。
	9　**集合，健康観察，挨拶をする**	

2学年間にわたって取り扱う場合

【第3学年における指導と評価の計画（ゴール型ゲーム「ポートボール」）】

時間		1	2	3	4	5	6	7	8
ねらい		学習の見通しをもつ	ポートボールの行い方を知り，規則を工夫してゲームをすることを楽しむ			簡単な作戦を選んでゲームをすることを楽しむ			学習のまとめをする
学習活動		**オリエンテーション** ○**学習の見通しをもつ** ・学習の進め方 ・学習のきまり ○**ポートボール** 易しいゲームをする	**ポートボール** **全てのチームとゲームをする** ○**ゲームにつながる運動** ・ボールに慣れる運動 ・チームで連続パス ○**ゲームをする** ・チームで規則を選んでゲーム１をする ・ゲーム１で選んだ規則を振り返る ・選ぶ規則を確認してゲーム２をする			**ポートボール** **相手チームを決めてゲームをする** ○**ゲームにつながる運動** ・チームでパス・パス・シュート ○**ゲームをする** ・相手チームを決めて簡単な作戦を選ぶ ・ゲーム１をする ・ゲーム１を振り返り，作戦を確認してゲーム２をする			**学習のまとめ** ○**ポートボール大会** 簡単な作戦を選んでいろいろなチームとゲームをする ○**学習のまとめをする**
評価の重点	知識・技能		① 観察・学習カード				② 観察	③ 観察	
	思考・判断・表現				① 観察・学習カード				② 観察・学習カード
	主体的に学習に取り組む態度	⑥ 観察・学習カード		④ 観察・学習カード		③ 観察・学習カード			① 観察・学習カード

●評価規準のゲームは「ポートボール」とする。

【低学年「ゴールに向かってボールを投げるボールゲーム」との円滑な接続を図るための工夫（例）】

● **「味方にパスを出すこと」，「ボール保持者と自分の間に守る者がいない空間に移動すること」を身に付けるために**

低学年で設定した「シュートゲーム」では，ゴールに向かってボールを投げるゲームで，ねらったところにボールを投げたりボールを捕ったり止めたりして，ゲームをして遊びました。中学年では，味方にパスを出したりボール保持者と自分の間に守る者がいない空間に移動したりして，チームでパスをつないで攻めることができるようにします。

そのため中学年のはじめでは，シュートも味方へのパスで行う「ポートボール」で，パスを中心としたボール操作をすること，低学年の際と同様に攻める側が守る側の人数を上回るゲームをすることで，ボール保持者と自分の間に守る者がいない空間に移動することができるようにしましょう。

（例）攻める側が守る側の人数を上回るゲーム
・四人対四人のゲーム（各チーム一人はゴールマン）で，一人は守る側のコートにハーフライン（コートを中央で区切る線）を越えて戻れない規則にすることで，攻める側の人数が多くなるゲームをする。
（例）チームでパス・パス・シュート
・チームで，コートの端からパスを始め，パスをつないでシュートをする（持って移動，ドリブルでの移動はなし）。シュートが決まったり，失敗しボールがコートから出てしまったりしたら，コートの端から再び始める。決めた時間内に何回ゴールができたかを数える。

【第3学年において重点を置いて指導する内容（例）】

● **知識及び技能**

味方とパスをつないでシュートをするゲームの行い方を知るとともに，ゲームやゲームにつながる運動で，味方が捕りやすいパスをすること，味方にパスを出したりボール保持者と自分の間に守る者がいない空間に移動して味方からパスを受けたりすることができるようにしましょう。

● **思考力，判断力，表現力等**

規則の工夫は，学級全体での話合いで出された工夫の中から，チームのみんなが楽しくゲームに参加できる規則を選ぶことができるようにしましょう。作戦の工夫は，規則の工夫を基にしてチームでパスをつなぐことができる簡単な作戦を選ぶことができるようにしましょう。

● **学びに向かう力，人間性等**

チームでゲームをする際は，自己や友達の失敗を責めず仲よくしようとすること，他のチームとゲームをする活動においては，ゲームの最中や終了後の勝敗を受け入れることができる態度を育みましょう。また，各コートで判定や得点などを友達と一緒にしようとしながらゲームを進めることができるようにしましょう。

E
ゲーム

ゴール型ゲーム「フラッグフットボールを基にした易しいゲーム」

ゴール型ゲームは，基本的なボール操作とボールを持たない動きによって易しいゲームをして，集団対集団で競い合う楽しさや喜びに触れることのできる運動です。本単元例は，フラッグフットボールを基にした易しいゲームを取り上げて，ゲームにつながる運動と規則を工夫しながらゲームをする時間を多く設定することで，基本的なボール操作とボールを持たないときの動きを身に付けながら，誰もが楽しく参加できる規則でゲームに進んで取り組むことができる授業を展開するようにしています。

単元の目標

(1) ゴール型ゲーム（フラッグフットボール）の行い方を知るとともに，基本的なボール操作とボールを持たないときの動きによって，易しいゲームをすることができるようにする。
(2) 規則を工夫したり，簡単な作戦を選んだりするとともに，考えたことを友達に伝えることができるようにする。
(3) ゴール型ゲーム（フラッグフットボール）に進んで取り組み，規則を守り誰とでも仲よく運動をしたり，勝敗を受け入れたり，友達の考えを認めたり，場や用具の安全に気を付けたりすることができるようにする。

指導と評価の計画（8時間）

時間		1	2	3	4
ねらい		学習の見通しをもつ	基本的なボール操作とボールを持たないときの動きを知り，規則を工夫して，いろいろなチームとゲームをすることを楽しむ		
学習活動		**オリエンテーション** 1 集合，挨拶，健康観察をする 2 単元の学習の見通しをもつ ○単元の目標と学習の進め方を知る。 ○チームを確認する。 ○学習のきまりを知る。 3 本時のねらいを知り，目標を立てる 4 場や用具の準備をする ○場や用具の準備と片付けの仕方を知る。 5 準備運動，ゲームにつながる運動をする ○準備運動，ゲームにつながる運動の行い方を知る。 6 ゲームをする ○易しいゲームの行い方を知る。 ○相手チームを確認して，ゲームをする。	1 集合，挨拶，健康観察をする 2 本時のねらいを知り， 4 準備運動をする 5 ゲームにつながる運動をする **全てのチームとゲームをする** （相手チームを替えて，1時間に2ゲーム） 6 ゲームをする ○フラッグフットボールの規則の工夫の仕方を知る。 ○相手チームを決め，規則を選んでゲームをする。 ○チームでゲームを振り返り，選んだ規則について考えたことを伝える。 ○相手チームを替え，規則を選んでゲーム2をする。		
		7 本時を振り返り，次時の見通しをもつ 8 整理運動，場や用具の片付けをする 9 集合，			
評価の重点	知識・技能		① 観察・学習カード		
	思考・判断・表現			① 観察・学習カード	
	主体的に学習に取り組む態度	⑥ 観察・学習カード	④ 観察・学習カード		③ 観察・学習カード

単元の評価規準

知識・技能	思考・判断・表現	主体的に学習に取り組む態度
①ゴール型ゲーム（フラッグフットボール）の行い方について，言ったり書いたりしている。 ②基本的なボール操作（パスを出す，得点ゾーンに走り込むなど）によって，易しいゲームをすることができる。 ③基本的なボールを持たないときの動き（空いている場所に素早く動くなど）によって，易しいゲームをすることができる。	①規則を工夫している。 ②簡単な作戦を選んでいる。 ③課題の解決のために考えたことを友達に伝えている。	①ゴール型ゲーム（フラッグフットボール）に進んで取り組もうとしている。 ②ゲームの規則を守り，誰とでも仲よくしようとしている。 ③用具などの準備や片付けを，友達と一緒にしようとしている。 ④勝敗を受け入れようとしている。 ⑤友達の考えを認めようとしている。 ⑥周囲を見て場や用具の安全を確かめている。

5	6	7	8
簡単な作戦を選び，相手チームを決めてゲームをすることを楽しむ			学習のまとめをする

目標を立てる　3　場や用具の準備をする

相手チームを決めてゲームをする

（相手チームを替えずに，1時間に2ゲーム）

6　ゲームをする
○フラッグフットボールの簡単な作戦を知る。
○チームで簡単な作戦を選んで，ゲーム1をする。
○チームでゲーム1を振り返り，選んだ作戦について考えたことを伝える。
○チームで選んだ作戦を確認して，ゲーム2をする。

健康観察，挨拶をする

学習のまとめ

フラッグフットボール大会をする

（相手チームを替えて3ゲーム）

5　ゲームにつながる運動をする
6　フラッグフットボール大会をする
7　単元を振り返り，学習のまとめをする
8　整理運動，場や用具の片付けをする
9　集合，健康観察，挨拶をする

5	6	7	8
		② 観察	③ 観察
	② 観察・学習カード	③ 観察・学習カード	
② 観察・学習カード	⑤ 観察・学習カード		① 観察・学習カード

本時の目標と展開①（1／8時間）

本時の目標

(1) ゴール型ゲーム（フラッグフットボール）の行い方を知ることができるようにする。
(2) 規則を工夫することができるようにする。
(3) 周囲を見て場や用具の安全を確かめることができるようにする。

本時の展開

時間	学習内容・活動	指導上の留意点
5分	**1　集合，挨拶，健康観察をする** **2　単元の学習の見通しをもつ** ○単元の目標と学習の進め方を知る。 ○チームを確認する。 ○学習のきまりを知る。	●掲示物を活用するなどしながら，分かりやすく説明する。 ●どのチームも同じくらいの力になるように配慮して，六人を基本としたチームを事前に決めておく。
	運動のきまりの例 ・用具は正しく使いましょう。 ・運動前には場の安全を確かめましょう。 ・審判の判定に従い，フェアなプレイを大切にしましょう。 ・チームで協力して学習をしましょう。 ・チームの友達の考えを認めましょう。	
	3　本時のねらいを知り，目標を立てる	
	フラッグフットボールの学習の進め方を知り，学習の見通しをもとう	
	○本時のねらいを知り，自己の目標を立てる。	●学習カードを配り，使い方を説明する。
20分	**4　場や用具の準備をする** ○場や用具の準備と片付けの仕方を知る。 ○チームで協力して，準備をする。	●安全な準備と片付けの仕方を説明する。 ●安全を確かめている様子を取り上げて，称賛する。
	場や用具の準備と片付けのきまりの例 ・運動をする場所に危険物がないか確かめ，見付けたら取り除きましょう。 ・運動に使う用具などは，友達と一緒に，決まった場所から安全を確かめて運びましょう。 ・安全に運動ができるように，服装などが整っているか，確かめましょう。	
	5　準備運動，ゲームにつながる運動をする ○準備運動，ゲームにつながる運動の行い方を知る。 ○学級全体やチームで準備運動，ゲームにつながる運動をする。	●けがの防止のために適切な準備運動の行い方について，実際に動いて示しながら説明する。

準備運動の例

肩，腕，手首，腿，膝，ふくらはぎ，足首などをほぐす運動を行う。

ゲームにつながる運動の例

○チームでしっぽ取り

・自己のフラッグは取られないようにしながら，1分間などの時間内に他の人のフラッグをたくさん取る。
・2つともフラッグを取られてしまっても，時間内は他の人のフラッグを取りに行くようにする。

○チームでじゃんけんしっぽ取り

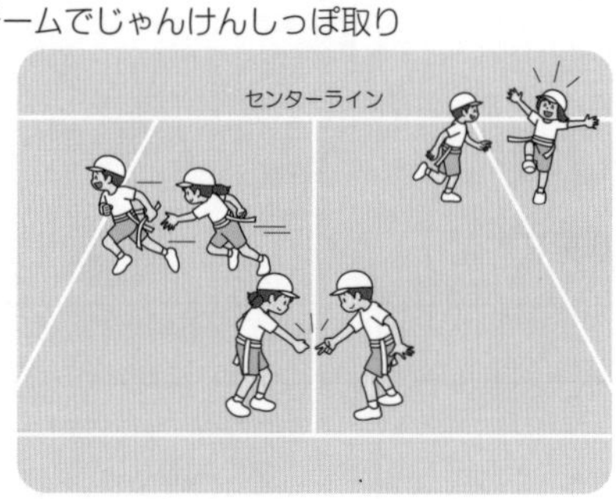

・二人でセンターラインを挟んでじゃんけんをして，その勝敗で逃げたり追いかけたりする。
・自己に近い側のコートラインまで逃げられるか，フラッグを取られてしまうかを楽しむ。

15分

6　ゲームをする

○易しいゲームの行い方を知る。

● 易しいゲームの行い方について，学習資料やＩＣＴ機器を活用したり，実際に動いて示したりしながら説明する。

フラッグフットボールの行い方の例

○攻守を分け，攻める側のプレイヤーが守る側のプレイヤーの人数を上回るゲーム
（守りゾーンを設ける）

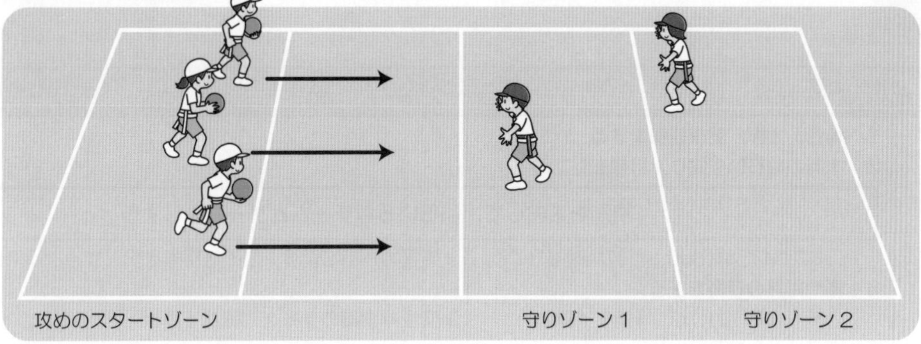

・６分のゲームをする。（前半・後半なし）
・攻めは三人が攻めのスタートゾーン，守りは二人が２つの守りゾーンにそれぞれ１名入る。
・攻めは，全員がボールを持ってスタートゾーンから走り出し，フラッグを取られないように守りゾーンを走り抜けて，ゴールラインを越えると得点となり，その回のプレイを終える。（三人ともゴールラインを越えれば１回の攻めで３点が入る）
・攻めは，走りながら回転して守りをかわすことは禁止とする。
・守りは，それぞれの守りゾーンの中で攻めの人のフラッグを取る。（取ったフラッグは，手渡しで相手に返す）
・攻めは，フラッグを取られたり，コートの線から外に出たり，ボールを落としたりしたら，得点できずにその回のプレイを終える。
・攻め側のチームが２回続けてプレイをしたら，攻守を交代する。これを６分間繰り返す。

○相手チームを確認して，ゲームをする。

● 対戦をするチームと使用するコートを伝える。
● 安全を確かめている様子を取り上げ，称賛する。

◆学習評価◆　主体的に学習に取り組む態度
⑥周囲を見て場や用具の安全を確かめている。

➡　練習やゲームをする際に，コートやその周辺に危険物がないかなど，安全を確かめている姿を評価する。（観察・学習カード）

◎安全を確かめることに意欲的でない児童への配慮の例

➡　使わないボールを置く場所やゲームを見る位置などを決めたり，チームの友達と一緒に安全を確かめて，安全であることを伝え合ったりするなどの配慮をする。

● パスでボールをつないで，シュートをしている動きを取り上げて，称賛する。

◎勝敗を受け入れることに意欲的でない児童への配慮の例

➡　ゲームの前後に挨拶や握手を交わすことや，相手でも味方でもよいプレイや取組は称賛することが大切であることを伝えるなどの配慮をする。

5分

7　本時を振り返り，次時への見通しをもつ

本時の振り返り
・ゲームをして楽しかったことや難しかったことなど，気付いたことや考えたことを書きましょう。
・安全を確かめることについて，気付いたことや考えたことを書きましょう。
・単元の学習で身に付けたいことや楽しみたいことなど，自己の目標を書きましょう。

○振り返りを発表して，友達に伝える。

● 振り返りを学習カードに記入するように伝えるとともに，気付きや考えのよさを取り上げて，称賛する。

8　整理運動，場や用具の片付けをする

● 整理運動の行い方について，実際に動いて示しながら説明するとともに，けががないかなどを確認する。

9　集合，健康観察，挨拶をする

本時の目標と展開②（3／8時間）

本時の目標

(1) 基本的なボール操作（パスを出す，得点ゾーンに走り込むなど）によって，易しいゲームをすることができるようにする。
(2) 規則を工夫することができるようにする。
(3) ゲームで使用する用具などの準備や片付けを，友達と一緒にすることができるようにする。

本時の展開

<table>
<tr><th>時 間</th><th>学習内容・活動</th><th>指導上の留意点</th></tr>
<tr><td rowspan="5">5
分</td><td>1　集合，挨拶，健康観察をする
2　本時のねらいを知り，目標を立てる</td><td></td></tr>
<tr><td colspan="2">規則を工夫して，いろいろなチームとゲームをしよう</td></tr>
<tr><td>○本時のねらいを知り，自己の目標を立てる。</td><td>●学習カードを配り，立てた目標を記入するように伝える。</td></tr>
<tr><td>3　場や用具の準備をする
○チームで協力して，準備をする。</td><td>●安全な準備の仕方を確認する。</td></tr>
<tr><td>4　準備運動をする
○チームで準備運動をする。</td><td>●けがの防止のために適切な準備運動の行い方を確認する。</td></tr>
<tr><td rowspan="4">15
分</td><td>5　ゲームにつながる運動をする
○自己やチームに適した行い方を選んで，チームでゲームにつながる運動をする。</td><td>●全員が基本的なボール操作とボールを持たないときの動きに慣れることができるように，十分な時間を確保する。</td></tr>
<tr><td colspan="2">ゲームにつながる運動の例
○チームで子取り鬼

・鬼役の人を一人決めて，他の人は肩を持って１列になって離れないようにする。
・鬼役の人は，列の一番後ろの人のフラッグをねらう。列の先頭の人は両手を広げて壁をつくって鬼を防ぐ。
・20 秒などの時間で鬼を交代しながら行う。
○チーム対抗でじゃんけんしっぽ取り

・相手チームを決め，チームから一人ずつ順番に出てじゃんけんしっぽ取りをする。
・自己に近い側のコートラインまで逃げられるか，フラッグを取られてしまうかを楽しむ。
○チーム対抗でしっぽ取り

・コート内に２チームが入り，しっぽ取りをする。
・相手チームとフラッグを取り合い，チームで取ることができたフラッグの合計で勝敗を競う。</td></tr>
<tr><td></td><td>◎場や規則が難しいと感じ，運動に意欲的でない児童への配慮の例
➡　文字やイラスト等を用いて掲示しながら説明したり，より易しい規則に変更したりするなどの配慮をする。</td></tr>
<tr><td>○課題解決のために考えたことを伝える。</td><td>●考えたことを伝えていることを取り上げて，称賛する。</td></tr>
</table>

全てのチームとゲームをする
相手チームを替えてゲームをして，2～4時間で全てのチームと対戦できるようにする

20分

6　ゲームをする

○フラッグフットボールの規則の工夫の仕方を知る。
● フラッグフットボールの規則の工夫の仕方について，学習資料やＩＣＴ機器を活用したり，実際に動いて示したりしながら説明する。

フラッグフットボールの規則の工夫の例

○攻めと守りを分け，攻める側のプレイヤーが守る側のプレイヤーの人数を上回るゲーム

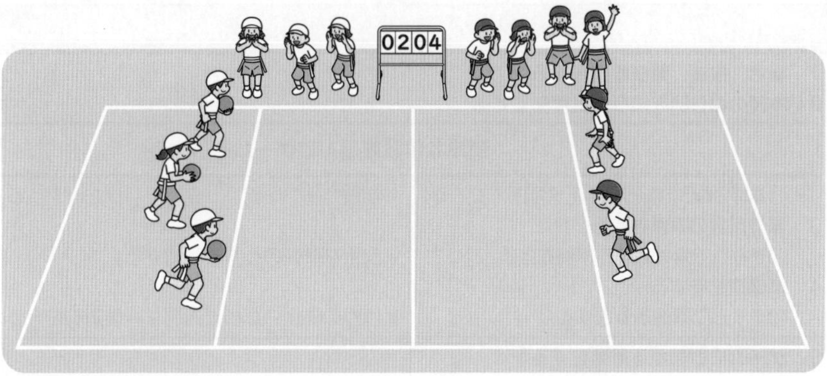

・6分のゲームをする。（前半・後半なし）
・攻めは三人が攻めのスタートゾーン，守りは二人が守りのスタートゾーンに入る。
・攻めは，全員がボールを持って攻めのスタートゾーンから走り出し，フラッグを取られないようにゴールラインを越えると得点となり，その回のプレイを終える。（三人ともゴールラインを越えれば１回の攻めで３点が入る）
・攻めは，走りながら回転して守りをかわすことは禁止とする。
・守りは，攻めのスタートゾーンから走り出した攻めの人のフラッグを取る。（取ったフラッグは，手渡しで相手に返す）
・攻めは，フラッグを取られたり，コートの線から外に出たり，ボールを落としたりしたら，得点できずにその回のプレイを終える。
・攻め側のチームが４回続けてプレイをしたら，攻守を交代する。これを６分間繰り返す。

○使用するボールを１つにするゲーム
・ボールを持っている人がゴールラインを越えたら３点，ボールを持っていない人がゴールラインを越えたら１点とする。
・ボールを持っている人は，味方にボールを手渡したりパスをしたりすることができる。（フラッグを取られてからでも手渡したりパスをしたりすることできる）
・攻めのボールを持っていない人は，ボールを持っている人のフラッグが取られないように，両手を広げて壁をつくって守りを防ぐことができる。（壁をつくっているときでもフラッグを取られたら，その回のプレイは終わりとなる）

○相手チームを決め，規則を選んでゲーム１をする。（６分程度のゲーム）
● 対戦をするチームと使用するコートを伝える。

○チームでゲーム１を振り返り，選んだ規則について考えたことを伝える。
● チームに適した規則を選んでいることを取り上げて，称賛する。

○相手チームを替え，規則を選んでゲーム２をする。（６分程度のゲーム）

◆学習評価◆　思考・判断・表現
①規則を工夫している。
➡　自己やチームの友達が楽しくゲームに参加できる規則を選んでいる姿を評価する。（観察・学習カード）

◎規則を工夫することが苦手な児童への配慮の例
➡　**それぞれの規則のよさを伝えてどの規則も肯定できるようにしたり，いろいろな規則を試したりして，自己やチームに適した規則を見付けるようにするなどの配慮をする。**

5分

7　本時を振り返り，次時への見通しをもつ

本時の振り返り
・ゲーム１・ゲーム２の相手チームとゲーム結果を書きましょう。
・選んだゲームの規則と，その規則でゲームをして気付いたことや考えたことを書きましょう。

○振り返りを発表して，友達に伝える。
● 振り返りを学習カードに記入するように伝えるとともに，気付きや考えのよさを取り上げて，称賛する。

8　整理運動，場や用具の片付けをする
● けががないかなどを確認する整理運動の行い方を確認する。

9　集合，健康観察，挨拶をする

本時の目標と展開③（6／8時間）

本時の目標

(1) 基本的なボール操作（パスを出す，得点ゾーンに走り込むなど）によって，易しいゲームをすることができるようにする。
(2) 簡単な作戦を選ぶことができるようにする。
(3) 友達の考えを認めることができるようにする。

本時の展開

時間	学習内容・活動	指導上の留意点
5分	1　**集合，挨拶，健康観察をする** 2　**本時のねらいを知り，目標を立てる**	
	簡単な作戦を選んでゲームをしよう	
	○本時のねらいを知り，自己の目標を立てる。	●学習カードを配り，立てた目標を記入するように伝える。
	3　**場や用具の準備をする** ○チームで協力して，準備をする。	●安全な準備の仕方を確認する。
	4　**準備運動をする** ○チームで準備運動をする。	●けがの防止のために適切な準備運動を行うように伝える。
15分	5　**ゲームにつながる運動をする** ○自己やチームに適した行い方を選んで，チームでゲームにつながる運動をする。	●各チームの取組を観察し，必要に応じて運動の行い方について実際に動いて示しながら説明する。
	ゲームにつながる運動の行い方の工夫の例 ○チーム対抗でじゃんけんしっぽ取り（走り抜け）  ・相手チームを決め，チームから一人ずつ順番に出てじゃんけんしっぽ取りをする。 ・取ったフラッグの数で勝敗を競う。 ○チームでハーフコートゲーム 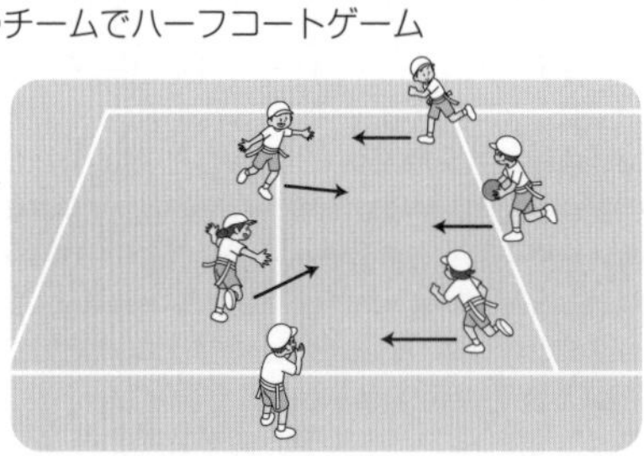 ・攻め三人，守り二人に分かれて，ハーフコートでゲームをする。（攻めはコートの中央をスタートラインにする） ・攻めと守りを交代しながら，チームの攻め方や守り方の練習をする。	
	○課題解決のために考えたことを伝える。	●友達の考えを認めようとしている様子を取り上げて，称賛する。 **◆学習評価◆　主体的に学習に取り組む態度** **⑤友達の考えを認めようとしている。** ➡　ゲームの振り返りや自己の考えを発表し合う際などに，発表された友達の考えを認めようとしている姿を評価する。（観察・学習カード） **◎友達の考えを認めることに意欲的でない児童への配慮の例** ➡　発表を聞こうとしなかったり友達の考えを否定することを言ったりする児童には，人はそれぞれに考えに違いがあり，それを認めることが大切であることを伝えるとともに，それぞれの考えのよさを取り上げて，気付くようにするなどの配慮をする。

相手チームを決めてゲームをする
5～7時間は1時間で対戦する相手チームは替えずに，作戦を選んでゲームをする。

20分

6　ゲームをする

○本時の相手チームを決める。
○フラッグフットボールの簡単な作戦を知る。

● 対戦をするチームと使用するコートを伝える。
● フラッグフットボールの簡単な作戦について，学習資料やＩＣＴ機器を活用したり，実際に動いて示したりしながら説明する。

フラッグフットボールの簡単な作戦の例

○ボールをかくす作戦

・誰がボールを持っているかを隠して後ろ向きに構える。走り出してからも，ボールを持っているように走る。（走り出たら，前向きに走る）

○壁をつくる作戦

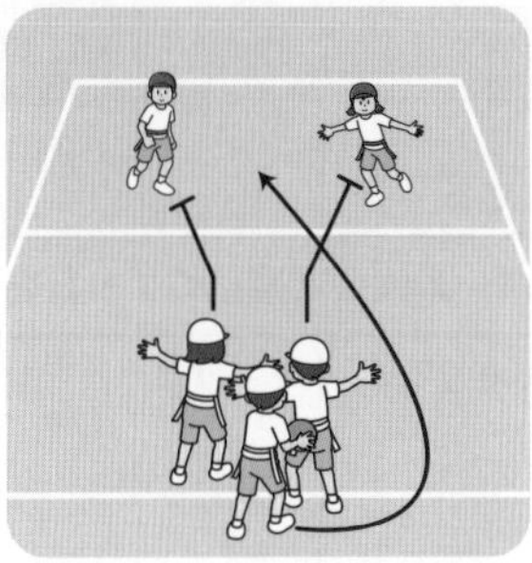

・ボールを持っていない人が壁をつくってボールを持っている人が走り抜けられるようにする。

○守りを惑わす作戦

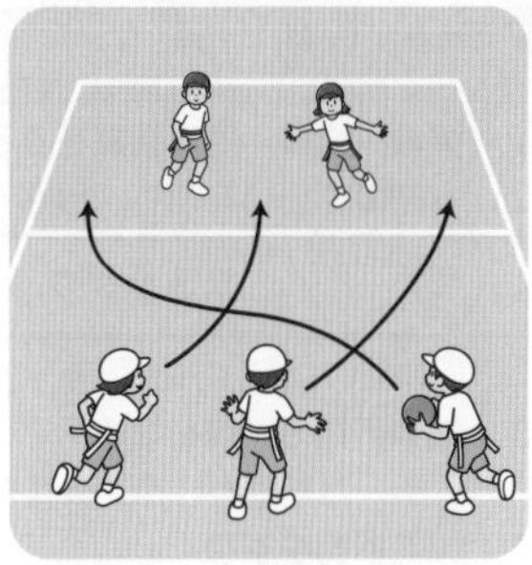

・味方にボールを渡すと見せかけそのまま自分でボールを持ってゴールラインまで運ぶ。

○チームで簡単な作戦を選んで，ゲーム1をする。（6分程度のゲーム）

● 攻め方のポイントを押さえた動きを取り上げて，称賛する。

◎相手をかわして走ることが苦手な児童への配慮の例

➡　走り出すふりをして逆の方向に走り出したり，走っているときに急に逆の方に向きを変えたりするなど動きをしたり，味方の動きで守りがいなくなった場所を探して走り込んだりすることを助言するなどの配慮をする。
➡　ボールを持っている味方がゴールラインを越えられるように壁をつくる役割をしてチームで得点をする楽しさを味わえるようにするなどの配慮をする。

○チームでゲーム1を振り返り，選んだ作戦について考えたことを伝える。

● チームで簡単な作戦を選んでいることを取り上げて，称賛する。

◆学習評価◆　思考・判断・表現
②簡単な作戦を選んでいる。

➡　ゲームをする際の簡単な作戦を選んでいる姿を評価する。（観察・学習カード）

○必要に応じて作戦を選び直すなど，チームで選んだ作戦を確認して，ゲーム2をする。（6分程度のゲーム）

◎簡単な作戦を選ぶことが苦手な児童への配慮の例

➡　自己や友達がどんな動きをしながらゲームをするのかを考えて話し合うように助言して，チームの全員が楽しくゲームができる作戦を選ぶようにするなどの配慮をする。

5分

7　本時を振り返り，次時への見通しをもつ

本時の振り返り
・本時の相手チームとゲーム1・ゲーム2の結果を書きましょう。
・選んだ簡単な作戦と，その作戦でゲームをして気付いたことや考えたことを書きましょう。
・友達の考えを認めることについて，気付いたことや考えたことを書きましょう。

○振り返りを発表して，友達に伝える。

● 振り返りを学習カードに記入するように伝えるとともに，気付きや考えのよさを取り上げて，称賛する。

8　整理運動，場や用具の片付けをする

● 適切な整理運動を行うように伝えるとともに，けががないかなどを確認する。

9　集合，健康観察，挨拶をする

本時の目標と展開④（8／8時間）

本時の目標

(1) 基本的なボールを持たないときの動き（空いている場所に素早く動くなど）によって，易しいゲームをすることができるようにする。
(2) 課題の解決のために考えたことを友達に伝えることができるようにする。
(3) ゴール型ゲーム（フラッグフットボール）に進んで取り組むことができるようにする。

本時の展開

時間	学習内容・活動	指導上の留意点
15 分	1　**集合，挨拶，健康観察をする** 2　**本時のねらいを知り，目標を立てる**	
	フラッグフットボール大会で楽しくゲームをして，学習のまとめをしよう	
	○本時のねらいを知り，自己の目標を立てる。	●学習カードを配り，立てた目標を記入するように伝える。
	3　**場や用具の準備をする** ○チームで協力して，準備をする。	●安全な準備の仕方を確認する。
	4　**準備運動をする** ○チームで準備運動をする。	●けがの防止のために適切な準備運動を行うように伝える。
	5　**ゲームにつながる運動をする** ○自己やチームに適した行い方を選んで，チームでゲームにつながる運動をする。	●チームの作戦につながる行い方を選ぶように伝える。
20 分	6　**フラッグフットボール大会をする** ○フラッグフットボール大会の行い方を知る。	●フラッグフットボール大会の行い方を説明する。
	フラッグフットボール大会の行い方やきまり ・各チーム3回ゲームをします。ゲームの間にチームの話合いの時間を十分に取ることができないので，ゲームの前にはチームで手短かに考えを確認し合うようにしましょう。 ・全員が楽しくゲームができるように，元気よく気持ちのよい応援をしましょう。	
	○ゲーム1・ゲーム2・ゲーム3の相手チームを確認する。	●対戦をするチームと使用するコートを伝える。
	○チームで簡単な作戦を選んで，ゲーム1をする。（6分程度のゲーム）	**◆学習評価◆　主体的に学習に取り組む態度** **①ゴール型ゲーム（フラッグフットボール）に進んで取り組もうとしている。** ➡　フラッグフットボールのゲームやゲームにつながる運動，チームでの話合いなどに進んで取り組もうとしている姿を評価する。（観察・学習カード）
	○チームで選んだ作戦を確認して，ゲーム2をする。（6分程度のゲーム）	**◆学習評価◆　知識・技能** **③基本的なボールを持たないときの動き（空いている場所に素早く動くなど）によって，易しいゲームをすることができるようにする。** ➡　攻める際に壁をつくって守りの動きを防いだり，守る際に相手を追いかけてフラッグを取ったりしている姿を評価する。（観察）
	○チームで選んだ作戦を確認して，ゲーム3をする。（6分程度のゲーム）	
	○課題解決のために考えたことを伝える。	●考えたことを伝えていることを取り上げて，称賛する。
10 分	7　**単元を振り返り，学習のまとめをする**	
	単元の学習の振り返り ・フラッグフットボール大会をして，気付いたことや考えたことを書きましょう。 ・単元の学習で，できるようになったことを書きましょう。 ・学習したことで，今後の学習や日常生活の中で取り組んでいきたいとことを書きましょう。	
	○振り返りを発表して，友達に伝える。	●振り返りを学習カードに記入するように伝えるとともに，気付きや考えのよさを取り上げて，称賛する。
	8　**整理運動，場や用具の片付けをする**	●適切な整理運動を行うように伝えるとともに，けががないかなどを確認する。
	9　**集合，健康観察，挨拶をする**	

2学年間にわたって取り扱う場合

【第3学年における指導と評価の計画（ゴール型ゲーム「タグラグビー」)】

時間		1	2	3	4	5	6	7	8
ねらい		学習の見通しをもつ	タグラグビーの行い方を知り，規則を工夫してゲームをすることを楽しむ			簡単な作戦を選んでゲームをすることを楽しむ			学習のまとめをする
学習活動		**オリエンテーション** **○学習の見通しをもつ** ・学習の進め方 ・学習のきまり **○タグラグビー** 易しいゲームをする	**タグラグビー 全てのチームとゲームをする** **○ゲームにつながる運動** ・タグ取り鬼 ・手渡しパスリレー **○ゲームをする** ・チームで規則を選んでゲーム１をする ・ゲーム１で選んだ規則を振り返る ・選ぶ規則を確認してゲーム２をする			**タグラグビー 相手チームを決めてゲームをする** **○ゲームにつながる運動** ・タグ取り鬼と手渡しパス **○ゲームをする** ・相手チームを決めて簡単な作戦を選ぶ ・ゲーム１をする ・ゲーム１を振り返り，作戦を確認してゲーム２をする			**学習のまとめ** **○タグラグビー大会** 簡単な作戦を選んでいろいろなチームとゲームをする **○学習のまとめをする**
評価の重点	知識・技能		① 観察・学習カード					② 観察	③ 観察
	思考・判断・表現				① 観察・学習カード		② 観察・学習カード		
	主体的に学習に取り組む態度	⑥ 観察・学習カード		④ 観察・学習カード		③ 観察・学習カード			① 観察・学習カード

●評価規準のゲームは「タグラグビー」とする。

【低学年「陣地を取り合う鬼遊び」との円滑な接続を図るための工夫（例)】

● **「味方にボールを手渡したり，ゴールにボールを持ち込んだりすること」を身に付けるために**

低学年で設定した「宝取り鬼」では，一定の区域を守る相手をかわしたり走り抜けたりして，相手の陣地に入って宝を取る鬼遊びをして遊びました。中学年では，コート内を移動して追いかけてくる相手をかわして，ゴールにボールを持ち込むことができるようにします。

そのため中学年のはじめでは，ボールを持って走ることがボール操作の中心となる「タグラグビー」で，相手をかわして走ることや，友達に手渡してボールをつなげてゴールに持ち込むことができるようにしましょう。

（例）攻守を交代し，攻める側が守る側の人数を上回るゲーム
・攻めは四人，守りは二人のゲームをする。攻めのチームが得点をしたり，コートの外に出たりするなどで攻めが終わったら攻守を交代する。攻守が入れ替わったときに人数も入れ替わる。

（例）タグ取り鬼と手渡しパス
・チームで四人と二人に分かれて，コートの半分を使ってタグ取り鬼をする。鬼の二人は四人のうちボールを持っている人のタグを取る。タグを取られてもボールを捕られたことにはならないので，タグを取られてから味方を見付けてボールを手渡す。時間を決めて役割を交代しながら，タグを取る，ボールを手渡す練習をする。

【第3学年において重点を置いて指導する内容（例)】

● **知識及び技能**

味方とパスをつないでシュートをするゲームの行い方を知るとともに，ゲームやゲームにつながる運動で，味方が捕りやすいパスをすること，味方にパスを出したりボール保持者と自分の間に守る者がいない空間に移動して味方からパスを受けたりすることができるようにしましょう。

● **思考力，判断力，表現力等**

規則の工夫は，学級全体での話合いで出された工夫の中から，チームのみんなが楽しくゲームに参加できる規則を選ぶことができるようにしましょう。作戦の工夫は，規則の工夫を基にして，タグを取られたらチームでボールをつないでゴールに向かうことができる簡単な作戦を選ぶことができるようにしましょう。

● **学びに向かう力，人間性等**

チームでゲームをする活動においては，自己や友達の失敗を責めず仲よくしようとすること，他のチームとゲームをする活動においては，ゲームの最中や終了後の勝敗を受け入れることができる態度を育みましょう。また，各コートで判定や得点などを友達と一緒にしようとしながらゲームを進めることができるようにしましょう。

ネット型ゲーム「テニスを基にした易しいゲーム」

ネット型ゲームは，基本的なボール操作とボールを操作できる位置に体を移動する動きによって易しいゲームをして，集団対集団などで競い合う楽しさや喜びに触れることのできる運動です。本単元例は，テニスを基にした易しいゲームを取り上げて，ゲームにつながる運動と規則を工夫しながらゲームをする時間を多く設定することで，基本的な技能を身に付けながら，自己やチームに適した規則でゲームに進んで取り組むことができる授業を展開するようにしています。

単元の目標

(1) ネット型ゲーム（ミニテニス）の行い方を知るとともに，基本的なボール操作とボールを操作できる位置に体を移動する動きによって，易しいゲームをすることができるようにする。
(2) 規則を工夫したり，簡単な作戦を選んだりするとともに，考えたことを友達に伝えることができるようにする。
(3) ネット型ゲーム（ミニテニス）に進んで取り組み，規則を守り誰とでも仲よく運動をしたり，勝敗を受け入れたり，友達の考えを認めたり，場や用具の安全に気を付けたりすることができるようにする。

指導と評価の計画（8時間）

時間		1	2	3	4	5
ねらい		学習の見通しをもつ	ミニテニスの行い方を知り，規則を工夫して，いろいろなチームとゲームをして楽しむ			
学習活動		オリエンテーション 1　集合，挨拶，健康観察をする 2　単元の学習の見通しをもつ ○単元の目標と学習の進め方を知る。 ○チームを確認する。 ○学習のきまりを知る。 3　本時のねらいを知り，目標を立てる 4　場と用具の準備をする ○場や用具の準備と片付けの仕方を知る。 5　準備運動，ゲームにつながる運動をする ○準備運動，ゲームにつながる運動の行い方を知る。 6　ゲームをする ○テニスを基にした易しいゲームの行い方を知る。 ○チーム内で2対2に分かれて，ゲームをする。	1　集合，挨拶，健康観察をする　2　本時のねらいを知り， 5　ゲームにつながる運動をする **全てのチームとゲームをする** （相手チームを替えて，1時間に1～2ゲーム） 6　ゲームをする ○相手チームを決め，規則を選んでゲームをする。 ○チームでゲーム1を振り返り，選んだ規則について考えたことを伝える。 ○相手チームを替え，規則を選んでゲーム2をする。			
		7　本時を振り返り，次時への見通しをもつ　8　整理運動，場や用具の片付けをする				
評価の重点	知識・技能			① 観察・学習カード		
	思考・判断・表現				① 観察・学習カード	
	主体的に学習に取り組む態度	⑥ 観察・学習カード	④ 観察・学習カード	③ 観察・学習カード		② 観察・学習カード

単元の評価規準

知識・技能	思考・判断・表現	主体的に学習に取り組む態度
①ネット型ゲーム（ミニテニス）の行い方について，言ったり書いたりしている。 ②相手コートから飛んできたボールを相手コートに打ち返してゲームをすることができる。 ③相手コートから飛んできたボールを操作しやすい位置に移動してゲームをすることができる。	①規則を工夫している。 ②簡単な作戦を選んでいる。 ③課題の解決のために考えたことを友達に伝えている。	①ネット型ゲーム（ミニテニス）に進んで取り組もうとしている。 ②ゲームの規則を守り，誰とでも仲よくしようとしている。 ③用具などの準備や片付けを，友達と一緒にしようとしている。 ④勝敗を受け入れようとしている。 ⑤友達の考えを認めようとしている。 ⑥周囲を見て，場や用具の安全を確かめている。

6	7	8
相手チームを決めて，簡単な作戦を選んでゲームを楽しむ		学習のまとめをする
目標を立てる　3　場や用具の準備をする　4　準備運動をする		
5　ゲームにつながる運動をする **相手チームを決めてゲームをする** （相手チームを替えずに，1時間に2ゲーム） 6　ゲームをする ○チームで簡単な作戦を選んで，ゲームをする。 ○チームでゲーム1を振り返り，選んだ作戦について考えたことを伝える。 ○チームで作戦を確認して，ゲーム2をする。 9　集合，健康観察，挨拶をする		学習のまとめ **ミニテニス大会をする** （相手チームを替えて3ゲーム） 5　ゲームにつながる運動をする 6　ミニテニス大会をする 7　単元を振り返り，学習のまとめをする 8　整理運動，場や用具の片付けをする 9　集合，健康観察，挨拶をする
	② 観察	③ 観察
② 観察・学習カード	③ 観察・学習カード	
⑤ 観察・学習カード		① 観察・学習カード

本時の目標と展開①（1／8時間）

本時の目標

(1) ネット型ゲーム（ミニテニス）の行い方を知ることができるようにする。
(2) 規則を工夫することができるようにする。
(3) 周囲を見て場や用具の安全を確かめることができるようにする。

本時の展開

時間	学習内容・活動	指導上の留意点
5分	**1　集合，挨拶，健康観察をする** **2　単元の学習の見通しをもつ** ○単元の目標と学習の進め方を知る。 ○チームを確認する。 ○学習のきまりを知る。	●掲示物を活用するなどしながら，分かりやすく説明する。 ●どのチームも同じくらいの力になるように配慮して，四人を基本としたチームを事前に決めておく。
	学習のきまりの例 ・用具は正しく使いましょう。 ・周囲を見て場の安全を確かめましょう。 ・フェアなプレイを大切にしましょう。 ・ゲームの規則を守り，誰とでも仲良くしましょう。 ・チームの友達の考えを認めましょう。 	
	3　本時のねらいを知り，目標を立てる	
	ミニテニスの学習の進め方を知り，学習の見通しをもとう	
	○本時のねらいを知り，自己の目標を立てる。	●学習カードを配り，使い方を説明する。
20分	**4　場や用具の準備をする** ○場や用具の準備と片付けの仕方を知る。 ○チームで協力して，準備をする。	●安全な準備と片付けの仕方を説明する。 ●安全を確かめている様子を取り上げて，称賛する。
	場や用具の準備と片付けのきまりの例 ・運動をする場所に危険物がないか確かめ、見付けたら取り除きましょう。 ・運動に使う用具などは、友達と一緒に、決まった場所から安全を確かめて運びましょう。 ・安全に運動ができるように、服装などが整っているか、確かめましょう。 	
	5　準備運動，ゲームにつながる運動をする ○準備運動，ゲームにつながる運動の行い方を知る。 ○学級全体やチームで準備運動，ゲームにつながる運動をする。	●けがの防止のために適切な準備運動の行い方について，実際に動いて示しながら説明する。
	準備運動の例 ○徒手での運動　…　肩，腕，手首，腿，膝，ふくらはぎ，足首などをほぐす運動をチームで選ぶ。 ゲームにつながる運動の例 ○ボールを打ち上げる  ・ラケットでボールを真上に連続して打ち上げる。 ○ワンバウンドでラリーをする 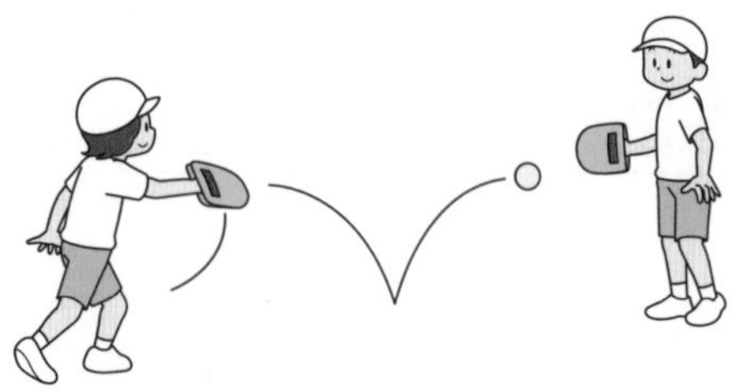 ・チームの友達と２ｍ程度の間隔で向かい合い，ワンバウンドで易しいボールを送り合ってラリーを続ける。	

15分

6　ゲームをする

○テニスを基にした易しいゲームの行い方を知る。

● 易しいゲームの行い方について，学習資料やＩＣＴ機器を活用したり，実際に動いて示したりしながら説明する。

ミニテニス（テニスを基にした易しいゲーム）の行い方の例

○１チーム二人組のゲーム

・サービスは，相手が打ち返しやすい場所にワンバウンドさせるように打ち入れる。（もしくは投げ入れる）
・サービスの後は，相手コートから来てノーバウンドもしくはワンバウンドしたボールを１回で相手コートに打ち返す。（二人のうちどちらが打ち返してもよい。チーム内でのパスはできない。）
・打ち入れたボールが相手コート内に入らなかったり，自分のコートに打ち入れられたボールをワンバウンド以内に相手コートに打ち返すことができなかったりしたら，相手チームに得点が入る。
・安全のため，ネットに触ったりネットを越えて相手コート側に手を伸ばしたりはしない。

○チーム内で２対２に分かれて，ゲームをする。（２分程度のゲーム）

● 各チームが使用するコートと，本時は得点を競うことよりもラリーを続けることを目指してゲームをするように伝える。

● 安全を確かめている様子を取り上げ，称賛する。

◆学習評価◆　主体的に学習に取り組む態度
⑥周囲を見て場や用具の安全を確かめている。

➡　練習やゲームをする際に，コートやその周辺に危険物がないかなど，安全を確かめている姿を評価する。（観察・学習カード）

◎安全を確かめることに意欲的でない児童への配慮の例

➡　**使わないボールを置く場所やゲームを見る位置などを決たり，チームの友達と一緒に安全を確かめて，安全であることを伝え合ったりするなどの配慮をする。**

● ラリーが続いている動き取り上げて，称賛する。

◎ボールを打つことが苦手な児童への配慮の例

➡　**ボールを打ちやすい位置（体のやや前）を確認して，打つ動きに慣れるまでは打ち返すのではなく，手の平で触って押し返すように易しく打つようにするなどの配慮をする。**

5分

7　本時を振り返り，次時への見通しをもつ

本時の振り返り
・ゲームをして楽しかったことや難しかったことなど，気付いたことや考えたことを書きましょう。
・安全を確かめることについて，気付いたことや考えたことを書きましょう。
・単元の学習で身に付けたいことや楽しみたいことなど，自己やチームの目標を書きましょう。

○振り返りを発表して，友達に伝える。

● 振り返りを学習カードに記入するように伝えるとともに，気付きや考えのよさを取り上げて，称賛する。

8 整理運動，場や用具の片付けをする

● 整理運動の行い方について，実際に動いて示しながら説明するとともに，けがががないかなどを確認する。

9 集合，健康観察，挨拶をする

本時の目標と展開②（4／8時間）

本時の目標

(1) 相手コートから飛んできたボールを相手コートに打ち返してゲームをすることができるようにする。
(2) 規則を工夫することができるようにする。
(3) ゲームの規則を守り，誰とでも仲よくすることができるようにする。

本時の展開

時 間	学習内容・活動	指導上の留意点
10 分	1　**集合，挨拶，健康観察をする** 2　**本時のねらいを知り，目標を立てる**	
	規則を工夫して，いろいろなチームとゲームをしよう	
	○本時のねらいを知り，自己の目標を立てる。	● 学習カードを配り，立てた目標を記入するように伝える。
	3　**場や用具の準備をする** ○チームで協力して，準備をする。	● 安全な準備の仕方を確認する。
	4　**準備運動をする** ○チームで準備運動をする。	● けがの防止のために適切な準備運動を行うように伝える。
15 分	5　**ゲームにつながる運動をする** ○自己やチームに適した行い方を選んで，チームでゲームにつながる運動をする。	● 全員が基本的なボール操作とボールを操作できる位置に体を移動する動きに慣れることができるように，十分な時間を確保する。

ゲームにつながる運動の行い方の工夫の例

○ボール打ち上げる

・ラケットの使う面を工夫する。
➡　手の平側で連続して打ち上げる
　手の甲側での連続して打ち上げる　など

・打ち上げる高さを工夫する。
➡　低い球で連続して打ち上げる
　高い球で連続して打ち上げる　など

○ワンバウンドでラリーをする

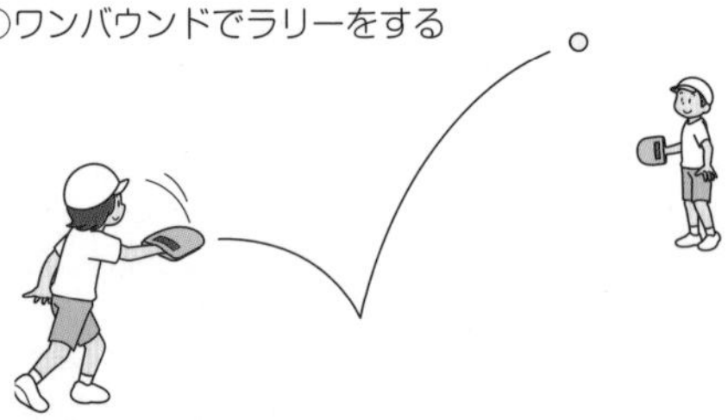

・返球の勢いを工夫する。
➡　緩やかな返球で易しく続ける，
　少し離れて山なりの返球で続ける　など

・返球の位置を工夫する。
➡　相手の左右どちらかを続けてねらって返球する，
　相手の左右を交互にねらって返球する　など

時 間	学習内容・活動	指導上の留意点
	○課題解決のために考えたことを伝える。	● 考えたことを伝えていることを取り上げて，称賛する **◎ボールを打ち返すことが苦手な児童への配慮の例** **➡　返球が大きくなり過ぎる児童には，腕を大きく振らずにボールにラケットをしっかり当て，ボールがネットを越えてコートに落ちるくらいに力を加減するなどの配慮をする。** **➡　返球が相手コートに届かない児童には，ボールを下から前にすくい上げるように打ち，ボールに当たったラケットを止めずにそのまま押し出すようにするなどの配慮をする。**

15分

全てのチームとゲームをする

相手チームを替えてゲームをして，2～5時間で全てのチームと対戦できるようにする

6　ゲームする

○ミニテニスの規則の工夫の仕方を知る。

● ミニテニスの規則の工夫の仕方について，学習資料やＩＣＴ機器を活用したり，実際に動いて示したりしながら説明する。

ミニテニスの規則の工夫の例

○サービスは緩やかに打つ。（ボールを優しく下から打つ）

○サービスとサービスの返球までは，失敗しても失点にせずにやり直す。

○ツーバウンドまでは返球できることとする。

ゲーム進行や安全への配慮などの基本的な規則は全チーム同じものにしますが，返球やラリーを続けるための規則などは，楽しくゲームができるものをチームで選びましょう。

○相手チームを決め，規則を選んでゲーム1をする。（4名のうち，片方のペアで前半2分，もう片方のペアで後半2分のゲーム）

● 対戦をするチームと使用するコートを伝える。

◎規則が難しいと感じて運動に意欲的でない児童への配慮の例

➡　選ぶ規則を文字やイラスト等を用いて掲示しながら説明したり，より易しい規則を選ぶことを提案したりするなどの配慮をする。

○チームでゲーム1を振り返り，選んだ規則について考えたことを伝える。

○相手チームを替え，規則を選んでゲーム2をする。（ゲーム1と同様）

● チームに適した規則を選んでいることを取り上げて，称賛する。

◆学習評価◆　思考・判断・表現
①規則を工夫している。

➡　自己やチームの友達が楽しくゲームに参加できる規則を選んでいる姿を評価する。（観察・学習カード）

◎規則を工夫することが苦手な児童への配慮の例

➡　それぞれの規則のよさを伝えてどの規則も肯定できるようにしたり，いろいろな規則を試したりして，自己やチームに適した規則を見付けるようにするなどの配慮をする。

5分

7　本時を振り返り，次時への見通しをもつ

本時の振り返り
・ゲーム1・ゲーム2の相手チームと，ゲーム結果を書きましょう。
・選んだゲームの規則と，その規則でゲームをして気付いたことや考えたことを書きましょう。

○振り返りを発表して，友達に伝える。

● 振り返りを学習カードに記入するように伝えるとともに，気付きや考えのよさを取り上げて，称賛する。

8　整理運動，場や用具の片付けをする

● 適切な整理運動を行うように伝えるとともに，けががないかなどを確認する。

9　集合，健康観察，挨拶をする

本時の目標と展開③（6／8時間）

本時の目標

(1) 相手コートから飛んできたボールを相手コートに打ち返してゲームをすることができるようにする。
(2) 簡単な作戦を選ぶことができるようにする。
(3) 友達の考えを認めることができるようにする。

本時の展開

<table>
<tr><th>時 間</th><th>学習内容・活動</th><th>指導上の留意点</th></tr>
<tr><td rowspan="3">10
分</td><td>1　集合，挨拶，健康観察をする
2　本時のねらいを知り，目標を立てる</td><td></td></tr>
<tr><td colspan="2">相手チームを決めて，簡単な作戦を選んでゲームをしよう</td></tr>
<tr><td>○本時のねらいを知り，自己の目標を立てる。
3　場や用具の準備をする
○チームで協力して，準備をする。
4　準備運動をする
○チームで準備運動をする。</td><td>● 学習カードを配り，立てた目標を記入するように伝える。

● 安全な準備の仕方を確認する。

● けがの防止のために適切な準備運動を行うように伝える。</td></tr>
<tr><td rowspan="3">15
分</td><td>5　ゲームにつながる運動をする
○自己やチームに適した行い方を選んで，チームでゲームにつながる運動をする。</td><td>● 各チームの取組を観察し，必要に応じて運動の行い方について実際に動いて示しながら説明する。</td></tr>
<tr><td colspan="2">ゲームにつながる運動の行い方の工夫の例
○ボール打ち上げ
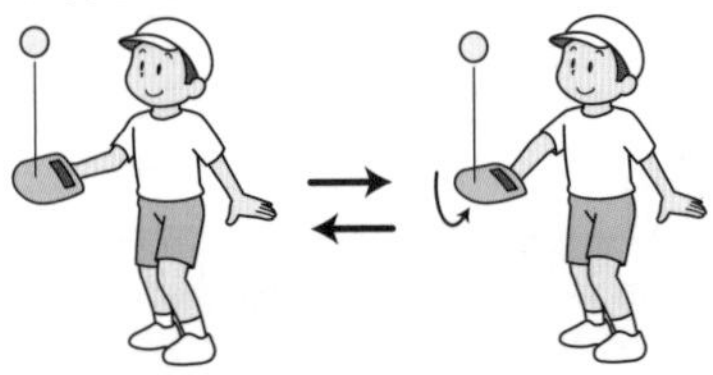
・ラケットの使う面を工夫する。
➡　慣れてきたら，手の平側・手の甲側を交互に使い，連続して打ち上げる　など

・打ち上げる高さを工夫する。
➡　慣れてきたら，低い球と高い球を交互に打ち上げる　など
○ワンバウンドラリー
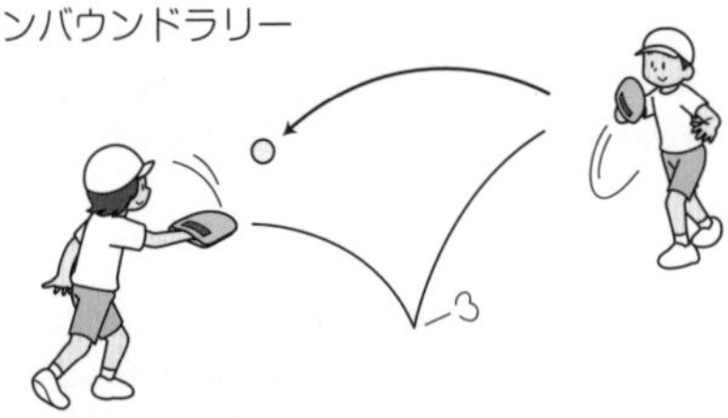
・返球の勢いを工夫する。
➡　片方の側は山なりで返球し，もう片方の側はノーバウンドで返球する　など

・返球の位置を工夫する。
➡　相手の左右だけでなく前後への返球も織り交ぜてラリーを続ける　など</td></tr>
<tr><td>○課題解決のために考えたことを伝える。</td><td>● 考えたことを伝えていることを取り上げて，称賛する。
◎ボールを打ち返す位置に移動することが苦手な児童への配慮の例
➡　ペアで分担した位置取りを確認するとともに，緩やかな返球でのラリーで返球の位置を予測して準備をしたり動いたりすることに慣れるようにするなどの配慮をする。
➡　体の右側・左側のどちらでも打てるようにするために体の正面でラケットを構えるようにするとともに，移動して打ち返したら元の位置に戻るようにするなどの配慮をする。</td></tr>
</table>

相手チームを決めてゲームをする
6～7時間は1時間で対戦する相手チームは替えずに，作戦を選んでゲームをする。

15分

6　ゲームする

○本時の相手チームを決める。
● 対戦をするチームと使用するコートを伝える。

○ミニテニスの簡単な作戦を知る。
● ミニテニスの簡単な作戦について，学習資料やＩＣＴ機器を活用したり，実際に動いて示したりしながら説明する。

ミニテニスの簡単な作戦の例（ペアの並び方の作戦）

○横並び作戦

・コートを左右に分担し，前後に動いて返球する。
・分担場所が分かりやすいが，ペアのカバーはしづらい。

○縦並び作戦

・コートを前後に分担し，左右に動いて返球する。
・前の児童の返球が多くなり，後ろの児童は，カバーに回ることが多くなりやすい。

○斜め並び作戦

・コートを斜めに分担し，縦横に動いて返球する。
・ペアのカバーをしやすいが，分担場所は分かりづらい。

○チームで簡単な作戦を選んで，ゲーム1をする。（4分程度のゲーム）

◆学習評価◆　思考・判断・表現
②簡単な作戦を選んでいる。
➡　ゲームをする際の簡単な作戦を選んでいる姿を評価する。（観察・学習カード）

◎簡単な作戦を選ぶことが苦手な児童への配慮の例
➡　自己や友達がどんな動きをしながらゲームをするのかを考えるように助言して，チームの全員が楽しくゲームができる作戦を選ぶようにするなどの配慮をする。

○チームでゲーム1を振り返り，選んだ作戦について考えたことを伝える。
○必要に応じて作戦を選び直すなど，チームで作戦を確認して，ゲーム2をする。（4分程度のゲーム）

● 友達の考えを認めようとしている様子を取り上げて，称賛する。

◆学習評価◆　主体的に学習に取り組む態度
⑤友達の考えを認めようとしている。
➡　ゲームの振り返りや自己の考えを発表し合う際などに，発表された友達の考えを認めようとしている姿を評価する。（観察・学習カード）

◎友達の考えを認めることに意欲的でない児童への配慮の例
➡　発表を聞こうとしなかったり友達の考えを否定することを言ったりする児童には，人はそれぞれに考えに違いがありそれを認めることが大切であることを伝えるとともに，それぞれの考えのよさを取り上げて，気付くようにするなどの配慮をする。

5分

7　本時を振り返り，次時への見通しをもつ

本時の振り返り
・本時の相手チームと，ゲーム1・ゲーム2の結果を書きましょう。
・選んだ簡単な作戦と，その作戦でゲームをして気付いたことや考えたことを書きましょう。
・友達の考えを認めることについて気付いたことや考えたことを書きましょう。

○振り返りを発表して，友達に伝える。
● 振り返りを学習カードに記入するように伝えるとともに，気付きや考えのよさを取り上げて，称賛する。

8　整理運動，場や用具の片付けをする
● 適切な整理運動を行うように伝えるとともに，けががないかなどを確認する。

9　集合，健康観察，挨拶をする

本時の目標と展開④（8／8時間）

本時の目標

(1) 相手コートから飛んできたボールを操作しやすい位置に移動してゲームをすることができるようにする。
(2) 課題の解決のために考えたことを友達に伝えることができるようにする。
(3) ネット型ゲーム（ミニテニス）に進んで取り組むことができるようにする。

本時の展開

時 間	学習内容・活動	指導上の留意点
15分	**1　集合，挨拶，健康観察をする** **2　本時のねらいを知り，目標を立てる**	
	ミニテニス大会で楽しくゲームをして，学習のまとめをしよう	
	○本時のねらいを知り，自己の目標を立てる。	●学習カードを配り，立てた目標を記入するように伝える。
	3　場や用具の準備をする ○チームで協力して，準備をする。	●安全な準備の仕方を確認する。
	4　準備運動をする ○チームで準備運動をする。	●けがの防止のために適切な準備運動を行うように伝える。
	5　ゲームにつながる運動をする ○自己やチームに適した行い方を選んで，チームでゲームにつながる運動をする。	●チームの作戦につながる行い方を選ぶように伝える。
20分	**6　ミニテニス大会をする** ○ミニテニス大会の行い方を知る。	●ミニテニス大会の行い方を説明する。
	ミニテニス大会の行い方やきまり ・各チーム３回ゲームをします。ゲームの間にチームの話合いの時間を十分に取ることができないので，ゲームの前にはペアやチームで手短かに考えを確認し合うようにしましょう。 ・全員が楽しくゲームができるように，元気よく気持ちのよい応援をしましょう。 	
	○ゲーム１・ゲーム２・ゲーム３の相手チームを確認する。	●対戦をするチームと使用するコートを伝える。
	○チームで簡単な作戦を選んで，ゲーム１をする。（４分程度のゲーム）	**◆学習評価◆　主体的に学習に取り組む態度** **①ネット型ゲーム（ミニテニス）に進んで取り組もうとしている。** ➡　ミニテニスのゲームやゲームにつながる運動，チームでの話合いなどに進んで取り組もうとしている姿を評価する。（観察・学習カード）
	○チームで選んだ作戦を確認して，ゲーム２をする。（４分程度のゲーム）	**◆学習評価◆　知識・技能** **③相手コートから飛んできたボールを操作しやすい位置に移動してゲームをすることができる。**
	○チームで選んだ作戦を確認して，ゲーム３をする。（４分程度のゲーム）	➡　作戦に応じた位置で構え，飛んできたボールを操作しやすい位置に移動してボールを打ち返したり作戦に応じた位置に戻ったりして，ゲームをしている姿を評価する。（観察）
10分	**7　単元を振り返り，学習のまとめをする**	
	単元の学習の振り返り ・ミニテニス大会のゲーム１からゲーム３の相手チームと，ゲームの結果を書きましょう。 ・単元の学習の自己やチームの目標で，達成したことを書きましょう。 ・学習したことで，今後の学習や日常生活の中で取り組んでいきたいとことを書きましょう。 	
	○振り返りを発表して，友達に伝える。	●振り返りを学習カードに記入するように伝えるとともに，気付きや考えのよさを取り上げて，称賛する。
	8　整理運動，場や用具の片付けをする	●適切な整理運動を行うように伝えるとともに，けががないかなどを確認する。
	9　集合，健康観察，挨拶をする	

2学年間にわたって取り扱う場合

【第3学年における指導と評価の計画（ネット型ゲーム「天大中小」）】

時間		1	2	3	4	5	6	7	8
ねらい		学習の見通しをもつ	規則を工夫してゲームをすることを楽しむ			簡単な作戦を選んでゲームをすることを楽しむ			学習のまとめをする
学習活動		**オリエンテーション** **○学習の見通しをもつ** ・学習の進め方 ・学習のきまり **○天大中小** チームでラリーを続ける易しいゲーム	**天大中小 チームでゲームをする** **○ゲームにつながる運動** ・一人で連続ボールつき ・二人でワンバンドラリー **○ゲームをする** ・チームでゲームの規則を選ぶ ・チームでラリーを続けるゲームをし，続いたラリーの回数を競う			**天大中小 相手チームを決めてゲームをする** **○ゲームにつながる運動** ・四人でワンバンドラリー **○ゲームをする** ・相手チームを決めて簡単な作戦を選ぶ（コートの広さを決める，チームでは易しいボールをつなげるなど） ・2人対2人のゲーム1をする ・ゲーム1を振り返り，作戦を確認してゲーム2をする			**学習のまとめ** **○天大中小大会** 簡単な作戦を選んでいろいろなチームとゲームをする **○学習のまとめをする**
評価の重点	知識・技能		① 観察・学習カード			② 観察			③ 観察
	思考・判断・表現			① 観察・学習カード			② 観察・学習カード		
	主体的に学習に取り組む態度	⑥ 観察・学習カード			④ 観察・学習カード			③ 観察・学習カード	① 観察・学習カード

●評価規準のゲームは「天大中小」とする。

【低学年「相手コートにボールを投げ入れるボールゲーム」との円滑な接続を図るための工夫（例）】

● **「ボールを片手で打ちつけること」，「ボールを操作しやすい位置に移動すること」を身に付けるために**

低学年では，相手コートにボールを投げ入れるゲームで，ボールを落とさないように捕ったりはじいたりするゲームをして遊びました。

中学年では，ボールを片手で打ちつけること，ボールを操作しやすい位置に移動することができるようにします。そのため中学年のはじめでは，ボールを打ちつける機会が多くなる運動や自己が移動する範囲が広くないゲームをすることで，基本的なボール操作とボールを操作できる位置に体を移動する動きを繰り返し行うようにしましょう。

（例）連続ボールつき，ワンバウンドラリー
・まりつきのように一人で連続してボールをつく運動で，回数を増やしたり，左右の手で交互に打ちつけたりする。
・二人組で向かい合い，打ち付けたボールでパスをしてワンバウンドラリーをする。慣れてきたら，二人組と二人組で向かい合い，四人でパスをしてワンバウンドラリーをする。

（例）チームでラリーを続けるゲーム
・チーム内で競い合わず，チームでラリーを続ける規則のゲームをする。
・使うボール，それぞれが守るコートの大きさ，捕ることやツーバウンドを認めることなど，ラリーが続きチームのみんなが楽しくゲームに参加できる規則を選ぶ。

【第3学年において重点を置いて指導する内容（例）】

● **知識及び技能**

基本的なボール操作は，片手でボールを打ちつけてねらった方向に飛ばすことができるようにしましょう。基本的なボールを操作できる位置に移動する動きは，分担したコートの中で，ボールの動きに合わせて移動することができるようにしましょう。

● **思考力，判断力，表現力等**

規則の工夫は，学級全体での話合いで出された工夫の中から，チームのみんなが楽しくゲームに参加できる規則を選ぶことができるようにしましょう。作戦の工夫は，規則の工夫を基にして分担するコートの広さを決める，チームメイトには打ちやすいボールをつなげるなど簡単な作戦を選ぶことができるようにしましょう。

● **学びに向かう力，人間性等**

チームでゲームをする活動においては，自己や友達の失敗を責めず仲よくしようとすること，他のチームとゲームをする活動においては，ゲームの最中や終了後の勝敗を受け入れることができる態度を育みましょう。また，各コートで判定や得点などを友達と一緒にしようとしながらゲームを進めることができるようにしましょう。

E ゲーム ベースボール型ゲーム「ティーボールを基にした易しいゲーム」

ベースボール型ゲームは，蹴る，打つ，捕る，投げるなどのボール操作と得点をとったり防いだりする動きによって易しいゲームをして，集団対集団などで競い合う楽しさや喜びに触れることのできる運動です。本単元例は，ティーボールを基にした易しいゲームを取り上げて，単元前半は規則を選んでゲームをする時間，単元後半は作戦を選んでゲームをする時間を設定することで，ゲームの行い方を工夫することにより，身に付けたボール操作と得点をとったり防いだりする動きでゲームに進んで取り組むことができる授業を展開するようにしています。

単元の目標

(1) ベースボール型ゲーム（ティーボール）の行い方を知るとともに，打つ，捕る，投げるなどのボール操作と得点をとったり防いだりする動きによって，易しいゲームをすることができるようにする。
(2) 規則を工夫したり，簡単な作戦を選んだりするとともに，考えたことを友達に伝えることができるようにする。
(3) ベースボール型ゲーム（ティーボール）に進んで取り組み，規則を守り誰とでも仲よく運動をしたり，勝敗を受け入れたり，友達の考えを認めたり，場や用具の安全に気を付けたりすることができるようにする。

指導と評価の計画（8時間）

時間		1	2	3
ねらい		学習の見通しをもつ	ティーボールの行い方を知り，規則を工夫して，いろいろなチームとゲームをす	
学習活動		オリエンテーション 1 集合，挨拶，健康観察をする 2 単元の学習の見通しをもつ ○単元の目標と学習の進め方を知る。 ○学習のきまりを知る。 3 本時のねらいを知り，目標を立てる 4 場や用具の準備をする ○場や用具の準備と片付けの仕方を知る。 5 準備運動，ゲームにつながる運動をする ○準備運動，ゲームにつながる運動の行い方を知る。 6 ゲームをする ○易しいゲームの行い方を知り，ゲームをする。	1 集合，挨拶，健康観察をする　2 本時のねらいを知り， 4 準備運動をする 5 ゲームにつながる運動をする 全てのチームとゲーム （相手チームを替えて，1時間に1～2 6 ゲームをする ○相手チームを決め，規則を選んでゲームをする。 ○チームでゲーム1を振り返り，選んだ規則について考 ○相手チームを替え，規則を選んでゲーム2をする。	
		7 本時を振り返り，次時への見通しをもつ　8 整理運動，場や用具の片付けをする		
評価の重点	知識・技能		① 観察・学習カード	
	思考・判断・表現			① 観察・学習カード
	主体的に学習に取り組む態度	⑥ 観察・学習カード	④ 観察・学習カード	③ 観察・学習カード

単元の評価規準

知識・技能	思考・判断・表現	主体的に学習に取り組む態度
①ベースボール型ゲーム（ティーボール）の行い方について，言ったり書いたりしている。 ②基本的なボール操作（ボールを打つ，捕る，投げるなど）によって，易しいゲームをすることができる。 ③基本的なボールを持たないときの動き（飛球方向に移動する，全力で走塁するなど）によって，易しいゲームをすることができる。	①規則を工夫している。 ②簡単な作戦を選んでいる。 ③課題の解決のために考えたことを友達に伝えている。	①ベースボール型ゲーム（ティーボール）に進んで取り組もうとしている。 ②ゲームの規則を守り，誰とでも仲よくしようとしている。 ③用具などの準備や片付けを，友達と一緒にしようとしている。 ④勝敗を受け入れようとしている。 ⑤友達の考えを認めようとしている。 ⑥場や用具の安全を確かめている。

4	5	6	7	8
ることを楽しむ		相手チームを決め， 簡単な作戦を選んでゲームをすることを楽しむ		学習のまとめをする
目標を立てる　3　場や用具の準備をする				
		5　ゲームにつながる運動をする		学習のまとめ **ティーボール大会をする** （相手チームを替えて３ゲーム） 5　ゲームにつながる運動をする 6　ティーボール大会をする 7　単元を振り返り，学習のまとめをする 8　整理運動，場や用具の片付けをする 9　集合，健康観察，挨拶をする
をする ゲーム） えたことを伝える。		**相手チームを決めてゲームをする** （相手チームを替えずに，１時間に２ゲーム） 6　ゲームをする ○チームで簡単な作戦を選んで，ゲームをする。 ○チームでゲーム１を振り返り，選んだ作戦について考えたことを伝える。 ○チームで作戦を確認して，ゲーム２をする。		
9　集合，健康観察，挨拶をする				
	③ 観察			② 観察
		② 観察・学習カード	③ 観察・学習カード	
② 観察・学習カード		⑤ 観察・学習カード		① 観察・学習カード

本時の目標と展開①（1／8時間）

本時の目標

(1) ベースボール型ゲーム（ティーボール）の行い方を知ることができるようにする。
(2) 規則を工夫することができるようにする。
(3) 周囲を見て場や用具の安全を確かめることができるようにする。

本時の展開

時間	学習内容・活動	指導上の留意点
5分	**1　集合，挨拶，健康観察をする** **2　単元の学習の見通しをもつ** ○単元の目標と学習の進め方を知る。 ○チームを確認する。 ○学習のきまりを知る。	●掲示物を活用するなどしながら，分かりやすく説明する。 ●どのチームも同じくらいの力になるように配慮して，四人を基本としたチームを事前に決めておく。

運動のきまりの例
・用具は正しく使いましょう。
・運動前には場の安全を確かめましょう。
・審判の判定に従い，フェアなプレイを大切にしましょう。
・チームで協力して学習をしましょう。
・チームの友達の考えを認めましょう。

時間	学習内容・活動	指導上の留意点
	3　本時のねらいを知り，目標を立てる	

ティーボールの学習の進め方を知り，学習の見通しをもとう

時間	学習内容・活動	指導上の留意点
	○本時のねらいを知り，自己の目標を立てる。	●学習カードを配り，使い方を説明する。
15分	**4　場や用具の準備をする** ○場や用具の準備と片付けの仕方を知る。 ○チームで準備をする。	●安全な準備と片付けの仕方を説明する。 ●安全を確かめている様子を取り上げて，称賛する。

場や用具の準備と片付けのきまりの例
・運動をする場所に危険物がないか確かめ，見付けたら取り除きましょう。
・運動に使う用具などは，友達と一緒に，決まった場所から安全を確かめて運びましょう。
・安全に運動ができるように，服装などが整っているか，確かめましょう。

時間	学習内容・活動	指導上の留意点
	5　準備運動，ゲームにつながる運動をする ○準備運動，ゲームにつながる運動の行い方を知る。 ○学級全体やチームで準備運動，ゲームにつながる運動をする。	●けがの防止のために適切な準備運動の行い方について，実際に動いて示しながら説明する。

準備運動の例
肩，腕，手首，腿，膝，ふくらはぎ，足首などをほぐす運動を行う。

ゲームにつながる運動の例

○ボール慣れ

・真上に投げて捕る。　・バウンドさせて捕る。

○キャッチボール

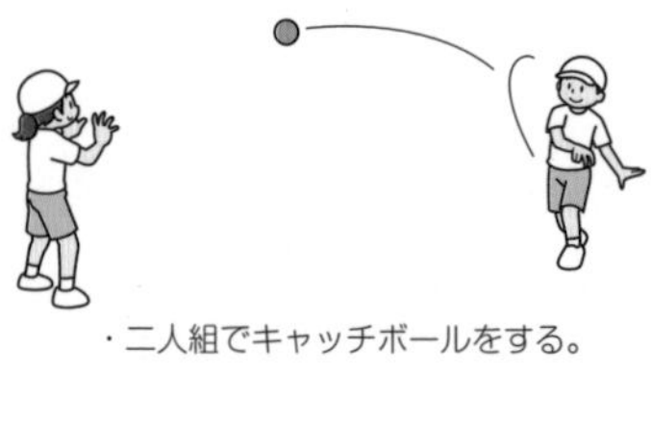

・二人組でキャッチボールをする。

○ディスク投げ

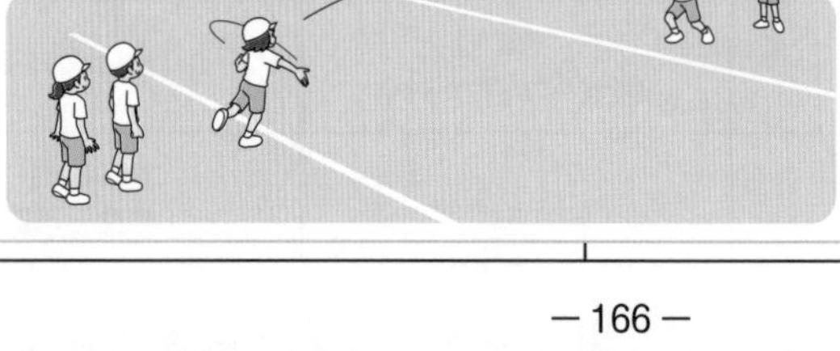

・チームを2つに分け，ディスクのパスをする。
・腰の回転でディスクを投げることでバットを振る動きに慣れる。

20分

6　ゲームをする

○易しいゲームの行い方を知る。

● 易しいゲームの行い方について，学習資料やＩＣＴ機器を活用したり，実際に動いて示したりしながら説明する。

ティーボールの易しいゲームの行い方の例

○用具を使って，静止したボールを打って行うゲーム

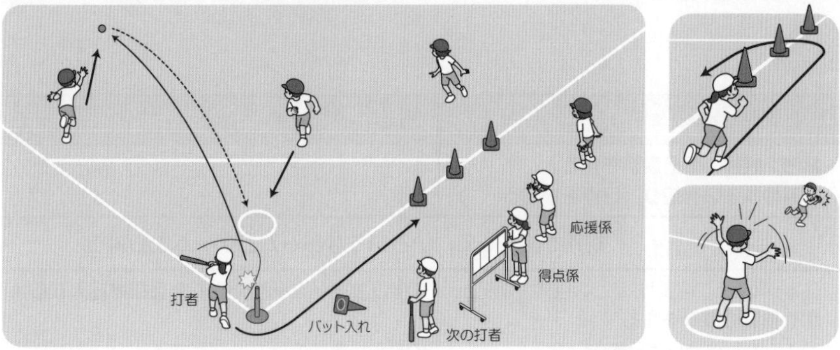

・先攻・後攻を決め，守りは三人がグラウンドの内野線より後ろに入り，攻めは一人ずつ順番に打席に入る。
・攻めは，本塁のティー台に置いたボールをフェアグラウンド内に打ったら，バットをバット入れに入れてから１塁（右側）方向に走り，3つの三角コーンのいずれかを選んで回って，本塁に戻ってくる。（バット入れにバットが入っていない場合は，戻ってバットを入れ直す。入れ直さなかったら得点は入らない）
・守りは，攻めがボールを打ったら，内野にも入ることができる。攻めが打ったボールを捕ったら，攻めがホームベースに戻るまでにアウトベース（内野にある円）にいる味方に送球をするか，自己がボールを持ったままアウトベースに走り込む。アウトベース内でボールを持ったら，大きな声で「アウト」（アウトコール）と言う。
・攻めのほうが早く本塁に戻れば，回った三角コーンに応じた得点が入る。（本塁に近いものから順に１点・２点・３点）守りのほうが早くアウトベースに入れば，攻めはアウトになり，得点を防ぐことができる。
・攻め側のプレイヤーが全員打ったら，攻守を交代する。
・両方のチームが全員打ち終わったら，得点の合計で勝敗を決める。

○相手チームを確認して，ゲームをする。

● 対戦をするチームと使用するコートを伝える。
● 安全を確かめている様子を取り上げ，称賛する。

◆学習評価◆　主体的に学習に取り組む態度
⑥周囲を見て場や用具の安全を確かめている。

➡　練習やゲームをする際に，コートやその周辺に危険物がないかなど，安全を確かめている姿を評価する。（観察・学習カード）

◎安全を確かめることに意欲的でない児童への配慮の例

➡　使わないボールを置く場所やゲームを見る位置などを決めたり，チームの友達と一緒に安全を確かめて，安全であることを伝え合ったりするなどの配慮をする。

● ゲームの行い方に応じた動きを取り上げて，称賛する。

◎場や規則が難しいと感じ，運動に意欲的でない児童への配慮の例

➡　文字やイラストを用いて提示しながら説明をしたり，チームの友達の動きに注目しながらプレイの手順が分かるように説明をしたりするなどの配慮をする。

5分

7　本時を振り返り，次時への見通しをもつ

本時の振り返り
・ゲームをして楽しかったことや難しかったことなど，気付いたことや考えたことを書きましょう。
・安全を確かめることについて，気付いたことや考えたことを書きましょう。
・単元の学習で身に付けたいことや楽しみたいことなど，自己の目標を書きましょう。

○振り返りを発表して，友達に伝える。

● 振り返りを学習カードに記入するように伝えるとともに，気付きや考えのよさを取り上げて，称賛する。

8　整理運動，場や用具の片付けをする

● 適切な整理運動の行い方について，実際に動いて示しながら説明するとともに，けがないかなどを確認する。

9　集合，健康観察，挨拶をする

本時の目標と展開②（3／8時間）

本時の目標

(1) 基本的なボール操作（ボールを打つ，捕る，投げるなど）によって，易しいゲームをすることができるようにする。
(2) 規則を工夫することができるようにする。
(3) ゲームで使用する用具などの準備や片付けを，友達と一緒にすることができるようにする。

本時の展開

時 間	学習内容・活動	指導上の留意点
10分	1　集合，挨拶，健康観察をする 2　本時のねらいを知り，目標を立てる	
	規則を工夫して，いろいろなチームとゲームをしよう	
	○本時のねらいを知り，自己の目標を立てる。	●学習カードを配り，立てた目標を記入するように伝える。
	3　場や用具の準備をする ○チームで協力して，準備をする。	●安全な準備の仕方を確認する。 **◆学習評価◆　主体的に学習に取り組む態度** **③ゲームで使用する用具などの準備や片付けを，友達と一緒にしようとしている。** ➡　準備や片付けの際に，用具を運んだり，配置したりすることを友達と一緒にしようとしている姿を評価する。（観察・学習カード） **◎準備や片付けを友達と一緒にすることに意欲的でない児童への配慮の例** ➡　教師や同じチームの児童が活動に誘う声をかけたり，友達を見て真似をしながら一緒の活動をするように促したりするなどの配慮をする。
	4　準備運動をする ○チームで準備運動をする。	●けがの防止のために適切な準備運動を行うように伝える。
15分	5　ゲームにつながる運動をする ○自己やチームに適した行い方を選んで，チームでゲームにつながる運動をする。	●全員が基本的なボール操作とボールを持たないときの動きに慣れることができるように，十分な時間を確保する。
	ゲームにつながる運動の例 ○チーム対抗でディスク投げリレー  ・チームでディスク投げでリレーをして，投げ終わるまでの早さで他のチームと競争をする。	○バッティングゲーム 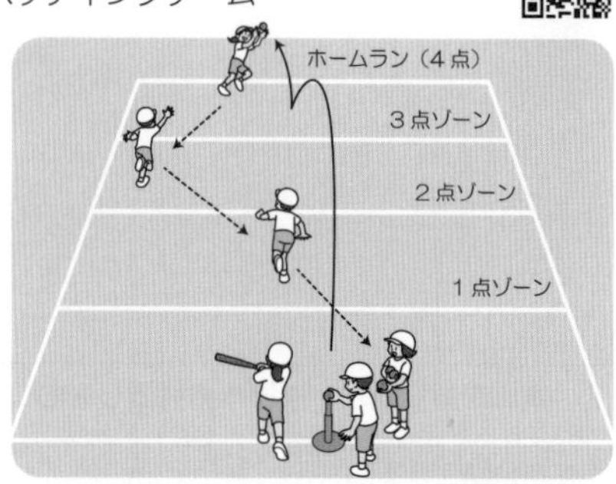 ・ティー台に置いたボールを得点化した距離を目標にして打つ。 ・チーム内で分担して守り，送球をつないで返球をする。
		◎ボールを打つことが苦手な児童への配慮の例 ➡　大きなボールや軽いボールを用いたり，大きなバット，軽いバット，ラケットなどを用いて打ったりするなどの配慮をする。
	○課題解決のために考えたことを伝える。	●考えたことを伝えていることを取り上げて，称賛する。

15分

全てのチームとゲームをする
相手チームを替えてゲームをして，2～5時間で全てのチームと対戦できるようにする

6　ゲームをする

○ティーボールの規則の工夫の仕方を知る。

● ティーボールの規則の工夫の仕方について，学習資料やＩＣＴ機器を活用したり，実際に動いて示したりしながら説明する。

ティーボールの規則の工夫の例

○攻める側がボールを打った後，塁を回って得点をするゲーム

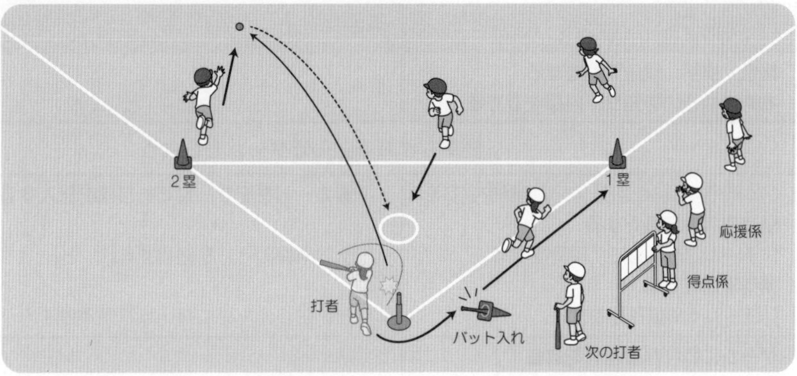

・攻めは，ボールを打ったら，守りがアウトコールをするまでに１塁，２塁，本塁の順に塁を進む。アウトコールがあったときに進めた塁に応じた得点が入る。（１塁１点，２塁２点，本塁３点）
・攻める側のプレイヤーが全員打ったら，攻守を交代する。両チームの攻めが２回終わったら，得点の合計で勝敗を決める。

○ボールを打つ用具を選ぶ
大きなバット，軽いバット，ラケットなどの中から自己に適した用具を選んで打つ。

○攻め側のプレイヤーが塁にいるところから攻めを始める
攻めは，それぞれの塁に１人ずつ入る。攻める側がボールを打ったら，１塁と２塁の人も次の塁に向かって走る。アウトコールまでに３人が進んだ塁の数に応じた得点が入る。

○守りやすくする
・アウトベースを増やす。（内野線の後ろにも１箇所または２箇所，アウトベースを設ける）
・守りの人数を増やす。

○守りも得点できるようにする
・攻めが打ったボールが落下する前に取ることができたら，守り側のチームにも１点などの得点を加える。

○相手チームを決め，規則を選んでゲームをする。

● 対戦をするチームと使用するコートを伝える。
● チームに適した規則を選んでいることを取り上げて，称賛する。

◆学習評価◆　思考・判断・表現
①規則を工夫している。
➡　自己やチームの友達が楽しくゲームに参加できる規則を選んでいる姿を評価する。（観察・学習カード）

○チームでゲームを振り返り，選んだ規則について考えたことを伝える。

◎規則を工夫することが苦手な児童への配慮の例
➡　それぞれの規則のよさを伝えてどの規則も肯定できるようにしたり，いろいろな規則を試したりして，自己やチームに適した規則を見付けるようにするなどの配慮をする。

【ゲームを２回することができる場合】
○ゲームの相手チームと相談して，規則を選んでゲームをする。

5分

7　本時を振り返り，次時への見通しをもつ

本時の振り返り
・ゲーム１・ゲーム２の相手チームとゲーム結果を書きましょう。
・選んだゲームの規則と，その規則でゲームをして気付いたことや考えたことを書きましょう。

○振り返りを発表して，友達に伝える。

● 振り返りを学習カードに記入するように伝えるとともに，気付きや考えのよさを取り上げて，称賛する。

8　整理運動，場や用具の片付けをする

● 適切な整理運動を行うように伝えるとともに，けががないかなどを確認する。

9　集合，健康観察，挨拶をする

本時の目標と展開③（6／8時間）

本時の目標

(1) 基本的なボール操作（ボールを打つ，捕る，投げるなど）によって，易しいゲームをすることができるようにする。
(2) 簡単な作戦を選ぶことができるようにする。
(3) 友達の考えを認めることができるようにする。

本時の展開

時間	学習内容・活動	指導上の留意点
5分	1　**集合，挨拶，健康観察をする** 2　**本時のねらいを知り，目標を立てる**	
	簡単な作戦を選んでゲームをしよう	
	○本時のねらいを知り，自己の目標を立てる。	● **学習カードを配り，立てた目標を記入するように伝える。**
	3　**場や用具の準備をする** ○チームで協力して，準備をする。	● 安全な準備の仕方を確認する。
	4　**準備運動をする** ○チームで準備運動をする。	● けがの防止のために適切な準備運動を行うように伝える。
15分	5　**ゲームにつながる運動をする** ○自己やチームに適した行い方を選んで，チームでゲームにつながる運動をする。	● 各チームの取組を観察し，必要に応じて運動の行い方について実際に動いて示しながら説明する。

ゲームにつながる運動の行い方の工夫の例

○バッティングゲーム

・打つときは，打ちたい得点ゾーンや方向を決めて行う。
・守りは，ボールを素早くつないで，早く返球することを目指す。

◎ボールを投げることが苦手な児童への配慮の例

➡　投の運動遊びや投の運動で行った動きをしたり，いろいろな距離で友達とキャッチボールをしたりして，投げる動きに慣れるようにするなどの配慮をする。

時間	学習内容・活動	指導上の留意点
	○課題解決のために考えたことを伝える。	● 友達の考えを認めようとしている様子を取り上げて，称賛する。

◆学習評価◆　主体的に学習に取り組む態度
⑤友達の考えを認めようとしている。

➡　ゲームの振り返りや自己の考えを発表し合う際などに，発表された友達の考えを認めようとしている姿を評価する。（観察・学習カード）

◎友達の考えを認めることに意欲的でない児童への配慮の例

➡　発表を聞こうとしなかったり友達の考えを否定することを言ったりする児童には，人はそれぞれに考えに違いがあり，それを認めることが大切であることを伝えるとともに，それぞれの考えのよさを取り上げて，気付くようにするなどの配慮をする。

20分

相手チームを決めてゲームをする
6～7時間は1時間で対戦する相手チームは替えずに，作戦を選んでゲームをする。

6　ゲームをする

○本時の相手チームを決める。
○ティーボールの簡単な作戦を知る。

● 対戦をするチームと使用するコートを伝える。
● ティーボールの簡単な作戦について，学習資料やＩＣＴ機器を活用したり，実際に動いて示したりしながら説明する。

ティーボールの簡単な作戦の例

○守りが少ない場所をねらってボールを打つ

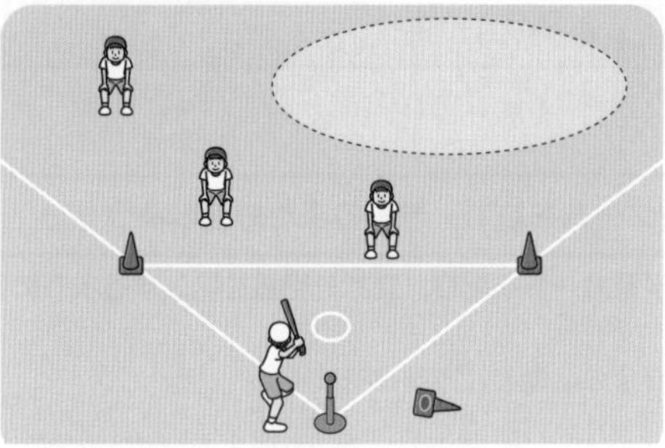
・左右で守りが少ないほうをねらって打つ。

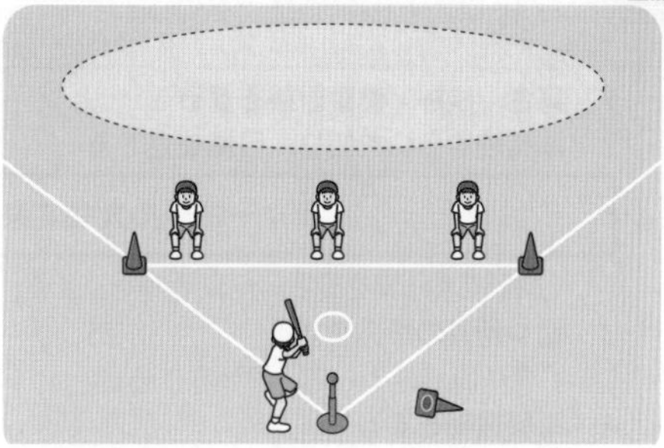
・前後で守りが少ないほうをねらって打つ。

○守る位置を決めて守る

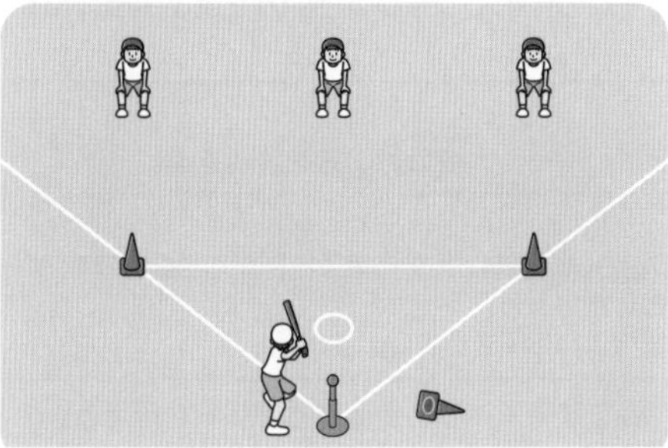
・横に並んで守る。

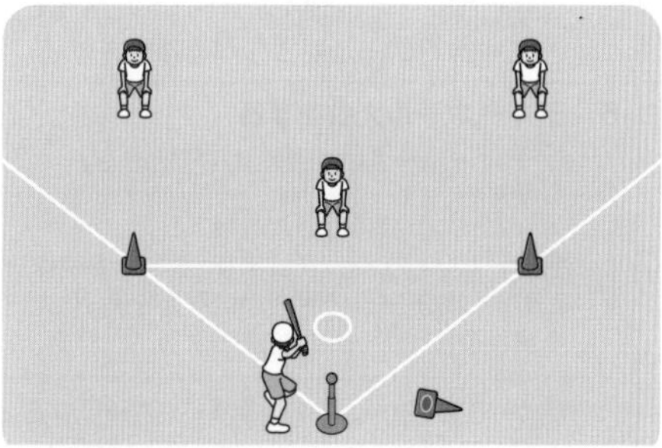
・前後に並んで守る。

○チームで簡単な作戦を選んで，ゲーム１をする。

● 簡単な作戦を選んでいることを取り上げて，称賛する。

◆学習評価◆　思考・判断・表現
②簡単な作戦を選んでいる。
➡　ゲームをする際の簡単な作戦を選んでいる姿を評価する。（観察・学習カード）

○チームでゲーム１を振り返り，選んだ作戦について考えたことを伝える。

○必要に応じて作戦を選び直すなど，チームで選んだ作戦を確認して，ゲーム２をする。（６分程度のゲーム）

◎簡単な作戦を選ぶことが苦手な児童への配慮の例
➡　自己や友達がどんな動きをしながらゲームをするのかを考えて話し合うように助言して，チームの全員が楽しくゲームができる作戦を選ぶようにするなどの配慮をする。

5分

7　本時を振り返り，次時への見通しをもつ

本時の振り返り
・本時の相手チームとゲーム１・ゲーム２の結果を書きましょう。
・選んだ簡単な作戦と，その作戦でゲームをして気付いたことや考えたことを書きましょう。
・友達の考えを認めることについて，気付いたことや考えたことを書きましょう。

○振り返りを発表して，友達に伝える。

● 振り返りを学習カードに記入するように伝えるとともに，気付きや考えのよさを取り上げて，称賛する。

8　整理運動，場や用具の片付けをする

● 適切な整理運動を行うように伝えるとともに，けががないかなどを確認する。

9　集合，健康観察，挨拶をする

本時の目標と展開④（8／8時間）

本時の目標

(1) 基本的なボールを持たないときの動き（飛球方向に移動する，全力で走塁するなど）によって，易しいゲームをすることができるようにする。
(2) 課題の解決のために考えたことを友達に伝えることができるようにする。
(3) ベースボール型ゲーム（ティーボール）に進んで取り組むことができるようにする。

本時の展開

時間	学習内容・活動	指導上の留意点
15分	1　集合，挨拶，健康観察をする 2　本時のねらいを知り，目標を立てる	
	ティーボール大会で楽しくゲームをして，学習のまとめをしよう	
	○本時のねらいを知り，自己の目標を立てる。	●学習カードを配り，立てた目標を記入するように伝える。
	3　場や用具の準備をする ○チームで協力して，準備をする。	●安全な準備の仕方を確認する。
	4　準備運動をする ○チームで準備運動をする。	●けがの防止のために適切な準備運動を行うように伝える。
	5　ゲームにつながる運動をする ○自己やチームに適した行い方を選んで，チームでゲームにつながる運動をする。	●チームの作戦につながる行い方を選ぶように伝える。
20分	6　ティーボール大会をする ○ティーボール大会の行い方を知る。	●ティーボール大会の行い方を説明する。
	ティーボール大会の行い方やきまり ・各チーム２回ゲームをします。ゲームの間にチームの話合いの時間を十分に取ることができないので，ゲームの前にはチームで手短かに考えを確認し合うようにしましょう。 ・全員が楽しくゲームができるように，元気よく気持ちのよい応援をしましょう。	
	○ゲーム1・ゲーム2の相手チームを確認する。	●対戦をするチームと使用するコートを伝える。
	○チームで簡単な作戦を選んで，ゲーム１をする。	●進んで取り組もうとしている様子を取り上げて，称賛する。 ◆学習評価◆　主体的に学習に取り組む態度 ①ベースボール型ゲーム（ティーボール）に進んで取り組もうとしている。 ➡　ティーボールのゲームやゲームにつながる運動，チームでの話合いなどに進んで取り組もうとしている姿を評価する。（観察・学習カード）
	○チームで選んだ作戦を確認して，ゲーム２をする	◆学習評価◆　知識・技能 ③基本的なボールを持たないときの動き（飛球方向に移動する，全力で走塁するなど）によって，易しいゲームをすることができる。 ➡　選んだ作戦に応じて守ったり，打ったら次の塁を目指して全力で走ったりしてゲームをしている姿を評価する。（観察）
10分	7　単元を振り返り，学習のまとめをする	
	単元の学習の振り返り ・ティーボール大会をして，気付いたことや考えたことを書きましょう。 ・単元の学習で，できるようになったことを書きましょう。 ・学習したことで，今後の学習や日常生活の中で取り組んでいきたいとことを書きましょう。	
	○振り返りを発表して，友達に伝える。	●振り返りを学習カードに記入するように伝えるとともに，気付きや考えのよさを取り上げて，称賛する。
	8　整理運動，場や用具の片付けをする	●適切な整理運動を行うように伝えるとともに，けががないかなどを確認する。
	9　集合，健康観察，挨拶をする	

2学年間にわたって取り扱う場合

【第3学年における指導と評価の計画（ベースボール型ゲーム「キックベースボール」）】

時間	1	2	3	4	5	6	7	8
ねらい	学習の見通しをもつ	キックベースボールの行い方を知り，規則を工夫してゲームをすることを楽しむ			簡単な作戦を選んでゲームをすることを楽しむ			学習のまとめをする
学習活動	**オリエンテーション** ○**学習の見通しをもつ** ・学習の進め方 ・学習のきまり ○**キックベースボール** 易しいゲームをする	**キックベースボール 全てのチームとゲームをする** ○**ゲームにつながる運動** ・ボールに慣れる運動 ・チームでキックゲーム ○**ゲームをする** ・チームで規則を選んでゲーム１をする ・ゲーム１で選んだ規則を振り返る ・選ぶ規則を確認してゲーム２をする			**キックベースボール 相手チームを決めてゲームをする** ○**ゲームにつながる運動** ・チームでキックゲーム ○**ゲームをする** ・相手チームを決めて簡単な作戦を選ぶ ・ゲーム１をする ・ゲーム１を振り返り，作戦を確認してゲーム２をする			**学習のまとめ** ○**キックベースボール大会** 簡単な作戦を選んでいろいろなチームとゲームをする ○**学習のまとめをする**
評価の重点　知識・技能		① 観察・学習カード					② 観察	③ 観察
評価の重点　思考・判断・表現				① 観察・学習カード		② 観察・学習カード		
評価の重点　主体的に学習に取り組む態度	⑥ 観察・学習カード		④ 観察・学習カード		③ 観察・学習カード			① 観察・学習カード

●評価規準のゲームは「キックベースボール」とする。

【低学年「攻める側がボールを手などで打ったり蹴ったりして行うゲーム」との円滑な接続を図るための工夫（例）】

●「ベースボール型ゲームの行い方を知り，攻守を交代する易しいゲームをすること」ができるようにするために

低学年の「ボールゲーム」で，ベースボール型ゲームに発展するゲームを設定している場合は，簡単な規則で攻めと守りを交代しながら，ボールを手などで打ったり蹴ったりする易しいゲームをして遊びましたが，設定していない場合は，中学年で初めてベールボール型ゲームのようなゲームに取り組むことが考えられます。

そのため中学年のはじめでは，操作しやすい大きなボールを蹴って行う「キックベースボール」で，攻守を交代しながら易しいゲームをすることで，ボールをフェアグラウンド内に蹴ることや，蹴った後にベースに向かって全力で走るなど，ベースボール型ゲームの行い方を知りながら，ゲームをすることができるようにしましょう。

（例）蹴ったら一塁で折り返して本塁に戻ってくるゲーム
・一塁の位置に間隔を空けて置いた三角コーン（３本程度）の中から１つを選び，それを回って折り返して本塁に戻る。アウトにならないように戻ってくることができる位置の三角コーンを選ぶようにする。
（例）チームでキックゲーム
・はじめは，アウトにすることはなしにして，ボールをフェアグラウンド内に蹴ったら，ベースにたどり着くまで走る動きを必ず行い，ゲームの行い方が身に付くようにする。慣れてきたら蹴る人以外は守備につき，蹴って走る練習と守ってアウトにする練習を合わせて行うようにする。

【第3学年において重点を置いて指導する内容（例）】

●**知識及び技能**

ベースボール型ゲームのボール操作と得点をとったり防いだりする動きの行い方を知るとともに，ゲームやゲームにつながる運動で，ボールをフェアグラウンド内に蹴ることや，蹴った後にベースに向かって全力で走ることなどができるようにしましょう。

●**思考力，判断力，表現力等**

使用するボールや三角コーンを置く位置などは，自己に適したものを選ぶことができるようにしましょう。チームの作戦としては，ボールを蹴る方向を工夫することや，アウトにするためのチームでの守り方を工夫することの簡単な作戦を選ぶことができるようにしましょう。

●**学びに向かう力，人間性等**

規則を守って，友達と仲よくゲームをしようとすることができるようにしましょう。また，各コートで判定や得点などを友達と一緒にしようとしながらゲームを進めることができるようにしましょう。

F 表現運動

表現「ジャングル探検」

表現は，身近な生活などの題材からその主な特徴を捉え，表したい感じをひと流れの動きで踊る楽しさや喜びに触れることができる運動です。本単元例では，生き物，自然，生活，空想のものなど多様なイメージを捉えることができる題材「ジャングル探検」を取り上げます。そして，そうした多様なイメージが１枚ずつイラストや言葉で描かれた「イメージカルタ」（本単元では「ジャングルカルタ」）を活用することで，運動の特性に触れやすくしていく授業を展開しています。

単元の目標

(1) 表現の行い方を知るとともに，題材「ジャングル探検」の主な特徴を捉え，表したい感じをひと流れの動きで踊ることができるようにする。
(2) 自己の能力に適した課題を見付け，題材の特徴を捉えた踊り方や交流の仕方を工夫するとともに，考えたことを友達に伝えることができるようにする。
(3) 表現に進んで取り組み，誰とでも仲よく踊ったり，友達の動きや考えを認めたり，場の安全に気を付けたりすることができるようにする。

指導と評価の計画（6時間）

時　間		1	2	3
ねらい		学習の見通しをもつ	表現の行い方を知り，題材の特	
学習活動		**オリエンテーション** 1　集合，挨拶，健康観察をする 2　単元の学習の見通しをもつ ○単元の目標と学習の進め方を知る。 ○学習のきまりを知る。 3　本時のねらいを知り，目標を立てる 4　場の準備をする ○場の準備や片付けの仕方を知る。 5　心と体をほぐす ○心と体をほぐす運動の行い方を知る。 6　表現「ジャングル探検」をする ○「ジャングル探検」の題材の特徴を知り，いくつかの様子を二人組で即興的に踊る。	1　集合，挨拶，健康観察をする　2　本時のねらいを確認 4　心と体をほぐす 5　表現「ジャングル探検」の特徴的な場面をみんなで踊る ○ひと流れの動きでの踊り方を知る。 ○二人組で場面の展開に合わせて動きに変化を付けて，ひ ・かきわけて進むジャングルの道 ・ギャーッ!!底なし沼に落ちた ・すべる一本橋 ・突然おそってきた蚊の大群 ・巨大なクモの巣 ・腹ペコのピラニア 6　表現「ジャングル探検」のいろいろな場面を踊る ○ジャングルカルタの使い方を知る。 ○二人組でジャングルの中を進みながら，ジャングルカルタを使ってひと流れの動きにして即興的に踊る。 ○学級全体を２グループに分けて，ジャングルカルタを使った即興的な踊りを見せ合う。 ○課題解決のために考えたことを伝える。	
		7　本時を振り返り，次時への見通しをもつ　8　整理運動，場の片付けをする　9　集合，健		
評価の重点	知識・技能		① 観察・学習カード	
	思考・判断・表現			① 観察・学習カード
	主体的に学習に取り組む態度	⑤ 観察・学習カード	③ 観察・学習カード	④ 観察・学習カード

単元の評価規準

知識・技能	思考・判断・表現	主体的に学習に取り組む態度
①表現の行い方について，言ったり書いたりしている。 ②題材の主な特徴を捉え，表したい感じをひと流れの動きで即興的に踊ることができる。	①自己の能力に適した課題を見付け，その課題の解決のための活動を選んでいる。 ②課題の解決のために考えたことを友達に伝えている。	①表現に進んで取り組もうとしている。 ②誰とでも仲よくしようとしている。 ③場の設定や用具の片付けを友達と一緒にしようとしている。 ④友達の動きや考えを認めようとしている。 ⑤周りの安全を確かめて踊っている。

4	5	6
徴を捉えた踊り方を工夫して楽しく踊る		学習のまとめをする
する　3　場の準備をする		
と流れの動きにして即興的に踊る。 ・雨よ降ってくれ～ みんなで雨乞いの踊りだ ・笑いキノコを食べちゃった ・最後のパン ・あそこにあるのは何だ？ ・宝物を探せ！ ・ジャングルの夜 6　表現「ジャングル探検」のいろいろな場面を踊る ○四人組でのジャングルカルタの使い方を知る。 ○四人組でジャングルの中を進みながら，ジャングルカルタを使ってひと流れの動きにして即興的に踊る。 ○学級全体を2グループに分けて，ジャングルカルタを使った即興的な踊りを見せ合う。 ○課題解決のために考えたことを伝える。 康観察，挨拶をする		学習のまとめ 5　表現「ジャングル探検」をする ○ジャングルカルタを使った表現発表会の行い方を知る。 ○学級全体を2グループに分けて，ジャングルカルタを使った即興的な踊りを見せ合う。 6　単元を振り返り，学習のまとめをする 7　整理運動，場の片付けをする 8　集合，健康観察，挨拶をする
	② 観察	
② 観察・学習カード		
	② 観察・学習カード	① 観察・学習カード

本時の目標と展開①（1／6時間）

本時の目標

(1) 表現の行い方を知ることができるようにする。
(2) 自己の能力に適した課題を見付け，その課題の解決のための活動を選ぶことができるようにする。
(3) 周りの安全を確かめて踊ることができるようにする。

本時の展開

時 間	学習内容・活動	指導上の留意点
5 分	1　**集合，挨拶，健康観察をする** 2　**単元の学習の見通しをもつ** ○単元の目標と学習の進め方を知る。 ○学習のきまりを知る。	●掲示物を活用するなどしながら，分かりやすく説明する。
	学習のきまりの例 ・周りの安全を確かめてから踊りましょう。 ・誰とでもペアやグループになって仲よく踊りましょう。 ・友達の動きや楽しく踊るための考えを認めましょう。 	
	3　**本時のねらいを知り，目標を立てる** **表現「ジャングル探検」の学習の進め方を知り，学習の見通しをもとう** ○本時のねらいを知り，自己の目標を立てる。	●学習カードを配り，使い方を説明する。
10 分	4　**場の準備をする** ○場の準備と片付けの仕方を知る。 ○学級全体で協力して，準備をする。	●安全な準備と片付けの仕方を説明する。 ●安全を確かめている様子を取り上げて，称賛する。
	場や用具の準備と片付けのきまりの例 ・踊る場所に危険物がないか確かめ，見付けたら取り除きましょう。 ・踊りに使う用具などは，友達と一緒に，決まった場所から安全を確かめて運びましょう。 ・安全に踊ることができるように，服装などが整っているか，確かめましょう。 	
	5　**心と体をほぐす** ○心と体をほぐす運動の行い方を知る。 ○学級全体や二人組などで心と体をほぐす。	●けがの防止のために適切な準備運動となる心と体をほぐす運動の行い方について，実際に動いて示しながら説明する。 ●運動に応じてゆったりとした曲や軽快なリズムの曲をかける。

心と体をほぐす運動の例

○ゆったりとした曲に合わせて，体をほぐす
上や横へ腕を伸ばす，上体を倒す・反らす，首や手首・足首を回す，
くねくねと寝転ぶ・起き上がる　など

○軽快なリズムの曲に合わせて，二人組で手をつないで踊る

・スキップなどで弾む　　・スキップなどで回る

その場でスキップで弾む。スキップで前後に移動する。
サイドステップなどで弾みながら横に移動する。
片手をつないで，スキップで回る。
両手をつないでその場で回る。

○軽快なリズムの曲に合わせて，二人組でいろいろな動きで踊る

・ハイタッチ　・空中で入れ替わり　・またくぐり

一度離れてから近づいて，ハイタッチをする。
手をつないだままジャンプして空中で二人の場所を入れ替える。
一人が足を大きく開いて立ちもう一人がその間をくぐる。

5分

6　**表現「ジャングル探検」をする**

○「ジャングル探検」の題材の特徴を知る。

●題材の特徴を説明する。

「ジャングル探検」は，何が起こるか分からないハラハラ・ドキドキした緊張感の中で，奇想天外なことが起こる世界のいろいろなものになりきる楽しさがあります。ジャングルの中に何があるのか，どんなことが起こるのか，空想の世界に入って，多様な場面を楽しく踊りましょう。

○題材から思い浮かぶイメージを出し合う。

●ジャングルのイメージが思い浮かぶイラストなどを提示する。

●出されたイメージを板書などで大まかに整理する。

「ジャングル探検」から思い浮かぶイメージの整理の例

ジャングル探検

いきもの
・川を泳ぐワニ
・水浴びをするゾウ
・食べ物を取り合うオランウータン

場所・自然
・大雨が降ってきた
・草をかき分けて進む
・底なし沼に落ちた！

生　活
・おなかがへった…
・火を起こそう
・テントが飛ばされた

空想・その他
・宝箱を探せ
・人食い花におそわれた
・ジャングルの夜

20分

○出されたイメージの表したい感じを，二人組で思いつくままに即興的に踊る。

●ジャングルの世界に没入できる曲をかける。

◎表したい感じを思いつくままに踊ることが苦手な児童への配慮の例

➡　**イメージの世界を広げる手がかりとなる場面が思い浮かぶような声をかけるなどの配慮をする。**

ジャングルの中を進んでいくと，前がよく見えない丈の高い草や，底なし沼や，一本橋などいろいろな場所があるよ。思いつくまま踊ってみよう。

ジャングルにはいろいろな生き物がいるよ。食べ物を取りあうオランウータンや腹ぺこのピラニア，変な形の人食い花まで…。思いつくまま踊ってみよう。

●安全を確かめている様子を取り上げ，称賛する。

◆学習評価◆　主体的に学習に取り組む態度
⑤周りの安全を確かめて踊っている。

➡　心と体をほぐす運動や即興的な踊りをする際に，友達とぶつからないかなど，周りの安全を確かめている姿を評価する。（観察・学習カード）

◎安全を確かめることに意欲的でない児童への配慮の例

➡　**「危険なジャングルに入る前は安全をしっかり確かめましょう。」など，題材と関連付けた声をかけて，イメージの世界に親しみながらも安全を確かめることができるようにするなどの配慮をする。**

5分

7　**本時を振り返り，次時への見通しをもつ**

本時の振り返り
・「ジャングル探検」を踊って楽しかったことなど，気付いたことや考えたことを書きましょう。
・周りの安全を確かめて踊ることについて，気付いたことや考えたことを書きましょう。
・単元の学習で身に付けたいことや楽しみたいことなど，自己の目標を書きましょう。

○振り返りを発表して，友達に伝える。

●振り返りを学習カードに記入するように伝えるとともに，気付きや考えのよさ取り上げたり踊っていたときのよい動きの発表を促したりして，それらを称賛する。

8　**整理運動，場の片付けをする**

●整理運動の行い方について，実際に動いて示しながら説明するとともに，けががないかなどを確認する。

9　**集合，健康観察，挨拶をする**

本時の目標と展開②（2／6時間）

本時の目標

(1) 表現の行い方を知ることができるようにする。
(2) 自己の能力に適した課題を見付け，その課題の解決のための活動を選ぶことができるようにする。
(3) 場の設定や用具の片付けを，友達と一緒にすることができるようにする。

本時の展開

時間	学習内容・活動	指導上の留意点
10分	1　集合，挨拶，健康観察をする 2　本時のねらいを確認する	
	表現の行い方を知り，二人組で題材の特徴を捉えた踊り方を工夫して踊ろう	
	○本時のねらいを知り，自己の目標を立てる。	●学習カードを配り，立てた目標を記入するように伝える。
	3　場の準備をする ○学級全体で協力して，準備をする。	●安全な準備の仕方を確認する。
	4　心と体をほぐす ○学級全体や二人組などで体をほぐす。	●けがの防止のために適切な準備運動として，心と体をほぐす運動を行うように伝える。
	○全身を弾ませたり，速さに変化を付けたりして，動きにメリハリを付ける。	●運動に応じてゆったりとした曲や軽快なリズムの曲をかける。
15分	5　表現「ジャングル探検」の特徴的な場面を踊る ○二人組になり，教師がリードするジャングル探検の特徴的な場面について，ひと流れの動きにして踊りながら，その行い方をつかむ。	●ジャングルの世界に没入できる曲をかける。 ●ジャングルカルタ（資料参照）の中から特徴をつかみやすい場面を選び，空想の世界に入り込むように言葉に緩急や強弱をつけながら，踊りが急変する展開でリードする。

「ジャングル探検」の特徴を捉えやすい場面の例（二人組）

○かき分けて進むジャングルの道

背の高い草をかき分けてジャングルの道を進んでいくよ。ガサガサ，ガサガサ，音がするほうをハッと見て。こっちからもガサガサガサ…大変だ！大蛇が体にからみついてきた！

・周りをきょろきょろ見ながら，草をかき分けて慎重に進む。音がするほうをハッと見る。
・大蛇が出てきて急展開。振り払おうとしたり，友達から引きはがそうとしたりする。

○ギャーッ!! 底なし沼に落ちた

ジャングルを進んでいると，足元がドロドロしてきたよ。足が取られてなかなか前に進まない。と思ったら，ここは底なし沼だった！もがけばもがくほど，体が沈んでいく〜。

・泥に足がはまって重い足を引き抜きながら進む，転んで両手も抜けなくなる。
・もがいても体が抜けない，力いっぱい這い，何かにつかまって抜け出そうとする。

○すべる一本橋

川だ！丸太の橋が架かっている。ゆっくり慎重に進んでも，グラグラ揺れる，つるつる滑る。バランスが崩れて，足元を取られて……わー，川に落ちたー！流されるー。

・バランスをとりながら歩く，ふらふら揺れたり，足元が滑ったりする。
・バランスを崩して端から落ちたら，体育館全体が川になって流される！

場面の特徴を全身の動きで大げさに表現する，〜したり〜したりといろいろな様子を連続させる，動きの中に「大変だ！」など急変する場面を入れるなどをして，変化のあるひと流れの動きにして踊りましょう。

時間	学習内容・活動	指導上の留意点
15分	○課題解決のために考えたことを伝える。	●考えたことを伝えていることを取り上げて，称賛する。

15分

6　表現「ジャングル探検」のいろいろな場面を踊る

○ジャングルカルタの使い方を知る。

● ジャングルカルタの使い方について，学習資料やＩＣＴ機器を活用したり，実際に動いて示したりしながら説明する。

ジャングルカルタの使い方の例（二人組）

① 間隔をとって，場に全てのカルタを裏向きに置く。
② 二人組になり，リーダーを決める。
③ 壁際など場の外に出て，探検出発の合図を待つ。
④ 音楽に合わせて，ジャングルを探検するように場を移動する。
⑤ 教師の合図でリーダーがカルタをめくる。
⑥ カルタの場面を手がかりに二人で思いつくまま即興的に踊る。
⑦ 教師の合図でカルタを伏せて，リーダーを交代し再び移動を始める。
⑧ ⑤⑥⑦を繰り返し，六枚程度のカルタを手がかりに踊る。
⑨ 音楽が終わったら，ポーズでストップをする。

カルタは，場面をイメージするための手がかりです。カルタの内容だけでなく，そこからさらに想像をひろげて，二人で「ひと流れの動き」にして踊りましょう。

○学級全体でジャングルカルタの準備をする。

● 友達と一緒に準備をする様子を取り上げて，称賛する。

◆学習評価◆　主体的に学習に取り組む態度
③場の設定や用具の片付けを友達と一緒にしようとしている。

➡　ジャングルカルタなどの準備や片付けを友達と一緒にしようとしている姿を評価する。（観察・学習カード）

○二人組で場の中を進みながら，ジャングルカルタを使ってひと流れの動きにして即興的に踊る。

◎場の設定や用具の片付けを友達と一緒にすることに意欲的でない児童への配慮の例

➡　個別に関わり，準備や片付けの仕方を確認したり，一緒に踊る二人組やグループの友達や教師が誘って一緒に行ったりするなどの配慮をする。

○学級全体を２グループに分けて，ジャングルカルタを使った即興的な踊りを見せ合う。

○課題解決のために考えたことを伝える。

● 考えたことを伝えていることを取り上げて，称賛する。

5分

7　本時を振り返り，次時への見通しをもつ

本時の振り返り
・題材の特徴を捉えたひと流れの動きでの踊り方のポイントについて，知ったことを書きましょう。
・ジャングルカルタを使って踊って楽しかったことなど，気付いたことや考えたことを書きましょう。
・場の設定を友達と一緒にすることについて，気付いたことや考えたことを書きましょう。

○振り返りを発表して，友達に伝える。

● 振り返りを学習カードに記入するように伝えるとともに，気付きや考えのよさ取り上げたり踊っていたときのよい動きの発表を促したりして，それらを称賛する。

◆学習評価◆　知識・技能
①表現の行い方について，言ったり書いたりしている。

➡　題材の特徴を捉え，表したい感じをひと流れの動きで即興的に踊る行い方について，発表したり学習カードに記入したりしていることを評価する。（観察・学習カード）

◎表現の行い方を知ることが苦手な児童への配慮の例

➡　個別に関わり，題材の特徴の捉え方やひと流れの動きでの踊り方のポイントについて対話をしながら確認するなどの配慮をする。

8　整理運動，場の片付けをする

● 適切な整理運動を行うように伝えるとともに，けががないかなどを確認する。

9　集合，健康観察，挨拶をする

本時の目標と展開③（4／6時間）

本時の目標

(1) 題材の主な特徴を捉え，表したい感じをひと流れの動きで即興的に踊ることができるようにする。
(2) 課題の解決のために考えたことを友達に伝えることができるようにする。
(3) 誰とでも仲よくすることができるようにする。

本時の展開

時間	学習内容・活動	指導上の留意点
10分	1　集合，挨拶，健康観察をする 2　本時のねらいを知り，目標を立てる	
	四人組で題材の特徴を捉えた踊り方を工夫して，ひと流れの動きにして踊ろう	
	○本時のねらいを知り，自己の目標を立てる。	●学習カードを配り，立てた目標を記入するように伝える。
	3　場の準備をする ○学級全体で協力して，準備をする。	●安全な準備の仕方を確認する。
	4　心と体をほぐす ○学級全体や二人組などで心と体をほぐす。 ○全身を弾ませたり，速さに変化を付けたりして，動きにメリハリを付ける。	●けがの防止のために適切な準備運動として，心と体をほぐす運動を行うように伝える。 ●運動に応じてゆったりとした曲や軽快なリズムの曲をかける。
15分	5　表現「ジャングル探検」の特徴的な場面を踊る ○四人組になり，教師がリードするジャングル探検の特徴的な場面について，四人で思いつくままひと流れの動きにして踊りながら，その行い方をつかむ。	●ジャングルの世界に没入できる曲をかける。 ●ジャングルカルタ（資料参照）の中から特徴を捉えやすい場面を選び，空想の世界に入り込むように言葉に緩急や強弱をつけながら，踊りが急変する展開でリードする。

「ジャングル探検」の特徴を捉えやすい場面の例（四人組）

○雨よ降ってくれ～みんなで雨乞いの踊りだ！

雨よ降ってくれ～
みんなで雨ごいの
踊りだ！

雨が降らない日が続いて，湖の水も枯れてしまった。そうだ，ジャングルに伝わる雨乞いの踊りを踊ろう！踊りがだんだん激しくなると，雨だ！雨が降ってきた！

・四人で並んだり輪をつくったりして，空に向かって雨を願う踊りをする。
・雨が降ってきたことを喜ぶ，雨乞いの踊りが喜びの踊りに変わっていく。

○笑いキノコを食べちゃった

笑いキノコを
食べちゃった

あれ，あんなところにおいしそうなキノコが！思わずパクリ。パク，パク，フフフ，おいしいぞ。アハハハ，あれれ，おかしいぞ。笑いキノコを食べちゃった！笑い過ぎて苦しいー！

・見付けたキノコの誘惑に負けて食べる，食べるのを止められず，続けて食べる。
・笑いが止まらず苦しい。床を転がったり，手足をじたばたしたりする。

○最後のパン

最後のパン

あれからもう何日も何も食べていない。お腹が空いてフラフラする……。でも，よく見ていたらリュックサックの奥に最後のパンが見付かった！激しい争奪戦が始まった！

・お腹が空いて元気がなくふらふら動く，周りや持ち物の中の食べ物を探す。
・見付かった食べ物を巡って激しい奪い合い。途中にスローモーションなども入れる。

二人組のときのように，場面の特徴を全身の動きで大げさに表現する，～したり～したりといろいろな様子を連続させる，動きの中に「大変だ！」など急変する場面を入れるなどをして，変化のあるひと流れの動きにして踊りましょう。

時間	学習内容・活動	指導上の留意点
15分	○課題解決のために考えたことを伝える。	●考えたことを伝えていることを取り上げて，称賛する。

15分

6　表現「ジャングル探検」のいろいろな場面を踊る

○四人組でのジャングルカルタの使い方を知る。

●四人組でのジャングルカルタの使い方について，学習資料やICT機器を活用したり，実際に動いて示したりしながら説明する。

ジャングルカルタの使い方の例（四人組）

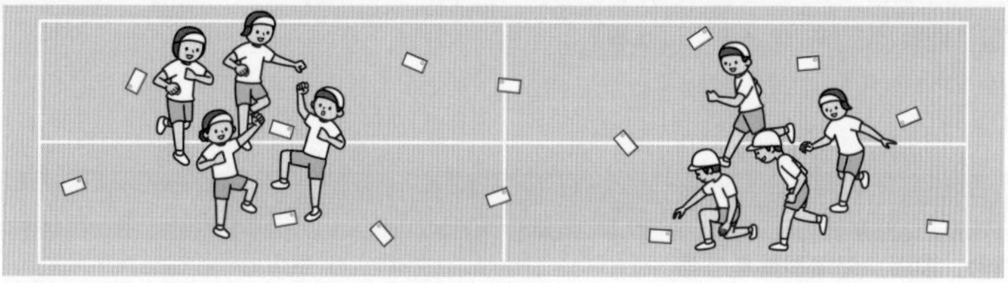

① 準備は二人組の活動と同じ。四人組になり，リーダーの順番を決める。
② 音楽に合わせてリーダーを先頭にして場を移動し，教師の合図でリーダーがカルタをめくる。
③ カルタの場面を手がかりに，四人で思いつくまま即興的に踊る。
④ 教師の合図でカルタを伏せて，次のリーダーを先頭にして再びジャングルの中の移動を始める。
⑤ ②③④を繰り返し，六枚程度のカルタを手がかりに踊る。音楽が終わったらポーズでストップをする。

・踊るときだけでなく，移動のときもいかだに乗ったり，這って進んだり，蔓から蔓へ飛び移ったりするなどジャングルのイメージに合った動きを工夫しましょう。
・カルタも，恐る恐るめくったり，宝箱を開けるようにめくったりするなど工夫しましょう。

○学級全体でジャングルカルタの準備をする。
○四人組で場の中を進みながら，ジャングルカルタを使ってひと流れの動きにして即興的に踊る。
○学級全体を2グループに分けて，ジャングルカルタを使った即興的な踊りを見せ合う。

●安全な場の設定の仕方を確認する。
●教材の特徴を捉えた踊り方を取り上げて，称賛する。

ジャングルカルタを使った即興的な踊りを見せ合う行い方の例

①前半のグループが壁際から動き出し，ジャングルの世界に入っていく。
②教師の合図でカルタをめくり，即興的に踊る。続けて3枚のカルタで踊る。
③前半のグループが3枚目のカルタで踊り終わってポーズをしたのと同時に，後半のグループが壁際からジャングルの世界に入っていく。前半グループはなりきったまま壁際へ移動し，現実の世界に戻っていく。
④教師の合図で後半グループも3枚のカルタを順にめくり，即興的に踊る。3枚目のカルタで踊り終わったらポーズでストップをする。

○課題解決のために考えたことを伝える。

●考えたことを伝えていることを取り上げて，称賛する。

◆学習評価◆　思考・判断・表現
②課題の解決のために考えたことを友達に伝えている。

➡　自己のグループの友達や他のグループの踊りを見て，踊り方の工夫について考えたことを，発表したり学習カードに記入したりしていることを評価する。（観察・学習カード）

◎考えたことを伝えることが苦手な児童への配慮の例

➡　個別に関わり，友達のよい動きを見付けたり考えたりしたことを聞き取って，友達に伝えることを支援するなどの配慮をする。

5分

7　本時を振り返り，次時への見通しをもつ

本時の振り返り
・友達の踊りを見て，踊り方の工夫について気付いたことや考えたことを書きましょう。
・ジャングルカルタを使って踊って楽しかったことなど，気付いたことや考えたことを書きましょう。

○振り返りを発表して，伝え合う。

●振り返りを学習カードに記入するように伝えるとともに，気付きや考えのよさ取り上げたり踊っていたときのよい動きの発表を促がしたりして，それらを称賛する。

8　整理運動，場の片付けをする

●適切な整理運動を行うように伝えるとともに，けががないかなどを確認する。

9　集合，健康観察，挨拶をする

本時の目標と展開④（6／6時間）

本時の目標

(1) 題材の主な特徴を捉え，表したい感じをひと流れの動きで即興的に踊ることができるようにする。
(2) 課題の解決のために考えたことを友達に伝えることができるようにする。
(3) 表現に進んで取り組むことができるようにする。

本時の展開

<table>
<tr><th>時 間</th><th>学習内容・活動</th><th>指導上の留意点</th></tr>
<tr><td rowspan="3">10
分</td><td>1　集合，挨拶，健康観察をする
2　本時のねらいを知り，目標を立てる</td><td></td></tr>
<tr><td colspan="2">「ジャングル探検」の踊りを見せ合って，学習のまとめをしよう</td></tr>
<tr><td>○本時のねらいを知り，自己の目標を立てる。
3　場の準備をする
○学級全体で協力して，準備をする。
4　心と体をほぐす
○学級全体や二人組などで心と体をほぐす。
○全身を弾ませたり，速さに変化を付けたりして，動きにメリハリを付ける。</td><td>●学習カードを配り，立てた目標を記入するように伝える。
●安全な準備の仕方を確認する。
●けがの防止のために適切な準備運動として，心と体をほぐす運動を行うように伝える。
●運動に応じてゆったりとした曲や軽快なリズムの曲をかける。</td></tr>
<tr><td rowspan="3">25
分</td><td>5　表現「ジャングル探検」をする
○学級全体でジャングルカルタの準備をする。
○四人組で場の中を進みながら，ジャングルカルタを使って即興的に踊る。
○ジャングルカルタを使った発表会の行い方を知る。</td><td>●安全な場の設定の仕方を確認する。
●場面の特徴を捉えた踊りを取り上げて，称賛する。
●発表会の行い方について，学習資料やＩＣＴ機器を活用したり，実際に動いて示したりしながら説明する。</td></tr>
<tr><td colspan="2">ジャングルカルタを使った発表会の行い方の例
① 学級全体を2グループに分ける。前半グループの四人組が壁際から動き出し，ジャングルの世界へ入る。
② カルタは各自のタイミングでめくる。リーダーを替えながら三～四枚のカルタを手がかりに即興的に踊る。カルタが変わるときも動きと気持ちを連続させてなりきる。
③ 前半グループが3～4枚のカルタを踊った頃合いを見て，教師の合図で終わりのポーズをしてストップをする。
④ 後半グループの四人組が壁際から動き出し，ジャングルの世界へ入る。そのタイミングで前半グループは壁際の現実の世界へ戻っていく。
⑤ 後半グループが前半グループと同じように，②③を行う。
⑥ 後半グループのポーズの後，教師の合図で前半グループが再びジャングルの世界になりきって入り込み，全ての四人組が事前に決めていたお気に入りの場面を最後に踊り，終わりのポーズでストップをする。</td></tr>
<tr><td>○学級全体が2グループに分かれて，ジャングルカルタを使った即興的な踊りを見せ合う。</td><td>●進んで取り組もうとしている様子を取り上げて，称賛する。
◆学習評価◆　主体的に学習に取り組む態度
①表現に進んで取り組もうとしている。
➡「ジャングル探検」の題材の特徴を捉えて即興的に踊ったり，踊り方を工夫して友達と見せ合ったりすることなどに進んで取り組もうとしている姿を評価する。（観察・学習カード）</td></tr>
<tr><td rowspan="3">10
分</td><td>6　単元を振り返り，学習のまとめをする</td><td></td></tr>
<tr><td colspan="2">単元の学習の振り返り
・友達の踊りを見て，踊り方の工夫について気付いたことや考えたことを書きましょう。
・単元の目標で，達成したことを書きましょう。
・学習したことで，今後の学習や日常生活の中で取り組んでいきたいとことを書きましょう。
</td></tr>
<tr><td>○振り返りを発表して，伝え合う。
7　整理運動，場の片付けをする
8　集合，健康観察，挨拶をする</td><td>●振り返りを学習カードに記入するように伝えるとともに，気付きや考えのよさ取り上げたり踊っていたときのよい動きの発表を促がしたりして，それらを称賛する。
●適切な整理運動を行うように伝えるとともに，けががないかなどを確認する。</td></tr>
</table>

2学年間にわたって取り扱う場合

【第3学年での指導と評価の計画（例）】

時間		1	2	3	4	5	6
ねらい		学習の見通しをもつ	表現の行い方を知り，題材の特徴を捉えた踊り方を工夫して，友達と楽しく踊る				学習のまとめをする
学習活動		オリエンテーション ○学習の見通しをもつ ・学習の進め方 ・学習のきまり ○心と体をほぐす ○表現 「忍者」から思い浮かぶイメージをみんなで踊る	○心と体をほぐす ○「忍者」の特徴的な場面や様子をみんなで踊る 場面や様子の特徴を捉えた踊り方を工夫して即興的に踊る 【忍者の戦い】 忍者特有の武器を使った戦い ササササッ，ピタッなど静と動の動きのメリハリ ・一緒に戦う，追いつ・追われつ （対応する動き） ・対決する （対立する動き） ○表したい場面を選び，二～四人組でひと流れの動きにして即興的に踊る	【忍者の修行】 自然の中での修行や他の忍者との稽古 ・滝に打たれる，木から木へ飛び移るなど （対応する動き） ・相手の攻撃を避ける，防ぐなど （対立する動き）	【忍者の術】 忍者特有の術を使った戦い ・一緒に忍術を使う，交互に忍術を使う （対応する動き） ・忍術で対決する （対立した動き）	【忍者の任務】 敵の城に忍び込む ・これまでの動きをつなげて踊る ・跳ぶ－転がる，素早く動く－急に止まるなど動きに差をつけて誇張する	学習のまとめ ○心と体をほぐす ○表現 ・いろいろな場面を選んで踊る ・学級全体で踊りを見せ合う ○学習のまとめをする
評価の重点	知識・技能			① 観察・学習カード		② 観察	
	思考・判断・表現				① 観察・学習カード	② 観察・学習カード	
	主体的に学習に取り組む態度	⑤ 観察・学習カード	② 観察・学習カード	③ 観察・学習カード			① 観察・学習カード

【低学年「表現リズム遊び」との円滑な接続を図るための工夫（例）】

●「二人組で対応する動きや対立する動きで変化を付けて踊る」ために

低学年では，いろいろないきものになりきる中に，「大変だ！○○だ！」の場面を入れて，二人組で簡単な話にして踊ることを楽しみました。中学年では，題材の特徴や感じを捉えてひと流れの動きにして即興的に踊ることができるようにします。そのため中学年のはじめは，二人組で対応する動きや対立する動きを捉えやすい「忍者」を題材に設定しています。「忍者」は，音もなく走ったり，戦ったり，様々な術を使って奇想天外なことをしたりする特徴的な動きを捉えやすいことから，二人組で変化のある動きをつなげてメリハリ（緩急・強弱）のあるひと流れの動きにして踊りましょう。

（例）忍者の戦い
　いろいろな武器で攻撃をしたりその攻撃を受けたりする動きを，跳ぶ，回る，ねじる，這う，素早く走る，高・低の差や速さに変化のある動きなどの動きで誇張したり，床を転がりながら動きを連続させたりする。

（例）忍者の術
　戦いの中で忍者の術を使うことで，動きの中に急変した場面や動きを入れるようにする。その際，術をかける側よりも，かけられる側が大げさに動きを誇張して，忍者の術の様子を表現するようにする。

【第3学年において重点的に指導する内容（例）】

●知識及び技能

題材の場面に応じた対応する動きや対立する動きを，ひと流れの動きにして即興的に踊ることができるようにしましょう。その際，跳ぶ－転がる，素早く動く－急に止まるなど動きに差をつけて誇張たり，感じの異なる動きや急変する場面などの変化のある動きをつなげてメリハリ（緩急・強弱）をつけたりするようにしましょう。

●思考力，判断力，表現力等

主に二人組で対応したり対立したりする動きで踊る活動をする中で，よい動きを知り，友達のよい動きを自己の動きに取り入れることができるようにしましょう。また，見付けた動きや気に入った動きを踊りながら他の友達に伝える場面を設定することで，見付けたことを伝える力を育成しましょう。

●学びに向かう力，人間性等

相手を変えながら二人組になって踊ることで，いろいろな動きをできるようにするために，誰とでも仲よくしようとすることができるようにしましょう。また，楽しく踊りながらも友達とぶつからないようにするなど，周りの安全を確かめることができるようにしましょう。

リズムダンス

リズムダンスは，軽快なリズムに乗って全身で踊ったり友達と関わり合ったりして即興的に踊る楽しさや喜びに触れることができる運動です。本単元例は，単元前半はロックのリズムとサンバとリズムをそれぞれ取り上げて，リズムの特徴を捉えてリズムに乗って弾んで踊る時間，単元後半はリズムの特徴を捉えた踊り方を工夫して踊る時間を設定することで，自己の心身を解き放して，リズムの世界に没入してなりきって踊ることができる授業を展開するようにしています。

単元の目標

(1) リズムダンスの行い方を知るとともに，軽快なリズムに乗って全身で踊ることができるようにする。
(2) 自己の能力に適した課題を見付け，リズムの特徴を捉えた踊り方や交流の仕方を工夫するとともに，考えたことを友達に伝えることができるようにする。
(3) リズムダンスに進んで取り組み，誰とでも仲よく踊ったり，友達の動きや考えを認めたり，場の安全に気を付けたりすることができるようにする。

指導と評価の計画（6時間）

時　間		1	2	3
ねらい		学習の見通しをもつ	リズムダンスの行い方を知り，ロックやサンバのリズムの特徴を捉えて，楽しく踊る	
学習活動		オリエンテーション 1　集合，挨拶，健康観察をする 2　単元の学習の見通しをもつ ○単元の目標と学習の進め方を知る。 ○学習のきまりを知る。 3　本時のねらいを知り，目標を立てる 4　場の準備をする ○場の準備や片付けの仕方を知る。 5　心と体をほぐす ○心と体をほぐす運動の行い方を知る。 6　リズムダンスをする ○教師のリードに合わせて，学級全体でリズムに乗って体を動かす。	1　集合，挨拶，健康観察をする　2　本時のねらい知り，目 4　心と体をほぐす 5　全身で弾んでリズムダンスをする ○リズムの特徴とリズムダンスの行い方を知る。 ○教師のリードに合わせて，学級全体でリズムに乗って体を動かす。 【ロックのリズム】　【サンバのリズム】 6　友達と関わり合ってリズムダンスをする ○二人組で，リズムに乗って即興的に踊る。 ○課題解決のために考えたことを伝える。	
		7　本時を振り返り，次時への見通しをもつ　8　整理運動，場の片付けをする		
評価の重点	知識・技能		① 観察・学習カード	
	思考・判断・表現			
	主体的に学習に取り組む態度	⑤ 観察・学習カード	② 観察・学習カード	③ 観察・学習カード

単元の評価規準

知識・技能	思考・判断・表現	主体的に学習に取り組む態度
①リズムダンスの行い方について，言ったり書いたりしている。 ②リズムの特徴を捉え，リズムに乗って弾んで踊ったり，友達と関わり合ったりして即興的に踊ることができる。	①自己の能力に適した課題を見付け，その課題の解決のための活動を選んでいる。 ②課題の解決のために考えたことを友達に伝えている。	①軽快なリズムに乗って全身で踊る運動に進んで取り組もうとしている。 ②誰とでも仲よくしようとしている。 ③場の設定や用具の片付けを友達と一緒にしようとしている。 ④友達の動きや考えを認めようとしている。 ⑤周りの安全を確かめて踊っている。

4	5	6
リズムの特徴を捉えた踊り方や交流の仕方を工夫して，楽しく踊る		学習のまとめをする
標を立てる　3　場の準備をする		
5　**リズムの特徴を捉えた踊り方を工夫してリズムダンスをする** ○リズムダンスの動きの変化の付け方を知る。 ○課題の解決のために考えたことを伝える。 **【ロックのリズム】** **【サンバのリズム】** 6　**友達と関わり合ってリズムダンスをする** ○四人組で，リズムに乗って即興的に踊る。 ○動きに変化を付けて，即興的に踊る。 ○課題の解決のために考えたことを伝える。		**学習のまとめ** 5　**ダンス交流会をする** ○ロックのリズムの特徴を捉えた踊り方を工夫して，楽しく踊る。 ○サンバのリズムの特徴を捉えた踊り方を工夫して，楽しく踊る。 ○もう一度踊りたい曲を選んで，楽しく踊る。 6　**単元を振り返り，学習のまとめをする** 7　**整理運動，場の片付けをする** 8　**集合，健康観察，挨拶をする**
9　**集合，健康観察，挨拶をする**		
		② 観察
① 観察・学習カード	② 観察・学習カード	
	④ 観察・学習カード	① 観察・学習カード

本時の目標と展開①（1／6時間）

本時の目標

(1) リズムダンスの行い方を知ることができるようにする。
(2) 自己の能力に適した課題を見付け，その課題の解決のための活動を選ぶことができるようにする。
(3) 周りの安全を確かめて踊ることができるようにする。

本時の展開

<table>
<tr><th>時 間</th><th>学習内容・活動</th><th>指導上の留意点</th></tr>
<tr><td rowspan="5">5
分</td><td>1　集合，挨拶，健康観察をする
2　単元の学習の見通しをもつ
○単元の目標と学習の進め方を知る。
○運動のきまりを知る。</td><td>

●掲示物を活用するなどしながら，分かりやすく説明する。</td></tr>
<tr><td colspan="2">運動のきまりの例
・周囲の安全を確かめてから踊りましょう。
・誰とでもペアやグループになって楽しく踊りましょう。
・友達の動きや楽しく踊るための考えを認めましょう。
</td></tr>
<tr><td>3　本時のねらいを知り，目標を立てる</td><td></td></tr>
<tr><td colspan="2">リズムダンスの学習の進め方を知り，学習の見通しをもとう</td></tr>
<tr><td>○本時のねらいを知り，自己の目標を立てる。</td><td>●学習カードを配り，使い方を説明する。</td></tr>
<tr><td rowspan="4">15
分</td><td>4　場の準備をする
○場の準備と片付けの仕方を知る。
○学級全体で協力して，準備をする。</td><td>
●安全な場の準備と片付けの仕方を説明する。
●安全を確かめている様子を取り上げて，称賛する。</td></tr>
<tr><td colspan="2">場の準備の仕方の例
・踊る場に危険物がないか確かめて，見付けたら先生に知らせましょう。
・踊りに使う用具は，友達と一緒に準備や片付けをしましょう。
・安全に踊ることができるように服装などが整っているか，友達と確かめ合いましょう。
</td></tr>
<tr><td>5　心と体をほぐす
○心と体をほぐす運動の行い方を知る。

○学級全体や二人組などで心と体をほぐす。</td><td>
●けがの防止のために適切な準備運動にもなる心と体をほぐす運動の行い方について，実際に動いて示しながら説明する。
●運動に応じてゆったりとした曲や軽快なリズムの曲をかける。</td></tr>
<tr><td colspan="2">心と体をほぐす運動の例
○ゆったりとした曲に合わせて，体をほぐす
上や横へ腕を伸ばす，上体を倒す・反らす，首や手首・足首を回す，
くねくねと寝転ぶ・起き上がる　など
○軽快なリズムの曲に合わせて，学級全体や二人組で手をつないで踊る
・学級全体で　　・二人組で

歩く，スキップなどで回る，立つ－座る，集まる－離れる　など　　弾んだ動作で前後や左右移動する，回る　など</td></tr>
</table>

20分

6　リズムダンスをする

○ロックのリズムの曲とサンバのリズムの曲を聴き，リズムの特徴を知る。

●ロックのリズムとサンバのリズムを感じやすい曲をかけ，リズムの特徴を説明する。

・ロックの曲は「ンタ・ンタ・ンタ・ンタ」や「ウンタ・ウンタ」のリズムを感じましょう。
・サンバの曲は「ンタッタ・ンタッタ」のリズムを感じましょう。

○教師のリードに合わせて，学級全体でリズムに乗って体を動かす。

●リズムに乗った体の動かし方について，実際に動いて示しながら説明する。

リズムに乗って体を動かす行い方の例

○座った姿勢で，リズムに乗って体を動かす感じをつかむ

・リズムに合わせて，へそ（体幹部）を中心に上下に体を揺らす。

・リズム合わせて，手拍子をしたり，床を叩いたりする。

・リズムに合わせて，左右の友達とタッチをする。（同じ相手と，左右の相手と交互になど）

リズムに乗って体を動かす感じをつかめたら，立った姿勢になって，同じ動作でリズムに乗って体を動かしてみましょう。

○グループで，リズムに乗って即興的に体を動かす。

●安全を確かめている様子を取り上げて，称賛する。

◆学習評価◆　主体的に学習に取り組む態度
⑤周りの安全を確かめて踊っている。

➡　心と体をほぐす運動やリズムダンスをする際に，友達とぶつからないかなど，周りの安全を確かめている姿を評価する。（観察・学習カード）

◎安全を確かめることに意欲的でない児童への配慮の例

➡　リズムに乗った動きの中に両手を広げたり回ってみたりして友達との距離を確保するような動作を入れる声をかけて，リズムに乗って踊ることを踊みながらも安全を確かめることがきるようにするなどの配慮をする。

5分

7　本時を振り返り，次時への見通しをもつ

本時の振り返り
・リズムに乗って踊って楽しかったことなど，気付いたことや考えたことを書きましょう。
・周りの安全を確かめて踊ることについて，気付いたことや考えたことを書きましょう。
・単元の学習で身に付けたいことや楽しみたいことなど，自己の単元の目標を書きましょう。

○振り返りを発表して，友達に伝える。

●振り返りを学習カードに記入するように伝えるとともに，気付きや考えのよさを取り上げて，称賛する。

8　整理運動，場の片付けをする

●整理運動の行い方について，実際に動いて示しながら説明するとともに，けがかないかなどを確認する。

9　集合，健康観察，挨拶をする

本時の目標と展開②（2／6時間）

本時の目標

(1) リズムダンスの行い方を知ることができるようにする。
(2) 自己の能力に適した課題を見付け，その課題の解決のための活動を選ぶことができるようにする。
(3) 誰とでも仲よくすることができるようにする。

本時の展開

時間	学習内容・活動	指導上の留意点
10分	1　**集合，挨拶，健康観察をする** 2　**本時のねらいを知り，目標を立てる**	
	リズムダンスの行い方を知り，ロックのリズムの特徴を捉えて，楽しく踊ろう	
	○本時のねらいを知り，自己の目標を立てる。	●学習カードを配り，立てた目標を記入するように伝える。
	3　**場の準備をする** ○学級全体で協力して，場の準備をする。	●安全な場の準備の仕方を確認する。
	4　**心と体をほぐす** ○学級全体やペアで心と体をほぐす運動をする。	●けがの防止のために適切な準備運動としての心と体をほぐす運動を行うように伝える。
	○全身を弾ませたり，速さに変化を付けたりして，動きにメリハリを付ける。	●運動に応じてゆったりとした曲や軽快なリズムの曲をかける。
15分	5　**全身で弾んでリズムダンスをする** ○ロックのリズムの特徴とリズムダンスの行い方を知る。	●ロックのリズムの特徴とリズムダンスの行い方について，学習資料やICT機器を活用したり，実際に動いて示したりしながら説明する。
	ロックのリズムの特徴と踊り方の例 ・軽快なテンポのロック（ＢＰＭ※ 140 前後）では，「ンタ・ンタ・ンタ・ンタ」の弾みや後打ちのリズムの特徴を捉え，弾んだり体の各部分でリズムをとったりしてみましょう。 ・ビートの強いロック（ＢＰＭ 120 前後）では，「ウンタ・ウンタ」の後打ちのリズム特徴を捉え，動きにアクセントをつけてみましょう。 ※ＢＰＭ：１分間のビートの数を示す	
	○教師のリードに合わせて，学級全体でリズムに乗って体を動かす。	●リズムの特徴を捉えやすいロックの曲をかける。
	○座った姿勢で，リズムに乗って手拍子をする  ・軽いテンポのロックで「ウン・ウン・ウン・ウン」…「ウ」で手拍子をする。 ・軽いテンポのロックで「ンタ・ンタ・ンタ・ンタ」…「タ」で手拍子をする。（後打ち） ・ビートの強いロックで「ウンタ・ウンタ」…「タ」で手拍子をする。」（後打ち） ○座った姿勢で，リズムの特徴を捉えて体を動かす  ・体を上下や左右に揺らす。 ・体のいろいろな位置で手拍子をする，床を叩く。 ・首・手・肘・肩・腕などを上下・左右・前後に動かす。　など	

15分

6 友達と関わり合ってリズムダンスをする

○二人組で,リズムに乗って即興的に踊る。

●途中で相手を替えながら，いろいろな友達と踊るようにする。

友達と関わり合って踊る行い方の例

○教師の見本の踊りにいろいろな動きを加えて即興的に踊る

・簡単なステップで弾んで踊る。

・体全体を使って大きく踊る。

・手をつなぐなど友達と触れ合って踊る。

○お互いの踊りの真似をして即興的に踊る

・一人がリーダーになり，もう一人は鏡のように真似をして踊る。途中でリーダーを交代する。
(ジャンプやステップなどの足の動きに，首・手・肘・肩・腕などを上下・左右・前後に動かす動きを合わせる)

●誰とでも仲よくしようとしている様子を取り上げて，称賛する。

◆学習評価◆ 主体的に学習に取り組む態度
②誰とでも仲よくしようとしている。

➡ 友達と関わり合って即興的に踊る際に，誰とでも仲よくしようとしている姿を評価する。(観察・学習カード)

◎仲よくすることに意欲的でない児童への配慮の例

➡ 個別に関わり，友達の踊りを一緒に真似したり，二人が気に入った動きを続けたりつなげたりするように促すなどの配慮をする。

○課題解決のために考えたことを伝える。

●考えたことを伝えていることを取り上げて，称賛する。

5分

7 本時を振り返り，次時への見通しをもつ

本時の振り返り

・ロックのリズムの特徴を捉えたリズムダンスの踊り方について，知ったことを書きましょう。
・誰とでも仲よくすることについて，気付いたことや考えたことを書きましょう。

○振り返りを発表して，友達に伝える。

●振り返りを学習カードに記入するように伝えるとともに，気付きや考えのよさを取り上げて，称賛する。

◆学習評価◆ 知識・技能
①リズムダンスの行い方について,言ったり書いたりしている。

➡ ロックのリズムの特徴を捉え，リズムに乗って全身で踊る行い方について，発表したり学習カードに記入したりしていることを評価する。(観察・学習カード)

◎表現の行い方を知ることが苦手な児童への配慮の例

➡ 個別に関わり，リズムの特徴の捉え方やリズムに乗って全身で踊る行い方のポイントについて，対話をしながら確認するなどの配慮をする。

8 整理運動，場の片付けをする

●適切な整理運動を行うように伝えるとともに，けがが無いかなどを確認する。

9 集合，健康観察，挨拶をする

本時の目標と展開③（4／6時間）

本時の目標

(1) リズムの特徴を捉え，リズムに乗って弾んで踊ったり，友達と関わり合ったりして即興的に踊ることができるようにする。
(2) 自己の能力に適した課題を見付け，その課題の解決のための活動を選ぶことができるようにする。
(3) 友達の動きや考えを認めることができるようにする。

本時の展開

時間	学習内容・活動	指導上の留意点
10分	1　**集合，挨拶，健康観察をする** 2　**本時のねらいを知り，目標を立てる**	
	リズムの特徴を捉えた踊り方を工夫して，楽しく踊ろう	
	○本時のねらいを知り，自己の目標を立てる。	●学習カードを配り，立てた目標を記入するように伝える。
	3　**場の準備をする** ○学級全体で協力して，場の準備をする。	●安全な場の設定の仕方を確認する。
	4　**心と体をほぐす** ○学級全体やペアで心と体をほぐす運動をする。	●けがの防止のために適切な準備運動としての心と体をほぐす運動を行うように伝える。
	○全身を弾ませたり，速さに変化を付けたりして，動きにメリハリを付ける。	●運動に応じてゆったりとした曲や軽快なリズムの曲をかける。
15分	5　**リズムの特徴を捉えた踊り方を工夫してリズムダンスをする** ○リズムダンスの動きの変化の付け方を知る。	●リズムダンスの動きの変化の付け方について，学習資料やＩＣＴ機器を活用したり，実際に動いて示したりしながら説明する。

リズムダンスの動きの変化の付け方の例

○弾む動きに，ねじる・回るなどを入れて，動きに変化を付ける

○素早い動きやストップなどを入れて，曲のリズムに変化を付ける

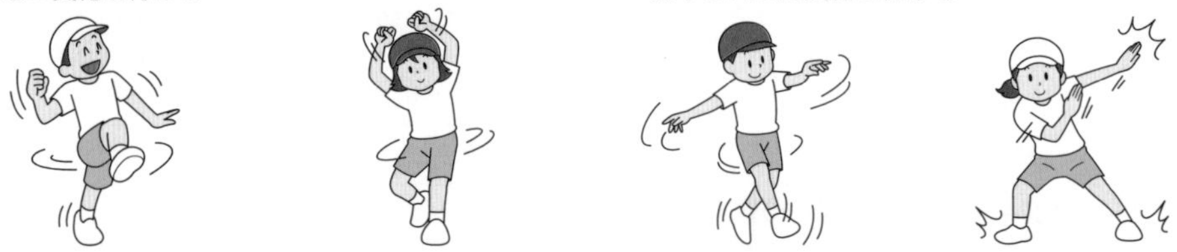

・弾む動きにねじる動きを入れる。
・弾む動きに回る動きを入れる。
・リズムよりも早い動きを入れる。
・踊っている途中でストップする。

学習内容・活動	指導上の留意点
	●場面の特徴を捉えた踊りを取り上げて，称賛する。 **◎動きに変化を付けて踊ることが苦手な児童への配慮の例** ➡　曲のリズムに同調するだけでなく，動きやリズムに変化を付けた動きで踊っている友達の動きを見て，真似をするようにするなどの配慮をする。
○課題の解決のために考えたことを伝える。	●考えたことを伝えていることを取り上げて，称賛する。 **◎友達の考えを認めることに意欲的でない児童への配慮の例** ➡　友達の発表を聞こうとしなかったり発表された考えを否定することを言ったりする児童には，人はそれぞれに考えに違いがあり，それを認めることが大切であることを伝えるとともに，それぞれの考えのよさを取り上げて気付くようにするなどの配慮をする。

15分

6 友達と関わり合ってリズムダンスをする

○四人組で,リズムに乗って即興的に踊る。

● 途中で相手を替えながら，いろいろな友達と踊るようにする。

友達と関わり合って踊る行い方の例

○二人組でロックのリズムに乗って移動し，他の二人組と一緒に即興的に踊る

・二人組でロックのリズムに乗ってスキップなどで場を移動する。
・教師の合図のときに見付けた二人組と四人組になり，リズムに乗って即興的に踊る。
・教師の合図でまた二人組に分かれて移動する。このとき二人組の相手を変えるといろいろな友達と一緒に踊ることができる。

○四人組でサンバのリズムに乗ってお互いの踊りの真似をして即興的に踊る

・一人がリーダーになり，他の三人はリーダーのほうを向くようにして四角形に並ぶ。
・リーダーの踊りの真似をして，四人組でリズムに乗って即興的に踊る。
・教師の合図でリーダーを交代して，他の三人はリーダーのほうを向くように向きを変える。

○動きに変化を付けて，即興的に踊る。

● 友達のよい動きを取り入れながら動きに変化を付けて踊るように伝える。

◎リズムの特徴を捉えて踊ることが苦手な児童への配慮の例

➡ リズムに合わせて手拍子をしたり，リズムを表す言葉がけをしながら踊ったりするなどの配慮をする。

● よい動きを選んで踊っていることを取り上げて，称賛する。

◆学習評価◆思考・判断・表現
①自己の能力に適した課題を見付け，その課題の解決のための活動を選んでいる。

➡ 自己の能力に適した動きの変化の付け方を選んだり，友達のよい動きを取り入れたりしたことについて，発表したり学習カードに記入したりしていることを評価する。（観察・学習カード）

◎課題の解決のための活動を選ぶことが苦手な児童への配慮の例

➡ 友達や他のグループのよい動きの真似をしていろいろな踊り方を試して，自己の能力に適した動きの変化の付け方を見付けるようにするなどの配慮をする。

○課題の解決のために考えたことを伝える。

● 考えたことを伝えていることを取り上げて，称賛する。

5分

7 本時を振り返り，次時への見通しをもつ

本時の振り返り
・友達の踊りを見て，踊り方の工夫について気付いたことや考えたことを書きましょう。
・リズムに乗って踊って楽しかったことなど，気付いたことや考えたことを書きましょう。

○振り返りを発表して，伝え合う。

● 振り返りを学習カードに記入するように伝えるとともに，気付きや考えのよさを取り上げて，称賛する。

◎考えたことを伝えることが苦手な児童への配慮の例

➡ 個別に関わり，友達のよい動きを見付けたり考えたりしたことを聞き取って，友達に伝えることを支援するなどの配慮をする。

8 整理運動，場の片付けをする

● 適切な整理運動を行うように伝えるとともに，けががないかなどを確認する。

9 集合，健康観察，挨拶をする

本時の目標と展開④（6／6時間）

本時の目標

(1) リズムの特徴を捉え，リズムに乗って弾んで踊ったり，友達と関わり合ったりして即興的に踊ることができるようにする。
(2) 課題の解決のために考えたことを友達に伝えることができるようにする。
(3) リズムダンスに進んで取り組むことができるようにする。

本時の展開

時間	学習内容・活動	指導上の留意点
10分	1　集合，挨拶，健康観察をする 2　本時のねらいを知り，目標を立てる	
	ダンス交流会で踊りを見せ合って，学習のまとめをしよう	
	○本時のねらいを知り，自己の目標を立てる。	●学習カードを配り，立てた目標を記入するように伝える。
	3　場の準備をする ○学級全体で協力して，場の準備をする。	●安全な場の設定の仕方を確認する。
	4　心と体をほぐす ○学級全体やペアで心と体をほぐす運動をする。	●けがの防止のために適切な準備運動としての心と体をほぐす運動を行うように伝える。
	○全身を弾ませたり，速さに変化を付けたりして，動きにメリハリを付ける。	●運動に応じてゆったりとした曲や軽快なリズムの曲をかける。
25分	5　ダンス交流会をする ○ダンス交流会の行い方を知る。	●ダンス交流会の行い方を説明する。
	・これまでの学習で踊った曲を続けてかけるので，リズムの特徴を捉えた楽しい踊りを友達と見せ合いましょう。 ・友達のよい動きを見付けて，真似をしたり一緒に踊ったりして関わり合いながら，たくさんの友達と楽しく踊りましょう。 	
	○ロックのリズムの特徴を捉えた踊り方を工夫して，楽しく踊る。	●進んで取り組もうとしている様子を取り上げて，称賛する。 **◆学習評価◆　主体的に学習に取り組む態度** **①リズムダンスに進んで取り組もうとしている。** ➡　リズムの特徴を捉えて即興的に踊ったり，踊り方を工夫して友達と見せ合ったりすることなどに進んで取り組もうとしている姿を評価する。（観察・学習カード）
	○サンバのリズムの特徴を捉えた踊り方を工夫して，楽しく踊る。	**◆学習評価◆　知識・技能** **②リズムの特徴を捉え，リズムに乗って弾んで踊ったり，友達と関わり合ったりして即興的に踊ることができる。** ➡　リズムの特徴を捉え，へそ（体幹部）を中心に，リズムに乗って全身で弾んで踊ったり，動きに変化を付けて踊ったり，友達と関わって踊ったりしている姿を評価する。（観察）
	○課題の解決のために考えたことを伝える。	●考えたことを伝えていることを取り上げて，称賛する。
	○もう一度踊りたい曲を選んで，楽しく踊る。	●学級全体に踊りたい曲を聞き，数曲選ぶ。
10分	6　単元を振り返り，学習のまとめをする	
	単元の学習の振り返り ・友達の踊りを見て，踊り方の工夫について気付いたことや考えたことを書きましょう。 ・単元の目標で，達成したことを書きましょう。 ・学習したことで，今後の学習や日常生活の中で取り組んでいきたいことを書きましょう。 	
	○振り返りを発表して，友達に伝える。	●振り返りを学習カードに記入するように伝えるとともに，気付きや考えのよさを取り上げて，称賛する。
	7　整理運動，場の片付けをする	●適切な整理運動を行うように伝えるとともに，けががないかなどを確認する。
	8　集合，健康観察，挨拶をする	

2学年間にわたって取り扱う場合

【第3学年での指導と評価の計画（例）】

時間		1	2	3	4	5	6
ねらい		学習の見通しをもつ	リズムダンスの行い方を知り，ロックやサンバのリズムの特徴を捉えて友達と楽しく踊る				学習のまとめをする
学習活動		オリエンテーション ○学習の見通しをもつ ・学習の進め方 ・学習のきまり ○心と体をほぐす ○リズムダンス 音楽のリズムに乗って，みんなで踊る	○心と体をほぐす 音楽のリズムに合わせて，学級全体や二人組などで手をつないで踊る リズムダンス ○リズムの特徴を捉えて，みんなで踊る ・リズムの特徴を知り，二～四人組でリズムに乗って即興的に踊る ・相手を変えながら，いろいろな友達と即興的に踊る 【ロックのリズム】　【サンバのリズム】 ○楽しく踊ることができた曲を選び，友達と関わり合って踊る 二～四人組で友達と調子を合わせたりかけ合いをしたりして，即興的に踊る				学習のまとめ ○ダンス交流会 楽しく踊った曲を選び，続けてみんなで踊る ○学習のまとめをする
評価の重点	知識・技能			① 観察・学習カード		② 観察	
	思考・判断・表現				① 観察・学習カード	② 観察・学習カード	
	主体的に学習に取り組む態度	⑤ 観察・学習カード		② 観察・学習カード	④ 観察・学習カード		① 観察・学習カード

【低学年「リズム遊び」との円滑な接続を図るための工夫（例）】

● 「リズムの特徴を捉え，リズムに乗って全身で弾んで踊る」ために

低学年では，軽快なリズムの曲でへそ（体幹部）を中心に，様々な動きでリズムに乗って踊ることを楽しみました。中学年では，軽快なロックやサンバなどのリズムの特徴を捉え，リズムに乗って楽しく踊ることができるようにします。

そのため中学年のはじめは，児童が聞きなれた曲やリズムの特徴を捉えやすい音楽を選び，リズムの特徴を体で感じながら，低学年のリズム遊びで行った動きや心と体をほぐす運動で行うペアやグループでの動きをリズムに乗って行う活動をして，全身で弾んで踊る楽しさに触れられるようにしましょう。

（例）音楽のリズムに合わせて，学級全体や二人組などで手をつないで踊って，心と体をほぐす
・学級全体で輪になり，リズムに合わせて手拍子をしたり弾んだり，手をつないで移動したりする。
・二人組で向かい合って両手をつなぎ，リズムに合わせて前後左右に動いたり，その場で回ったり弾んだりする。

【第3学年において重点を置いて指導する内容（例）】

● **知識及び技能**

リズムの特徴を捉えやすい音楽に乗って踊ることで，いろいろな音楽のリズムの特徴を知り，リズムに乗って全身で弾んで踊ることができるようにしましょう。リズムに合わせて手拍子をしたりリズムを表す言葉がけをしながら踊ったりしてリズムの特徴を捉えて踊り，慣れてきたら，教師や友達の動きの真似をしたりこれまで踊った動きを取り入れたりして，へそ（体幹部）の位置や向きを意識して体を大きく動かしたり，ねじる・回るなどで動きに変化を付けたりするなど，全身で弾んで踊るようにしましょう。

● **思考力，判断力，表現力等**

リズムの特徴を捉えた踊り方で楽しく踊るための自己に合った課題を見付けられるようにしましょう。課題の解決のために，友達のよい動きを自己の動きに取り入れるなどして踊り方を工夫することができるようにしましょう。

● **学びに向かう力，人間性等**

相手を変えながらいろいろな友達と二人組で踊ったり，人数を変えながらグループで踊ったりすることで，誰とでも仲よくしようとすることができるようにしましょう。また，楽しく踊りながらも友達とぶつからないようにするなど，周りの安全を確かめることができるようにしましょう。

「小学校体育（運動領域）指導の手引～楽しく身に付く体育の授業～」作成協力者名簿

（職名は令和４年３月現在）

大　庭　昌　昭	新潟大学大学院教育実践学研究科　准教授
杉　森　弘　幸	岐阜大学教育学部　教授
鈴　木　　聡	東京学芸大学教育学部　教授
高　田　彬　成	帝京大学教育学部　教授
寺　山　由　美	筑波大学体育系　准教授
日　野　克　博	愛媛大学教育学部　教授
細　越　淳　二	国士舘大学文学部　教授
水　島　宏　一	日本大学文理学部　教授
三田部　　勇	筑波大学体育系　准教授
三　輪　佳　見	宮崎大学大学院教育学研究科　教授
村　瀬　浩　二	和歌山大学教育学部　教授
山　口　孝　治	佛教大学教育学部　教授
安　江　美　保	ノートルダム清心女子大学人間生活学部　准教授
吉　永　武　史	早稲田大学スポーツ科学学術院　准教授

（五十音順）

なお、スポーツ庁においては、次の者が本書の編集に当たった。

藤　岡　謙　一	スポーツ庁政策課学校体育室　室長
塩　見　英　樹	スポーツ庁政策課　教科調査官
古　市　　智	スポーツ庁政策課学校体育室　室長補佐
斎　藤　祐　介	スポーツ庁政策課学校体育室指導係（併）保健教育係　係長
後　藤　尚　道	スポーツ庁政策課学校体育室指導係（併）保健教育係

小学校体育（運動領域）指導の手引【中学年】
～楽しく身に付く体育の授業～

令和 5 年 10 月 1 日　初版第 1 刷発行

著作権所有　スポーツ庁　編著

発 行 者　東京都千代田区神田錦町 2 - 9 - 1
コンフォール安田ビル 2 階
株式会社　東洋館出版社
代表者　錦織　圭之介

印 刷 者　東京都豊島区池袋 4 - 32 - 8
株式会社　シナノ

発 行 所　東京都千代田区神田錦町 2 - 9 - 1
コンフォール安田ビル 2 階
株式会社　東洋館出版社
電話　03-6778-7278

Printed in Japan

ISBN978-4-491-05361-5

定価：本体 1,900 円
（税込 2,090 円）税 10%